心一堂彭措佛緣叢書・索達吉堪布仁波切譯著文集

事師五十頌釋
附　念佛儀軌　等

宗喀巴大士　等著

索達吉堪布仁波切　漢譯

書名：事師五十頌釋 附　念佛儀軌　等
系列：心一堂彭措佛緣叢書・索達吉堪布仁波切譯著文集
作者：宗喀巴大士　等
譯者：索達吉堪布仁波切
責任編輯：陳劍聰

出版：心一堂有限公司
地址/門市：香港九龍尖沙咀東麼地道六十三號好時中心LG六十一室
電話號碼：(852)2781-3722 (852)6715-0840
傳真號碼：(852)2214-8777
網址：www.sunyata.cc
電郵：sunyatabook@gmail.com
心一堂 彭措佛緣叢書論壇：　http://bbs.sunyata.cc
心一堂 彭措佛緣閣：　http://buddhism.sunyata.cc
網上書店：　http://book.sunyata.cc

香港及海外發行：香港聯合書刊物流有限公司
香港新界大埔汀麗路36號中華商務印刷大廈3樓
電話號碼：(852)2150-2100
傳真號碼：(852)2407-3062
電郵：info@suplogistics.com.hk

台灣發行：秀威資訊科技股份有限公司
地址：台灣台北市內湖區瑞光路七十六巷六十五號一樓
電話號碼：(886)2796-3638
傳真號碼：(886)2796-1377
網絡書店：www.govbooks.com.tw
經銷：易可數位行銷股份有限公司
地址：台灣新北市新店區寶橋路235巷6弄3號5樓
電話號碼：(886)8911-0825
傳真號碼：(886)8911-0801
網址：http://ecorebooks.pixnet.net/blog

中國大陸發行・零售：心一堂・彭措佛緣閣
深圳流通處：中國深圳羅湖立新路六號東門博雅負一層零零八號
電話號碼：(86)755-82224934
北京流通處：中國北京東城區雍和宮大街四十號
心一堂官方淘寶流通處：http://shop35178535.taobao.com/

版次：二零一三年九月初版，平裝

定價：　港幣　　一百二十八元正
　　　　新台幣　　三百九十八元正

國際書號 ISBN 978-988-8266-30-2

譯 序

此《事師五十頌釋》，是藏地雪域格魯派的一代宗師、文殊菩薩化身的宗喀巴大師所造，其中對依止上師的方法作了深入淺出的闡述。

凡是入佛門的人，首先就是要尋訪一位名師，這說明人們已深刻地認識到：上師對於修學菩提正道的佛教徒來說，是不可或缺的先決條件。能被一位盡善盡美的上師攝受、速得成就，是修行人無不朝思暮想、夢寐以求的心願。

藏傳佛教的各宗各派均十分重視依止上師。按照格魯派的傳統，一般來說，上師在傳法灌頂之前要傳講《事師五十頌》，使弟子了解師徒之間的利害關係，以免有後顧之憂。寧瑪派及其餘宗派，也將依止上師放在首要位置。

依止上師，不止是藏傳佛教特有的宗風，對於漢傳佛教的學人同樣重要。諸多佛經續中口徑一致地強調：依止上師是成就的根本。如經云：「當知勝義俱生智，唯一積資淨罪障，具證上師之加持，依止他法誠愚癡。」《彌勒請問經》亦云：「彌勒，當知諸聲聞、緣覺、無上佛陀之解脫及徹見諸法之智慧，皆來自於依止善知識；彌勒，當知眾生之一切利樂，皆源於自之善根，自之善根亦來自善知識。」所以，在依止上師這一點上，無有顯密宗派的差別。

在邪師惡師遍滿大地的當今時代，許多人冒充善知識、上師來欺騙坑害眾生，以至於那些頭腦簡單、是非不辨的佛教徒上當受騙，真正詳細觀察上師、如理如法依止上師的人實在少得可憐。由此可見，讓更多的人學習掌握此《事師五十頌釋》大有必要。此部論典雖然在海內外有許多譯本，但是有的詞意過古，令人百思不得其解，有的與藏文原意略有出入，故而我今依據甘肅民族出版社出版的《宗喀巴大師文集》中的版本，將此論翻譯成漢文。

對於總的佛弟子，尤其是密宗的修行者，首先要觀察上師，得法以後應當依照此論中所說的方式，以一顆虔誠清淨的信心如理如法恭敬依止，以求上師的無上意傳加持融入相續，最終獲得虹身成就。

事師五十頌

巴布拉尊者 造
索達吉堪布 譯

成就具德金剛薩埵因，上師蓮足之下敬頂禮。
諸多無垢續中所宣說，略而言之此當敬諦聽。

得受殊勝之灌頂，金剛上師之面前，
十方世界中所住，如來三時敬頂禮。
以大信心三時中，手捧具花束曼茶，
合掌供養於上師，恭敬稽首禮其足。
在家抑或新僧侶，爲斷世間人誹謗，
陳設佛經等之前，持禁戒者意禮師。
供養坐墊身起立，幫助上師做事等，
具禁戒者皆當行，不作頂禮斷劣事。
上師以及諸弟子，相同失毀誓言因，
是故勇士先觀察，上師弟子之關係。
具慧弟子切莫依，無有悲心憎恨害，
驕傲貪執愛炫耀，不護根門之上師。
穩重平和具智慧，安忍正直無諂誑，
了知密咒續部事，具仁慈心通論典，
了達十種真如義，擅長繪畫壇城事，
精通傳講密宗法，極具敬信根調柔。
身爲弟子若故意，輕蔑如是之上師，

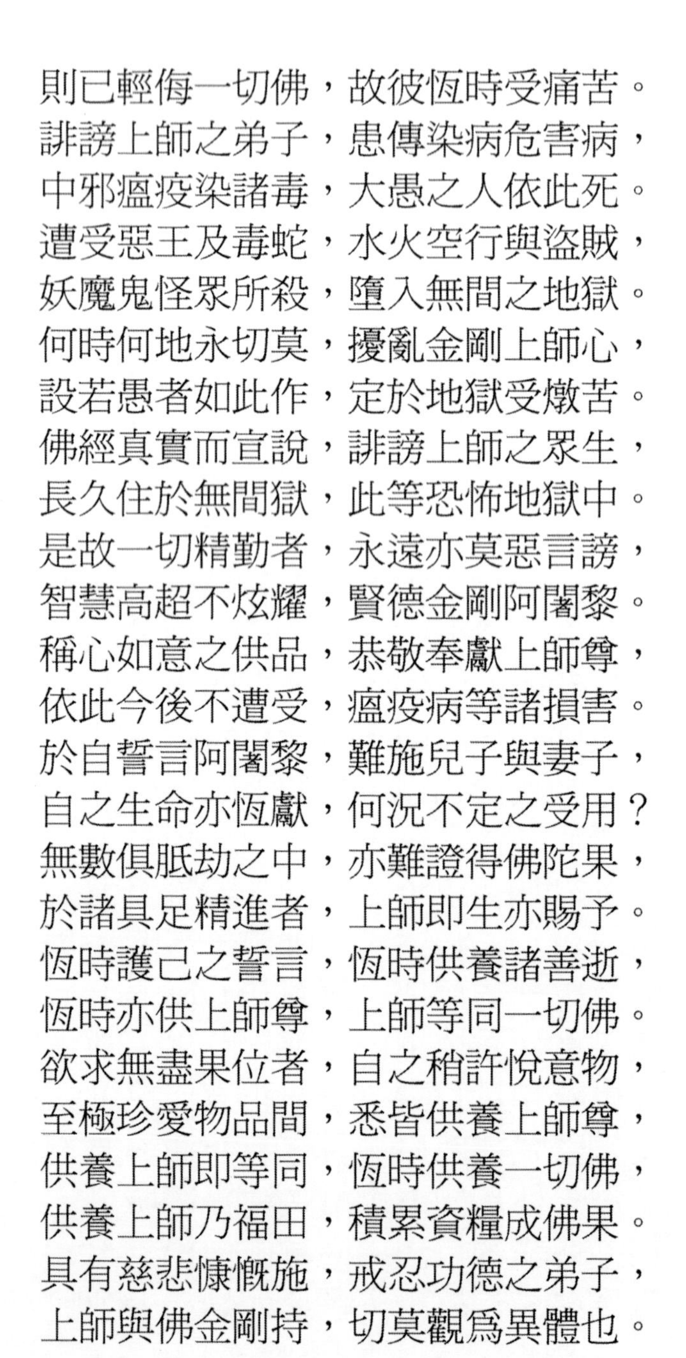

則已輕侮一切佛，故彼恆時受痛苦。
誹謗上師之弟子，患傳染病危害病，
中邪瘟疫染諸毒，大愚之人依此死。
遭受惡王及毒蛇，水火空行與盜賊，
妖魔鬼怪眾所殺，墮入無間之地獄。
何時何地永切莫，擾亂金剛上師心，
設若愚者如此作，定於地獄受燉苦。
佛經真實而宣說，誹謗上師之眾生，
長久住於無間獄，此等恐怖地獄中。
是故一切精勤者，永遠亦莫惡言謗，
智慧高超不炫耀，賢德金剛阿闍黎。
稱心如意之供品，恭敬奉獻上師尊，
依此今後不遭受，瘟疫病等諸損害。
於自誓言阿闍黎，難施兒子與妻子，
自之生命亦恆獻，何況不定之受用？
無數俱胝劫之中，亦難證得佛陀果，
於諸具足精進者，上師即生亦賜予。
恆時護己之誓言，恆時供養諸善逝，
恆時亦供上師尊，上師等同一切佛。
欲求無盡果位者，自之稍許悅意物，
至極珍愛物品間，悉皆供養上師尊，
供養上師即等同，恆時供養一切佛，
供養上師乃福田，積累資糧成佛果。
具有慈悲慷慨施，戒忍功德之弟子，
上師與佛金剛持，切莫觀為異體也。

畏懼如毀佛塔罪，師影尚且不應跨，
鞋子坐墊乘騎等，不能跨越何須言？
大智慧者以喜心，聽從上師之言教，
合理之事若無力，稟師無能爲力也。
由依上師而獲得，悉地善趣及安樂，
是故一切精勤者，切莫違背師言教。
上師財物護如命，師愛之人亦如師，
師之眷屬如親友，專心致志恆思維。
坐於高墊與先行，頭上帶有圍巾等，
雙足放於坐墊上，雙手叉腰皆莫爲。
上師如若已起身，切莫躺臥與端坐，
恆時圓滿而精通，此等承侍上師事。
隨意口吐唾液等，坐墊之上伸雙腳，
輕拍緩捶與辯論，上師之前皆莫爲。
搓手唱歌與跳舞，彈奏樂器亦莫爲。
談論諸多閒雜語，師聞附近切莫爲。
應當恭敬墊上起，以恭敬心而端坐。
夜晚過河恐怖途，得許可後當前行。
上師能見之眼前，具智慧者身扭轉，
倚靠柱子不應爲，亦莫抻拉手指節。
洗足以及沐浴身，擦拭以及搓揉等，
首先頂禮再爲之，最後亦可隨意行。
倘若稱呼上師名，師名之後加尊者，
爲令他人恭敬之，言說尊稱之敬語。
請求上師予吩咐，口中當說謹遵命，

雙手合十不散亂，洗耳恭聽師吩咐。
發笑以及咳嗽等，應當用手捂住口，
事情成辦圓滿後，當以柔語作陳述。
上師之前調柔住，衣等儀表當整潔，
雙膝跪地手合掌，欲聞法等祈三遍。
承侍一切行爲中，當無貢高我慢心，
知慚畏懼護根門，當以新媳姿態住。
嬌媚姿態等諸行，上師之前當斷除，
其餘類似之事宜，自己觀察當捨棄。
開光灌頂與火施，攝受弟子傳佛法，
上師若在彼境內，未經開許前莫爲。
作開光等所得物，悉皆供養上師尊，
上師接受供品後，其餘隨意自享用。
不攝上師之弟子，於上師前當禁止，
自之弟子承侍己，起立頂禮等行爲。
供養上師任何物，以及上師賜何物，
具有智慧之弟子，應當頂禮雙手接。
不忘正知與正念，自之行爲謹慎者，
道友行爲越軌時，當以喜心互制止。
病人對於事上師，雖未頂禮求開許，
已做一切遮止行，具善心者無罪過。
於此多言何必要，能令師喜皆當爲，
師不喜事悉斷除，於此應當盡力行。
所謂悉地隨師生，此乃金剛持親言，
了知此後諸行爲，竭盡全力令師喜。

意樂清淨之弟子，已於三寶前皈依，
此部事師五十頌，應當施彼讀誦也。
傳授欲學密咒等，令彼堪爲妙法器，
後當讀誦與受持，密宗十四根本戒。
爲利隨學師弟子，造此無垢之論典，
以我所積諸善根，祈願眾生速成佛。

大智者巴布拉上師所造的此《事師五十頌》，印度堪布班瑪嘎繞瓦瑪與雅欽大譯師比丘仁欽桑波將其從梵文譯爲藏文，並對詞義作了詳細校正。

事師五十頌釋

宗喀巴大師 造頌

索達吉堪布 譯講

那莫革熱瑪則恭卡雅（頂禮上師文殊師利）！

雖成諸佛之父然現菩薩童子身，

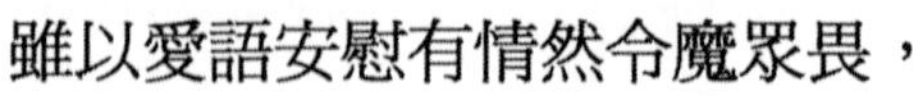

雖以愛語安慰有情然令魔眾畏，

雖恆住於無上果位然做眾生僕，

祈願文殊菩薩以奇事業恆庇護。

如理依止容易恩賜予，一切圓滿功德唯一門，

依師方法事師五十頌，我當盡心盡力而宣說。

如諸續之王《大幻化網》第一品中云：「最初希求成就者，依止上師而獲得，倘若無有上師尊，無法獲得諸悉地，故當宣說師法相。」因為一切共同、殊勝悉地的根本，即是由如理如法依止殊勝善知識得來，故而以五十首偈頌宣說依止上師方法的《事師五十頌》。

本論分三：一、初義；二、論義；三、末義。

甲一（初義）分二：一、頂禮；二、立宗。

乙一、頂禮：

成就具德金剛薩埵因，上師蓮足之下敬頂禮。

對何者頂禮呢？於上師的蓮足下頂禮膜拜。這裡的「蓮足」是指下身，通過如此禮拜來表達極爲恭敬之意。

如何進行頂禮呢？依照經典中所說，以三門恭敬如理的方式稽首頂禮上師。

爲什麼要禮拜上師呢？《喜金剛》第一回第七品中云：「西日無二之智慧。」也就是說，上師是成就具無二智慧的金剛薩埵果位的根本因。關於金剛薩埵，如《宣說金剛頂十六勇士續》中云：「何爲金剛薩埵尊，殊勝菩提之智慧，彼者必定稱金剛，智慧金剛所產生，彼稱金剛薩埵也。」與三菩提真如無二無別的法身智慧即是金剛，由法身中出現的色身是薩埵，金剛薩埵也就是表示三身之義。

乙二、立宗：

諸多無垢續中所宣說，略而言之此當敬諦聽。

忠誠勸告諸位聽聞者：對於這裡所講述的依止上師的方式，不僅僅是口頭上，而是表裡如一、以極大的恭敬心來諦聽。

接下來，斷除他人認爲此論是以自己分別念臆造的疑慮。

若有人想：「如果此中所講的依止上師的方法，是以您個人的分別念所造的話，那有什麼可信度呢？您怎麼知道應該這樣依止上師呢？」實際上，此《事師五十頌》只不過是攝

集許多無垢續部中所說的內容在此宣講而已，因此理應誠信不疑。是哪些續部中說的，在以下行文中有說明。

如果又有人想：「既然如此，那從這些續部中了知就可以，您造論也就沒有什麼意義了。」其實不然，雖說彼等續中有這方面的內容，可是在續部中極為詳細、上下不一、零散存在等，因而在這裡歸納匯編而宣說，並非無有意義。這完全是為了遣除某些人認為此《事師五十頌》與諸續部重複而無必要造此論的疑慮。

甲二（論義）分三：一、依師之方式；二、依止之時間；三、如何堪為法器。

乙一（依師之方式）分三：一、總說依止之方式；二、特殊依止之方式；三、依止方式之攝義。

丙一（總說依止之方式）分二：一、略說依師之方式；二、廣說依師之方式。

丁一（略說依師之方式）分三：一、恭敬上師之合理性；二、做到恭敬之方式；三、觀察恭敬對境與所依。

戊一、恭敬上師之合理性：

得受殊勝之灌頂，金剛上師之面前，
十方世界中所住，如來三時敬頂禮。

雖然灌頂有能成熟之因灌頂、能解脫之道

灌頂與解脫之果灌頂三種，但此處指的是得受第一能成熟之因灌頂的上師，爲弟子的應敬處。本頌中的「殊勝」是指清淨之義，即依照續部中所說而如理進行灌頂。關於授予灌頂的金剛阿闍黎，《竅訣穗・第五穗》中云：「金剛即菩提心，宣說菩提心之自性世間出世間之行爲者，乃爲金剛阿闍黎，即上師也。」

對於上師，如果安住於東方等十方的一切如來也是於上午、中午、下午三時之座間前來頂禮，那麼除此之外的其他諸位弟子應禮上師就更是不言而喻了。這裡主要是說明務必要恭敬上師的理由。

關於這一點，《吉祥密集續》第十七品中云：「善男子，簡而言之，十方世間界中住世之所有佛菩薩於三時中蒞臨，如來於彼阿闍黎前以供品供養後返回各自佛剎，並以金剛語讚道：吾等諸佛之父親，吾等諸佛之母親……吾等諸佛之導師。」歸納這其中所說之義，在《大幻化網》第十品中也有如是宣說。月稱論師、則樂瓦、賢德巴、無垢藏等許多成就者關於這一內容的注釋中（沒有了義、不了義的分析，而是）直截了當地作如是解釋。他們與《事師五十頌》作者的觀點一致，我本人也跟隨他們的這一共同觀點。之所以說如來尚且恭敬承侍上師，其餘的所有弟子就更不用說了，也是爲了強調說明特別要恭敬上師的理由。《時輪金剛大疏》中引用了「得受殊勝之灌頂」這一偈頌，

其中對此是以了義、不了義兩種方式加以闡述的，對「如來」的意義也是以其他方式說明的，雖然同是一個論典，可是由於出處不同而兩種說法不盡一致。如前所說，此處是爲了闡明初學者對於得受灌頂的上師需要特別恭敬的理由，對此如果按照其他的方式解釋，就不能成爲應恭敬的理由了。一般說來，續部中的每一金剛句都有多種不同說法，其實它們之間互不相違。

在具足法相的上師前，諸佛作禮的觀點也並非是不合理的。如《修勝義續》中云：「具功德之菩薩摧輪迴，自身顯示梵天世間界，彼即具德上師非他者。無量佛陀亦恆供養之，十方佛陀菩薩恆禮之。」《經集論》[1]中引用《寶蘊經》云：「阿難，若有菩薩入於馬車內歡喜享受五種欲妙，彼無有餘者拉車，阿難，如來亦以頭引彼菩薩之馬車也。」這裡所說的也是相同的道理。

戊二（做到恭敬之方式）分二：一、總說應敬之方式；二、特殊應敬之方式。

己一、總說應敬之方式：

以大信心三時中，手捧具花束曼茶，
合掌供養於上師，恭敬稽首禮其足。

作爲弟子，應當於上午等三時中，在爲自

[1] 《經集論》：古印度佛學家龍樹所著的一部主要講述菩薩行的論著。

己開示金剛乘道的上師前，以頂禮膜拜其足的方式恭敬承侍。

若有人想：「那是不是說單單頂禮就可以了呢？」並非如此。事先要供養中間放有花束的曼茶，再雙手合十虔誠作禮。依照恰羅扎瓦的譯文「供置花曼茶，合掌禮其足，如此敬上師」，則更好理解些。總而言之，要以無比清淨的大信心而敬重上師。

己二、特殊應敬之方式：

若有人想：如果自己是一位出家人，而金剛上師是一位在家人；或者自己是一位已經受了近圓戒的僧人，而上師是未受比丘戒的一般新僧人，那麼自己也要依照前面所說的方式恭敬上師嗎？

在家抑或新僧侶，爲斷世間人誹謗，
陳設佛經等之前，持禁戒者意禮師。

在自己是一位出家人、上師是一位在家人等情況下，一般而言，在需要頂禮等時，應在面前擺設經書、佛像等，身體直接頂禮三寶所依，而心裡觀想禮拜上師。因爲身體若直接對上師頂禮，有世間人在場的時候容易使他們誹謗教法，所以這樣做就是爲了避免這一點。當然，如果無有所避諱的人，也就不應當這麼做了。「持禁戒者」是指受持出家學處的沙彌等僧人。

若有人又想：「如果對在家等身分的上師身體不直接頂禮之時，是不是所有的承侍都不應當做呢？」

供養坐墊身起立，幫助上師做事等，
具禁戒者皆當行，不作頂禮斷劣事。

如此上師之前，不需做洗腳等的劣事以及五體投地的頂禮，除此之外的所有承侍，具禁戒的弟子都應當盡力而為。

那麼，對上師該做什麼承侍呢？

上師未來之前敷設坐墊，上師到達之時起立迎接，全力以赴協助上師辦事，供養財物等承侍，都是受持戒律的弟子應該做的。《勝樂上釋》中云：「上師雖是在家身分或沙彌，然而供養坐墊等承侍需做，頂禮、洗腳等承侍不需為。」

佛在續部中說：「所謂的不頂禮上師，也是指除了講經說法以外的時間，在傳法時前面陳設經書等而作頂禮。」《無垢光釋》中也對這兩部論中的說法進行了闡述，並且《勝樂上釋》中也宣說了對於新受戒的比丘金剛持上師同樣應當作禮拜等一切恭敬之事。

聲聞部對此是這樣辯論的：「你們大乘的經典中說出家僧人對某些在家人作禮，本來戒律中說頂禮的對境是本師和那些戒臘高於自己的僧侶，這兩種說法顯然是相互矛盾的，因此，大乘並非是佛語。」

《燃智論》在駁斥此種觀點時，旁徵博引

了許多講述出家人頂禮在家菩薩的佛經。所以說，在通常情況下，比丘對在家金剛持上師頂禮並非是不合理的。但是，如果任何時候都毫不忌諱地這麼做，則會引起某些人的非議，這樣一來，對佛教之根本的戒律必然會造成危害，爲了避免這一點，而說不要直接對在家上師禮拜。在不產生任何誹謗的某些場合中，持戒的出家人仍然需要對在家上師頂禮。此外，《無垢光釋》中說：「如果有比丘金剛持在的時候，不能對在家金剛持上師承侍。」其密意是爲了使人們對戒律尤爲恭敬，進而令佛法長久住世。

對此，有些金剛大阿闍黎發表看法說：「所謂的在家身分或新出家者，是就他們尚未作金剛上師之前而言的，否則與上面所提到的一切佛陀也頂禮金剛上師的說法已經相違。」這種說法是不合理的。因爲上面特殊地說明了爲避免別人誹謗，出家僧眾不能對在家身分的上師作禮，如果按照你們的觀點，頂禮的時間是在當金剛上師之前的話，那麼作禮時間就錯亂了。

戊三（觀察恭敬對境與所依）分二：一、師徒需要互相觀察之原因；二、觀察後當取捨之理。

己一、師徒需要互相觀察之原因：

若有人想：「那麼，所恭敬的對境上師與能恭敬的弟子二者在結爲師徒關係之前，是否需要相互觀察呢？」

上師以及諸弟子，相同失毀誓言因，
是故勇士先觀察，上師弟子之關係。

本頌中的「勇士」，是指傳授金剛乘教言的上師以及聽受的弟子。上師在傳授金剛乘教法之前，首先要慎重觀察弟子是否堪爲法器。同樣，弟子在得受教言之前，也需要詳細觀察上師是否具足法相。通過如是觀察，而抉擇是否應當結爲師徒關係。

如果未經過此種觀察，而草率地結成師徒關係，則上師會因爲對非法器洩露密法而失毀誓言，弟子也由於不能守護所承諾的所有誓言而破誓言。正是鑒於上師弟子二者同樣都會有破誓言的可能性，所以相互觀察了解才是有必要的。

在觀察時，上師如果發現弟子不能堪爲法器，則不可傳講密法。《金剛鬘講續》中云：「猶如獅子乳，不應置土器，大瑜伽續部，切莫傳非器。」見到未經觀察而隨意灌頂的嚴重過患後，彼續中又云：「十二年需察。」若不了知可觀察更久。

己二（觀察後當取捨之理）分二：一、所捨上師之法相；二、應依上師之法相。

庚一、所捨上師之法相：

若想：「如果需要觀察所依止的上師是否具

備資格，那何種人不具備上師的條件呢？」

具慧弟子切莫依，無有悲心憎恨害，
驕傲貪執愛炫耀，不護根門之上師。

具有智慧的弟子不能依止哪些上師呢？即從「無有悲心」到「愛炫耀」之間的所有過患樣樣俱全的上師。「無有悲心」是指不願意救度苦難深重有情的無有悲心者，不能堪任密乘的善知識。「憎恨」是指嗔心十分強烈。「害」指的是言行舉止喜歡損害他眾或者懷恨在心。「驕傲」指貢高我慢，傲氣十足。「貪執」是指愛財如命，死抓不放。「不護根門」即三門放逸，不守諸學處。「愛炫耀」是指自己稍有功德，便向他人誇耀顯示。

此外，《金剛空行續》第三十二品中云：「嗔恨具諂誑，語言極粗暴，滿足己功德，勿依此上師。」

庚二、應依上師之法相：

若問：「那麼，應當依止具備哪些法相的上師呢？」

穩重平和具智慧，安忍正直無諂誑，
了知密咒續部事，具仁慈心通論典，
了達十種真如義，擅長繪畫壇城事，
精通傳講密宗法，極具敬信根調柔。

「穩重」是指身體威儀嚴謹慎重。「平和」指語言溫文爾雅。「具智慧」到「無諂誑」之間是指護持意根。根嘎釀波尊者在《大幻化網釋》中說：「具智慧」即是妙慧高；「安忍」即是堪忍容納作害、苦行、深法；「正直」是指以清淨心善待關愛一切眾生；諂誑是指諸如貪圖名利而引發的貪心癡心任何一種皆包括在內，對自己的此等過患，想方設法予以掩蓋隱瞞，本來沒有功德卻裝出一副具足功德的模樣，「無諂誑」即無有諸如此類的過失。

「了知密咒續部事」：根嘎釀波尊者在《大幻化網釋》中特別著重地講解了「了知密咒續部事」是指能得心應手地運用密咒與妙藥遣除魔障。巴瓦巴札在《金剛空行續》第三十二品中解釋「了知密咒續部事」時說道：「所謂的密咒是指八句等；續部指所有的妙藥；事即是功用之義；了知則爲瞭如指掌。」也就是說，上師對於依靠密咒、聖物各自的作用而息滅魔障等事，均應通達無礙。

「具仁慈心」是希望眾生遠離痛苦的慈愛憐憫之心十分強烈。關於「通論典」，《金剛帷幕續》中云：「通達一切諸學問。」這裡主要講的是通曉內明中的三藏等經論之義。

「十種真如」：無上瑜伽續《金剛藏莊嚴續》最後一品中云：「二遮遣儀軌，秘密智慧灌，降伏之儀軌，食子金剛誦，猛修之儀軌，開光修壇城，即內十真如；壇城與等持，手印姿勢誦，坐式火施供，加行與收攝，乃外十真如。」這裡已經宣說了內十真如與外十真如。兩種遮遣是指諸如通過修十忿怒金剛來遣除病魔，以及通過繕寫繫帶而遣除。此續中雖然只講了秘密與智慧兩種灌頂，實際上秘密灌頂已經包括了寶瓶灌頂，第三智慧灌頂中也包括了第四灌頂，這麼說來，其實十真如中已經宣說了四種灌頂。

「降伏」是指誅滅大大小小的怨敵及其護佑者。「做食子」指的是善於製作諸如十五護方食子。「金剛誦」是指意與語金剛念誦，此外《十真如》中還講述了許多增長咒語的念誦方式。「猛修」即是得受灌頂並具備誓言、戒律者由修法而得成就，如果在十八個月期間裡修持仍未獲得成就，則以猛修法用金剛橛來懲罰本尊。對於「開光」，也就是通常所理解的，大家都比較明白，故不作解釋。「修壇城」指的是，觀修智慧尊者的壇城並對其供養、讚歎、趨入壇城後接受灌頂、聽受開許。關於此等詳細內容，當從《十真如》中了解。

外十真如中的「壇城」，是指有色、無色的壇城。「等持」即是指加行等本尊之瑜伽修法。「手印」是指印持本尊的手印等。「姿勢」指的是右伸等。「坐式」指金剛跏趺坐等。「加行」是指首先進行準備、迎請等並作供讚。「收攝」指末尾進行祈送智慧尊者。這是讓葉西寧阿闍黎在《大幻化網注釋》中闡述的。根嘎釀波將加行事解釋爲依靠四種事業，其餘三者的意義與前者相同。「念誦」等剩餘三者容易理解，在

此不加解釋。《大幻化網》最後一品中所宣說的十種真如，也與後面的十類相同。

如果是一位下續部的金剛上師，必須要精通十種外真如；作爲一名無上乘的金剛上師，則必須對十種內真如瞭如指掌。

「擅長繪畫壇城」，是指在用線條繪製、用彩粉描畫方面極有特長。關於此等內容，《大幻化網》中總結云：「穩固調柔具智慧，忍辱正直無諂誑，精通密咒續部事，擅長繪畫諸壇城，十種真如皆當知。於諸有情施無畏，恆時喜愛大乘法，彼即稱爲阿闍黎。」

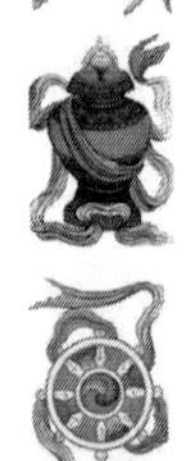

「精通傳講密宗法」，按照恰羅扎瓦的譯文「精通講密之上師」來理解比較輕鬆，意思是對傳講密宗道十分熟練。

「極具敬信」指的是前續中所說的「恆時喜愛大乘法」。對於總的大乘法門、尤其是密乘極爲恭敬，具有穩固的信心。「根調柔」是指以正知正念守護根門，杜絕於混亂的外境中散漫放逸的行爲。

具有智慧的弟子所應依止的上師，要具備的此等條件，若歸納而言，則可攝爲悲心強烈、於大乘具有堅定不移的信心、對共不共乘的經論無所不知、十分精通引導有緣眾生的道次第、三門防護惡行諸根調順五種。《金剛帷幕續》第八品中亦云：「具相金剛上師尊，彼所宣說之密法，行者成就真希奇。穩重具備甚深法，通曉一切諸學問，了知火施壇城咒，熟練開光做

食子，精通十種真如事。護持聲聞之行爲，恭敬密乘之次第，若見有色則歡喜，擅繪壇城具念誦，摧毀一切根本罪，依靠密咒續部事，賜予世人諸安樂，依止如是真上師，何者亦莫誹謗之。」這其中已對金剛上師的法相作了廣說。

尤其值得一提的是，《金剛帷幕續》與《戒源續》中都特別強調地指出，金剛阿闍黎一定不能犯根本戒，這是必不可缺的一個條件。因此，前面所說的三門防護惡行，應當放在首要位置。護持聲聞之行爲，與《金剛鬘講續》中所說的「金剛上師外在言談舉止遵循別解脫的行爲，內心喜愛甚深真義」之義相同。所以說，具足別解脫戒的上師中，最殊勝的要屬比丘金剛持，沙彌金剛持次之，不具出家戒的密咒師爲最下等。《時輪金剛灌頂品釋》中引用云：「通達十真如上師，其中比丘最殊勝，中等所謂之沙彌，在家身分最下等。」依此足以說明，如理守護戒律學處並具密乘戒的比丘，是修持密宗最殊勝的所依。

有些人將別解脫戒視爲小乘，而認爲它與密宗格格不入。我們應當清楚地認識到，這是由於他們對佛陀的經典最基本的道理一無所知所導致的。

如果沒有遇到上面所說的法相樣樣具備、十全十美的上師，那該怎麼辦呢？《修勝義續》中云：「濁世上師功過相混雜，無有何時何地無罪者，詳細觀察何者功德多，諸善男子皆當依止之。」正如這其中所說的那樣，倘若沒有得到一位具足圓滿法相的上師，則當依止功德較多的一位善知識。

金剛上師是一切悉地的根本，因此，諸多續部中講述了許多上師應具足的法相。所以，想要攝受弟子的人，必須了知身為一名上師所要具備的一切條件，並力求具足這些功德。對誠心想依止上師的弟子來說，也要努力尋找具全此等法相的善知識。即便是未能遇到，也要為將來能被具備圓滿法相的上師所攝受，而孜孜不倦地積累資糧、虔誠發願。由此可見，了知上師的法相至關重要。

同時，也必須知道所攝受的弟子應具備的條件。那麼，什麼樣的弟子是所應攝受的呢？如《大幻化網》第一品中云：「喜愛善法與修行，恆時恭敬上師尊，平時勤供諸本尊，若具此德即弟子。」關於應捨的弟子，如云：「無有悲心懷嗔恨。」作為上師應該明白，具有此等過患以及與前述的功德相反之過患的人，不能攝受為弟子。身為弟子，了知弟子的此等功過後，應當竭力斷除過患、具備功德。

丁二（廣說依師之方式）分二：一、杜絕不恭敬；二、恭敬之方式。

戊一（杜絕不恭敬）分四：一、杜絕輕蔑誹謗；二、杜絕擾亂師心；三、後世之果報；四、彼等之攝義。

己一（杜絕輕蔑誹謗）分二：一、總說；二、別說。

庚一、總說：

身爲弟子若故意，輕蔑如是之上師，
則已輕侮一切佛，故彼恆時受痛苦。

如果蔑視、誹謗具有前述功德的怙主上師，那麼此人的下場，必然是常常感受痛苦。

若問：「如何輕蔑上師才會受此報應呢？」故意進行詆毀誹謗之人必將感受苦果。

那麼，何人對上師蔑視呢？當然是已經成爲對方弟子之人。

輕視誹謗的方式是怎樣的呢？《吉祥勝續大疏》中云：「何者亦不應於令入瑜伽壇城之上師前口出不遜說：『你是破戒之人、你懈怠度日、你是笨蛋。』」正如這其中所言，以說「破戒者」等方式來謾罵侮辱上師。所謂的令入壇城者，其密意是指所有的上師，因爲在傳講續部及竅訣之前，要先令弟子趨入壇城，所以並非單單指授予灌頂的阿闍黎。

應當清楚的是，所有的這些過患，是就輕蔑詆毀總的金剛上師而言的。如果對境是自己的金剛上師，無論如何，都必須杜絕不恭敬的態度。誠如賢德巴大師在《四百五十壇城儀軌釋》中所說：「所謂不應誹謗，是指即便見到上師破戒等過失，也不應當不恭敬。」

所謂的「輕侮一切佛」，已說明了輕蔑上師

而恆時遭受痛苦的原因，其理與供養金剛上師則等同供養一切佛陀相同。

庚二、別說：

若有人問：那麼輕毀、誹謗上師到底要感受怎樣的痛苦呢？

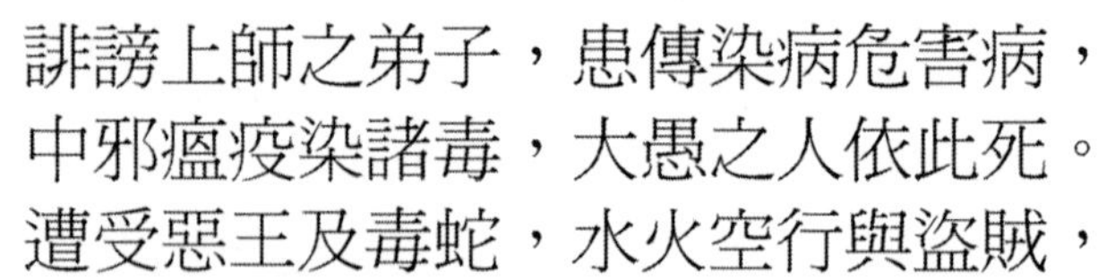

誹謗上師之弟子，患傳染病危害病，
中邪瘟疫染諸毒，大愚之人依此死。
遭受惡王及毒蛇，水火空行與盜賊，
妖魔鬼怪眾所殺，墮入無間之地獄。

前四句偈頌，按照恰羅扎瓦的譯文「誹謗上師大愚者，患傳染病諸害病，中邪瘟疫與毒物，依此外緣而死去」，比較通俗易懂。

誹謗上師之人所要感受的果報，有現世報應與後世報應兩種。第一頌與「遭受惡王及毒蛇」至「妖魔鬼怪眾所殺」，說的是現世的報應。「墮入無間之地獄」是指後世的報應。

其中「傳染病」是指除了瘟疫以外其他無法忍受的傳染性疾病。「危害」指的是除了下文中的眾生之作害以外，其餘的凶殘動物的損害。「病」是指除了傳染病及瘟疫之外的其他疾患。如《金剛帷幕續》第八品中云：「具有諂誑惡行者，若依利養邪命活，罹患肺血痲瘋病，死後墮入地獄等。」「中邪」是指中了天魔、龍魔等。「瘟疫」指的是那些甚至一天也不能存活的不治之症。「毒」即是合成毒等。對於彌天大罪的過患懵然不懂而誹謗上師的極為愚蠢之

人，依靠這些能致人於死地的外緣而喪命。

此外，也可能遭受惡王的懲罰、被毒蛇所害，以及被食肉空行、土匪盜賊、凶神惡煞所殺，或者慘遭火燒、水淹之非時橫死，並且死後也將墮入地獄之中。

關於此等內容，《吉祥勝續》第一品中云：「倘若何者惡誹謗，等同諸佛之上師，彼人已謗諸佛故，恆時遭受諸痛苦。受瘟疫毒合成毒，一切空行所損害，凶神惡煞眾所宰，最終墮落無間獄。」

己二、杜絕擾亂師心：

何時何地永切莫，擾亂金剛上師心，
設若愚者如此作，定於地獄受燉苦。

自己的一切所爲，任何時候也不能攪擾金剛阿闍黎的心，令其心生厭煩。假設有些愚昧無知的弟子擾亂了上師的心，則將於地獄中被煮、被焚。由於此種業力十分強大，因而確定無疑要感受果報。《般若八千頌大疏》中說：「即使是定業[2]，依靠四種對治力也可得清淨。」關於這一點，《菩提道次第廣論》中有闡述，諸位可以翻閱了知。此偈是從《月密明點續》中摘錄的。

己三、後世之果報：

佛經真實而宣說，誹謗上師之眾生，

[2] 這裡指的是除了依靠上師所造罪業以外的其餘惡業。

長久住於無間獄，此等恐怖地獄中。

前文中所提到的墮入無間獄的地獄，經典續部中說是無間地獄等，其中「等」字包括極熱地獄等十分可怖、痛苦劇烈的地獄。所有誹謗上師的人，住在那裡於漫長歲月中感受痛苦。這是歸納《金剛藏莊嚴續》第十四品與《大幻化網》第一品而宣說的。

誹謗上師者，所有的護法神不予以庇護。《金剛藏莊嚴續》中云：「惡劣殘暴大愚者，縱然去往四方處，一切智者不護佑，因其造下惡業罪，被利矛等兵刃殺。」《密集續》第五品中亦云：「縱是造無間，此等彌天罪，然入金剛乘，亦能得成就。存心謗上師，修亦不成就。」而且此續的注釋《明燈論》中說：「即使是造了殺父親、殺母親、殺羅漢、惡心害佛身以及捨棄正法死後立即墮入地獄的五無間罪以及本頌中『等』字所包括的近五無間罪和四根本罪的人，但依靠上師的恩德而得受圓滿次第深法修持也可成佛。然而，最初恭敬依止承侍上師，通過聞思了達了諸法的深義，之後反以不屑一顧的口吻說『現在這個人還有什麼用呢』以此侮辱上師，對於存心誹謗上師的此類人，甚至與之共處、以財物受用取悅的人，即便修行也不得成就，更何況說其本人呢？」此論中已明顯地指出了誹謗上師的罪業比捨法與無間罪還嚴重。因此，續部中三番五次地強調說：此等惡行是掠奪一切悉地、令受惡趣可怖的痛苦之根源。對此，我們務必要特別謹慎。

平日裡，我們要遵循總的因果規律而奉行，尤其是對於經續中所說的輕侮詆毀上師及擾亂上師心的深重罪業之報應的意義，應當深深思維，從而對誹謗上師、擾亂師心的過患產生毛骨悚然的畏懼感，以及對由因生果的道理獲得穩固的定解。如果這兩者只是停留在口頭上，那麼警惕這些惡行的謹慎也就成了空言虛語。對於輕蔑上師等罪過滿不在乎，並將守護戒律拋之一旁，雖然口口聲聲地說修道，也只能是開啓惡趣之門而已。

值得提醒的是，我們必須要以護持所承諾的誓言與戒律為基礎而修道。《金剛藏》第十四品中云：「何人誹謗阿闍黎，彼縱捨棄憒鬧眠，千劫之中勤修持，諸續殊勝之修法，亦成修行地獄因。」《勝樂根本續》第一品中亦云：「精進入定修行者，應當恆時護誓言，失毀誓言雖得受，壇城灌頂不成就。」

己四、彼等之攝義：

是故一切精勤者，永遠亦莫惡言謗，
智慧高超不炫耀，賢德金剛阿闍黎。

惡心惡語誹謗上師的過患極其嚴重，因此所有的弟子應當盡心盡力爭取做到何時何地永遠不誹謗智慧超群、廣大賢善功德含而不露的金剛上師。

這是（作者）以大慈大悲心諄諄教誨總的弟子，尤其是一門心思地勤求方方面面的最深法門而不曉依止善知識方式的諸位學人。不僅個人不能誹謗自己的金剛上師，即使是其他人誹謗時鼎力相助，如前所說，也會成爲自己成就的一大障礙。因此，隨時隨地均要斷除誹謗上師。《大幻化網》第一品中云：「誹謗金剛阿闍黎，甚至夢中亦勿見，何人誹謗上師尊，遭受一切邪魔擒，作諸惡劣殘暴事，智者應當恆遠離。」

戊二（恭敬之方式）分八：一、供養供品；二、視爲佛陀；三、依教奉行；四、如何對待上師之物品及眷屬；五、平時之一切行爲；六、宣說身語承侍之差別；七、斷除我慢；八、不能自作主張。

己一（供養供品）分四：一、爲清淨不恭敬之過而供養；二、供養所擁有之一切；三、如是而爲之合理性；四、守護三誓言之方式。

庚一、爲清淨不恭敬之過而供養：

稱心如意之供品，恭敬奉獻上師尊，
依此今後不遭受，瘟疫病等諸損害。

假如曾經肆無忌憚地輕辱過上師，則應以萬分恭敬之心供養美味神饈，並且將自己最合心意的供品敬獻上師。如是而行，前面所說的瘟疫等一切損害不會再度出現。《吉祥勝續大疏》以及《四百五十壇城儀軌釋》中，對於輕毀上師的恢復方法都有論述。

庚二、供養所擁有之一切：

於自誓言阿闍黎，難施兒子與妻子，
自之生命亦恆獻，何況不定之受用？

關於自之誓言上師，有些人說是賜予自己誓言的上師，有些人說是守護自己誓言的對境上師，雖然眾說紛紜，莫衷一是，但此處依照《吉祥勝續大疏》中所說：「所謂恆時守護自之誓言，自己之殊勝本尊身語意之金剛即自己之誓言。」賢德巴大師也說是指自己的本尊瑜伽，看作與自己殊勝本尊的身語意無二無別的上師，就是自己的誓言阿闍黎。

爲了令上師歡喜，甚至難以施捨的妻子、兒子以及自己的生命也毫不吝惜地供養，更何況說動搖的受用、無常的財產那些身外之物呢？《桑布札續》第二觀察品中云：「自之妻子女，僕人及姐妹，頂禮而供養，自之諸財物，智者獻上師，今後我甘願，供您做僕人，如是而呈白。」

庚三、如是而爲之合理性：

若想：「那麼，包括供養自己做僕人在內，如是令上師歡喜，其原因何在呢？」

無數俱胝劫之中，亦難證得佛陀果，
於諸具足精進者，上師即生亦賜予。

無數俱胝劫中亦難獲得的正等正覺果位，金剛乘的上師在即生中就能賜予，因此，有必要令上師心生歡喜。

如是圓滿正等覺果位賜予何人呢？賜予那些勇猛精進、極有毅力的殊勝有緣眾生。懈怠懶散者未能成就菩提，完全是弟子自身的過患所致。

「亦賜予」中的「亦」是說，既然佛果都能賜予，那麼於此生中給予所有共同的悉地更是不言而喻了。

庚四、守護三誓言之方式：

恆時護己之誓言，恆時供養諸善逝，
恆時亦供上師尊，上師等同一切佛，
欲求無盡果位者，自之稍許悅意物，
至極珍愛物品間，悉皆供養上師尊，
供養上師即等同，恆時供養一切佛。
供養上師乃福田，積累資糧成佛果。

自己的殊勝本尊之身語意的瑜伽修法，即是「誓言」，對此應當恆時守護。所謂的「恆時」，賢德巴大師解釋為安住於無盡的善法與所護持的戒律中，如如不動。為了圓滿資糧，應當恆時於金剛薩埵等一切善逝前供養遍布虛空界琳琅滿目的內外供品。同樣，也要敬獻上師，因為上師是與諸佛相同的福田。「亦供」中的「亦」字是說，凡供養諸如來的供品，同樣也要供養上師。概括而言，以如前所說的曼茶、內外所

有供品以及一切財物，恆常供養上師。《金剛藏莊嚴續》第四品中亦云：「具慧金剛之弟子，倘若欲求諸安樂，當以信解心供養。若心中想未供養，或已承諾未供養，則定投生餓鬼界，以及地獄毀自己。」

「無盡果位」是指獲得如虛空般無有窮盡的法身果位。誠心希求此果位的弟子，從自己稍微合意直至特別珍愛的物品之間盡己所有均供養上師。上師爲了斷除弟子的貪愛之心，也應當欣然納受。《桑布札續》第二觀察品中云：「盡己所有喜愛物，以無貪求之淨心，悉皆供養上師尊。上師亦具大悲心，爲遣弟子之貪執，以利彼心而接納。」

如是而行之功德：恆時供養上師，等同恆時供養一切佛陀，圓滿福德資糧，通過不斷積累資糧，尚可迅速獲得正等覺果位的殊勝悉地，至於其他的成就更不必說了。

當然，修行者所希求獲得的成就，從無因以及不符之因中不可能產生，而必須依賴於相同之因。所謂的相同之因，即是多積資糧，而資糧也只有依止上師才能輕而易舉地圓滿。所以說，金剛上師是積累資糧的殊勝福田。《五次第論・加持品》中云：「捨棄一切供養後，唯一供養上師尊，令彼生喜將獲得，遍知殊勝之智慧。供養至高無上者，上師金剛薩埵尊，彼者有何未積福？有何未修之苦行？」

本頌中從「是故一切精勤者」到「積累資

糧成佛果」之間，除了第六偈頌以外，均是選自《吉祥勝續》第二品，第一頌與第五頌則出自《金剛帷幕續》第十三品。

己二（視爲佛陀）分二：一、視爲佛陀；二、於師身影等亦禁止不敬。

庚一、視爲佛陀：

具有慈悲慷慨施，戒忍功德之弟子，
上師與佛金剛持，切莫觀爲異體也。

上師作爲積累福德的福田，等同諸佛，因此，所有合格的弟子決不能將金剛上師與金剛持佛觀爲二體，應當將上師視爲金剛持佛。

合格的弟子，即具足下述功德的弟子：具備大乘根本的慈悲心；無有自私自利的執著而將身體、受用以及一切善根迴向諸有情，即具慷慨博施的美德；守護自己曾受過的一切清規戒律，纖塵不染；對於眾生的邪行以及苦行無有厭煩感，能忍辱負重。

弟子將上師視爲佛陀的道理，在諸多續部中均有宣說。《密集續》第十七品中說：「於賜予一切出有壞善逝之身語意金剛秘密之密集灌頂的阿闍黎，一切如來與一切菩薩如是觀待，善男子，一切善逝與所有菩薩亦當視其爲菩提心金剛。何以故？上師與菩提心無二無別。」這裡是以密集金剛灌頂爲例，實際上，其他續部的灌頂也包括在內。上師方面只是提到了灌頂上師，實際已包括了其他的金剛上師。「菩提

心金剛」是金剛持佛的異名。則樂瓦尊者所造的《密集續釋》中云：「所謂二者無有別，意爲菩提心金剛之法身中出現報身，並示現化身相，於肉眼無法見到之時，顯現彼之身體而淨除他眾之業障等。」

諸如在當今時代人們無法直接現見佛陀，此時，諸佛示現爲金剛上師的身相而普利無邊有情。賢德巴大師在《密集續注釋》中說：「將上師視爲佛陀的目的，即是爲了使弟子對上師與金剛持佛生起同樣的信心，使自身本爲金剛持佛的佛慢堅定不移以及無勤積累資糧從而速得成就。」金剛持佛爲了饒益普天下的眾生而化現爲平凡的身相，即顯示上師相。《金剛帷幕續》第十五品中云：「所謂金剛薩埵者，示現金剛上師相，念利一切諸眾生，現爲平凡之身相。」

應當將上師看作五部佛，如此能增上功德智慧，制止審視過患的心理。如果經常從具有何等的功德方面來觀察上師，便可成爲自己圓滿成就之因；倘若總是從微不足道的過失著眼而觀察，那無疑會成爲成就的一大障礙。《金剛藏莊嚴續》第十四品中云：「恆時敬師之弟子，如此觀待上師尊，上師等同一切佛，彼者恆爲金剛持，善逝如來寶生佛，彼尊智慧廣如海，如摩尼珠施珍寶，受持彼之諸功德，一切過患皆不思，若取功德獲悉地，察過失毀悉地因。」《大幻化網》中也有相同的說明。經常如此思維上師的功德，便能有效地制止審察過患的心

念。如果出現觀察過患的妄念，則應當懺前戒後。心裡反反覆覆地憶念上師顯而易見的功德，這是對上師生起信心最行之有效的甚深方便。

將上師的身體觀爲具有殊勝功德之自性，《金剛空行續》第三十二品中云：「諸佛自性身，肢體菩薩尊，汗毛阿羅漢，頂上五部佛，坐墊世間眾，光夜叉密等，功德自性身，瑜伽者恆觀。」《四墊續》之第一密墊品中，也有與之相同的論述。「諸佛」指的是金剛持佛，將上師的身體觀爲金剛持佛，雙目與所有肢體觀爲地藏王等菩薩，周身的汗毛觀爲十萬俱胝阿羅漢之自性。《四墊續》中云：「頂飾五部佛。」此續的所有注疏中都是這樣解釋的。因此，所謂的五部佛是頂飾之義。巴瓦巴札尊者在《四墊續釋》中如是注釋：「梵天、大梵天等世間眾生爲坐墊，夜叉即是人們共稱的夜叉，密是指尋香鬼，『等』字包括其他的妖魔鬼怪等。」而意西札巴在《四墊續注釋》中解釋說：「上師之秘密種性，即是羅刹之自性。」但從續部中文字表面來看，似乎是說將上師身體的光芒觀爲密羅刹等之自性。這是續部中所說的一種特殊的上師瑜伽修法[3]。

庚二、於師身影等亦禁止不敬：

畏懼如毀佛塔罪，師影尚且不應跨，

---

[3] 一般的修法中無有此種觀修。

鞋子坐墊乘騎等，不能跨越何須言？

經中說毀壞佛塔屬於近無間罪，踐踏上師的身影罪業與之相同。因懼怕這般嚴重的罪業，尚且不可跨越上師的身影，更何況鞋子等其他的用具呢？

關於跨越上師影子與毀壞佛塔罪業相同這一點，《大幻化網》第一品中云：「不跨上師之身影，經說等同毀佛塔。」《金剛藏莊嚴續》、《金剛空行續》以及《四墊續》中也有宣說。

關於踐踏上師身影等的過患，《金剛帷幕續》第八品中云：「上師傘與影，履墊與枕頭，大愚者若跨，彼墮劍葉獄。」《金剛空行續》第三十二品亦云：「上師臥具墊，履傘衣裝等，一切所用物，身影皆勿跨。輕侮亦不應，倘若如此爲，諸時受痛苦，失義離福德。」

在萬不得已、非跨不可的特殊情況下，按照《戒根本論·臥具事》中所說：「爲三寶而清掃塗墁，可邊誦經堂偈子邊跨越佛殿、佛像、佛塔與中柱之影。」依此理可以類推，一邊誦咒一邊可跨越上師身影等。密宗關於這麼做無有過失的道理，將寫在《戒說論》中。

己三、依教奉行：

大智慧者以喜心，聽從上師之言教，
合理之事若無力，稟師無能爲力也。
由依上師而獲得，悉地善趣及安樂，
是故一切精勤者，切莫違背師言教。

「大智慧者」即智慧廣大的弟子，對於自己上師所吩咐的事，應當悉心畢力依教奉行。如此而為並非是不情願，而是以極為歡欣喜悅的心情去做。

若想：「那麼，是不是上師所吩咐的一切事都要成辦呢？」不一定，雖然上師所吩咐的事是合理合法的，但若自己實在無能為力，則將不能做的理由原原本本、清清楚楚地向上師說明，這麼一來，雖然未辦也無有過失。假設上師所吩咐的是非理非法之事，如前一樣，將事情的緣由向上師講清楚，則不必去做。嘉花札巴在《吉祥密續總儀軌‧精華莊嚴品》中云：「吩咐不善業，陳述而放下。」《戒律根本論》中云：「若說非法當制止。」《寶雲經》中亦云：「於善法隨從而行，於不善法不隨而行。」如果上師強迫性地讓你做違背三戒等等不如法之事，雖說不去執行，但無論如何絕對不能以此為緣由而對上師生邪見以及信口開河指責上師的過失等。

相反，對於上師所吩咐的如理如法之一切事，均不能違越，應當盡己所能、全力以赴地去成辦。因為共同、殊勝二悉地、人天善趣以及所需求的安樂等一切的一切，均是由依止上師而得。而上師的言教，是加持弟子必經之路的主要入門法。因此，作為弟子，萬萬不要違背上師的言教。後面這一偈頌，是選自《月密明點續》。

關於違背教言的過患，《金剛帷幕續》第八品中云：「爾時得受勝灌頂，弟子若違師言教，此世之中亦受苦，後世之中墮地獄。」對於二種悉地依靠上師而得這一點，《金剛帷幕續》第十五品中云：「眾生導師阿闍黎，一切佛陀皆讚歎，彼爲吾等之父母，心中如是作思維。如此而行何以故？一切善逝佛宣說，金剛心與正等覺，金剛法與威嚴尊，馬頭明王之悉地，依靠上師不難得。眼藥成就與神行，寶劍成就及土行，丸藥成就與飛遊，隱身以及金丹術，此等共同之成就，依令師喜速獲得。是故上師之面前，一切善逝降臨禮。」

己四、如何對待上師之物品及眷屬：

上師財物護如命，師愛之人亦如師，
師之眷屬如親友，專心致志恆思維。

每個人都十分珍惜愛重自己的寶貴生命，爲使其不受衰損而竭力保護，對待上師的財物也應當這樣不惜代價予以保護。

不僅對上師要畢恭畢敬，而且上師尤爲愛重的兒子、明妃等，也要像對待上師那樣恭敬。對上師的侍者等眷屬，要像自己憐愛親友一樣慈愛，應當恆常如是一心專注地思維。

己五（平時之一切行爲）分三：一、禁止非理之行爲；二、依止合理之行爲；三、宣說其他所禁止之非理威儀。

庚一（禁止非理之行爲）分二：一、上師能見近處之威儀；二、上師能聞近處之威儀。

辛一、上師能見近處之威儀：

坐於高墊與先行，頭上帶有圍巾等，
雙足放於坐墊上，雙手叉腰皆莫爲。
上師如若已起身，切莫躺臥與端坐，
恆時圓滿而精通，此等承侍上師事。
隨意口吐唾液等，坐墊之上伸雙腳，
輕拍緩捶與辯論，上師之前皆莫爲。
搓手唱歌與跳舞，彈奏樂器亦莫爲。

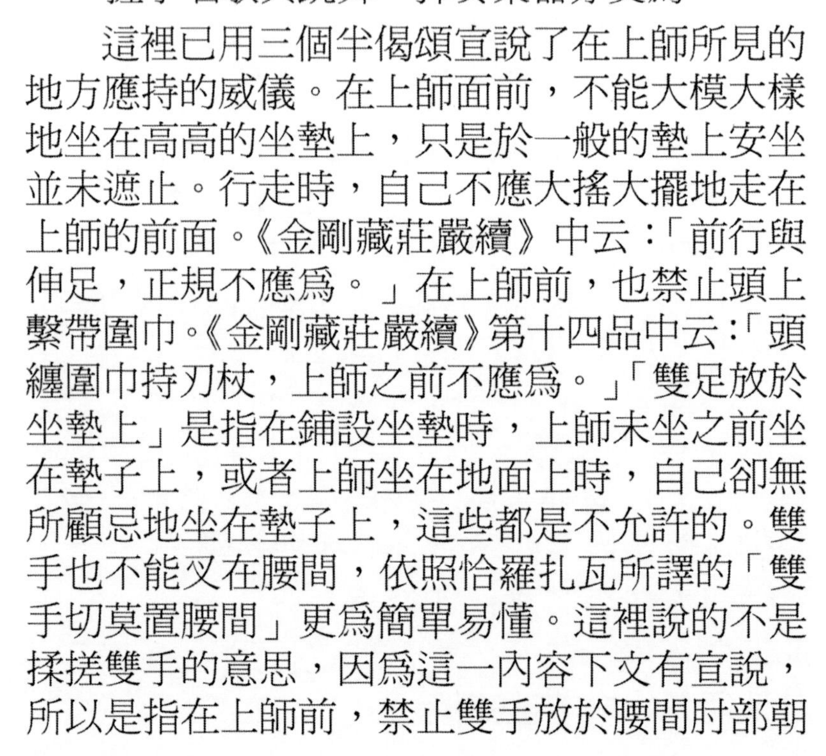

這裡已用三個半偈頌宣說了在上師所見的地方應持的威儀。在上師面前，不能大模大樣地坐在高高的坐墊上，只是於一般的墊上安坐並未遮止。行走時，自己不應大搖大擺地走在上師的前面。《金剛藏莊嚴續》中云：「前行與伸足，正規不應爲。」在上師前，也禁止頭上繫帶圍巾。《金剛藏莊嚴續》第十四品中云：「頭纏圍巾持刃杖，上師之前不應爲。」「雙足放於坐墊上」是指在鋪設坐墊時，上師未坐之前坐在墊子上，或者上師坐在地面上時，自己卻無所顧忌地坐在墊子上，這些都是不允許的。雙手也不能叉在腰間，依照恰羅扎瓦所譯的「雙手切莫置腰間」更爲簡單易懂。這裡說的不是揉搓雙手的意思，因爲這一內容下文有宣說，所以是指在上師前，禁止雙手放於腰間肘部朝

外。

「上師如若已起身，切莫躺臥與端坐」這兩句，恰羅扎瓦譯爲「上師端坐站起時，切莫睡臥與安坐」。也就是說，上師站起來的時候，自己不能坐著或躺著，上師安坐時，自己不應躺著。恆時應當精通侍奉上師的事宜，做事手腳輕柔等方面也要無不通曉。「吐唾液等」中的「等」字，包括吐痰、擤鼻涕等，以及敷設坐墊時伸腳相互輕拍，以及語言尖銳地辯論，這些在上師面前都不允許做。雙手揉搓、輕歌曼舞、彈奏樂器，除了在薈供等期間做以外，平時不能在上師面前做。

辛二、上師能聞近處之威儀：

談論諸多閒雜語，師聞附近切莫爲。

一些無稽之談，在上師能聽到的附近地方不能隨意言說。從「隨意口吐唾液等」至「師聞附近切莫爲」之間，大多數在《金剛鬘講續》中有宣說。《金剛藏莊嚴續》中亦云：「跳舞貪愛語，聞處切莫爲。」

庚二、依止合理之行爲：

應當恭敬墊上起，以恭敬心而端坐。
夜晚過河恐怖途，得許可後當前行。

從坐墊上起立以及坐著時，舉止都應彬彬有禮，恭恭敬敬。在夜晚、過河以及行於十分恐怖的途中時，得到上師開許後，方可走在前面。這是前面所說的不應前行的一種特殊開許。《金剛藏莊嚴續》中云：「夜晚與過河，處於險地時，請求師開許，先行無過失。」

庚三、宣說其他所禁止之非理威儀：

上師能見之眼前，具智慧者身扭轉，
倚靠柱子不應爲，亦莫抻拉手指節。

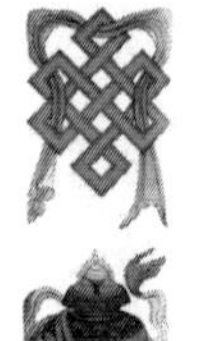

在上師面前，具有智慧的弟子應當杜絕身體扭來扭去、背靠柱子或牆壁等處以及抻拉指節的舉動。《金剛藏莊嚴續》中云：「按摩關節與伸足。」本頌中是指禁止抻拉、按摩關節之義。有些論典中說：「不應拉直指關節。」此種說法更爲恰當。

己六（宣說身語承侍之差別）分二：一、身體承侍之差別；二、語言承侍之差別。

庚一、身體承侍之差別：

洗足以及沐浴身，擦拭以及搓揉等，
首先頂禮再爲之，最後亦可隨意行。

無論是單單爲上師洗腳，還是全身沐浴、擦拭身體以及按摩等，事先要頂禮，承侍完畢後再禮拜，之後可以隨意去做自己的事。

庚二、語言承侍之差別：

倘若稱呼上師名，師名之後加尊者，
爲令他人恭敬之，言說尊稱之敬語。

在有必要說上師名字的情況下，應當於其

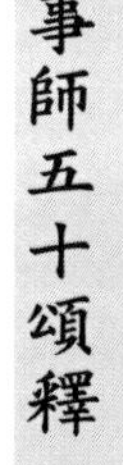

名後加上「尊者」。若想：「僅僅這樣稱呼就可以了嗎？」不是的。爲了使他人對上師生起恭敬之心，還應說一些其他敬語。例如，上師的名字叫仁欽多吉，在稱呼時，則說「尊敬的仁欽多吉大尊者」。以此爲原則，對其他的上師也將恭敬有加。

恰羅扎瓦的譯文是這樣的：「略說彼名非可取，名尾加上尊者稱，爲令他眾恭敬故，言說尊稱之敬語。」從文句來看，前面的譯文更好些。

己七（斷除我慢）分三：一、依教奉行時斷除我慢；二、恭聽佛法等時斷除我慢；三、平時威儀中斷除我慢。

庚一、依教奉行時斷除我慢：

請求上師予吩咐，口中當說謹遵命，
雙手合十不散亂，洗耳恭聽師吩咐。
發笑以及咳嗽等，應當用手捂住口，
事情成辦圓滿後，當以柔語作陳述。

首先，要在上師前誠心誠意地請求說：「有什麼事需要我做的，請上師儘管吩咐。」在上師吩咐說「做這件事、那件事」的過程中，自己要雙手合掌、心不外散全神貫注地諦聽。待上師吩咐完畢，應當恭敬地說：「謹遵師命。」當上師所吩咐之事已圓滿完成時，要以極爲溫和的語氣向上師匯報說「這件事是如何如何辦的」，以便讓上師了解事情的經過。在恭聽吩咐以及其他時候，咳嗽、忍俊不禁，還有「等」字所包括的打哈欠等時，爲了避免威儀不莊嚴，應當用手掩口。

按恰羅扎瓦的譯文「設若上師吩咐時，迅速言說遵命也」來理解，雖然在現今的某些地方有這種傳統，但感覺前面的譯文更爲適宜。《金剛藏莊嚴續》中云：「是故上師之面前，當如新媳般羞澀，咳嗽發笑吐痰等，應當以手捂住口，溫文爾雅而言說。」又云：「無論奉行任何事，抑或恭聽佛法時，爲能牢記而合掌，一直不鬆站起時，背莫朝師能見處。」離開時，背部不能朝向上師能看見的地方。

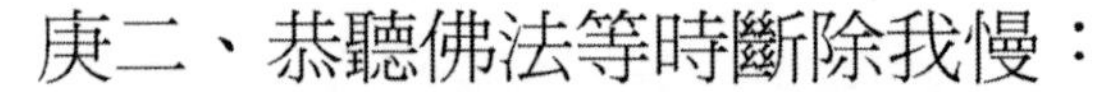

庚二、恭聽佛法等時斷除我慢：

上師之前調柔住，衣等儀表當整潔，
雙膝跪地手合掌，欲聞法等祈三遍。

想要聽聞佛法的弟子，在求法時要祈求三次。威儀應當是怎樣的呢？在上師前應當斷除趾高氣揚的神態，言談舉止寂靜調柔、衣裝穿著如理如法等，一切威儀謹小慎微，毫不放肆，雙膝著地，合掌祈求。

頌詞中的「等」字，包含請求灌頂以及受戒等。因爲聞法是爲了抉擇所有佛法的法相，故而，此處也包括聽受灌頂及傳戒等。

庚三、平時威儀中斷除我慢：

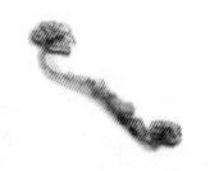

承侍一切行爲中，當無貢高我慢心，
知慚畏懼護根門，當以新媳姿態住。
嬌媚姿態等諸行，上師之前當斷除，
其餘類似之事宜，自己觀察當捨棄。

以前面所說的威儀爲主，在承侍上師的過程中，自己的一切行爲都不應雜有我慢的心理。《般若經》中說：「於（上師等）殊勝對境，心生傲慢，罪大惡極。」因此，承侍上師時傲氣十足過患極大。我們應當如新媳婦一樣以知慚有愧、敬畏上師以及威儀嚴謹來約束自己。在爲自己示道的上師前，弄姿作態等一切行爲均應斷除。此外，與貢高我慢、賣弄風姿相類似的一切非理威儀，以自己的智慧作詳細觀察，認爲不應爲的皆當捨棄。

己八（不能自作主張）分四：一、饒益他眾時請求開許；二、所得供養敬獻上師；三、於上師前不允許他人對自己承侍；四、身體威儀畢恭畢敬。

庚一、饒益他眾時請求開許：

開光灌頂與火施，攝受弟子傳佛法，
上師若在彼境內，未經開許前莫爲。

進行開光、灌頂、火施以及攝受弟子講經說法的時候，如果上師住在當地，則要請求開許，如果已得上師的許可，則應實行。在未得到開許之前，不可擅自行持。倘若上師不在當地，則不必請求開許。

庚二、所得供養敬獻上師：

作開光等所得物，悉皆供養上師尊，
上師接受供品後，其餘隨意自享用。

在開光、灌頂等時所得的供養品，全部都應當供養自己的上師。按照恰羅扎瓦的譯文「上師接受所需物」來理解，上師從弟子所供養的物品中接納自己所需要的一部分，剩餘的其他供品，弟子可隨意享用。

庚三、於上師前不允許他人對自己承侍：

不攝上師之弟子，於上師前當禁止，
自之弟子承侍己，起立頂禮等行為。

上師的弟子，不能攝受為自己的弟子，在上師面前，也不能為自己的弟子傳法示道。

鄂·意蕩多吉解釋說：「對於不能攝受上師的弟子為自己的徒弟這一點，有些大智者若對自己供養承侍而降低對上師的供養承侍，則不可攝受上師的弟子。」然而事實上，依照諸論典中所說：「所謂的不攝上師之弟子，指的是在上師前，不能將上師的弟子攝為自己的徒弟之義。」上師在場時，如果自己的徒弟對自己供養衣物等、從座上起立以及作禮等，則應當制止他們說：「不要這樣做！」

庚四、身體威儀畢恭畢敬：

供養上師任何物，以及上師賜何物，

具有智慧之弟子，應當頂禮雙手接。

作為一名具有智慧的弟子，無論供養上師任何物品，應當首先恭敬禮拜，再用雙手呈獻。而且，上師恩賜給自己物品時，也要頂禮，雙手承接。按照恰羅扎瓦的譯文「具有智慧之弟子，頂禮雙手敬獻受」，更易理解。《桑布札續》中云：「無論施何物，頂禮而接受。」此中已明確地宣說了接受上師所賜物時要作禮。

附加內容：

不忘正知與正念，自之行為謹慎者，
道友行為越軌時，當以喜心互制止。

不忘失一切誓言、具足正知正念的人，不但自己的行為不違背金剛持佛所制定的戒律，而且當看到同一上師座下的道友們有越軌行為時，應盡可能制止，要善言勸告他們不要違背佛制罪。以歡喜之心互助互愛，成為修法的助伴。恰羅扎瓦譯為「未曾忘失正念者」，這一偈頌是在闡述如何依止上師的過程中，附帶說明如何對待道友的道理。

丙二、特殊依止之方式：

病人對於事上師，雖未頂禮求開許，
已做一切遮止行，具善心者無罪過。

這裡宣說了病人無有過失的一些道理。當然，諸如輕辱誹謗上師以及擾亂師心等，以生病為理由永遠是沒有開許的，如「坐於墊上與

先行」僅僅是個別的佛制罪，觀待患者則是開許的。身染疾病之人，對於承侍上師的所有事，雖然心裡想頂禮恭敬，怎奈重病在身，無法成辦，諸如在上師前坐於墊上等所遮止的一切行爲，雖然做了，但對於具有善心者來說是無有罪過的。

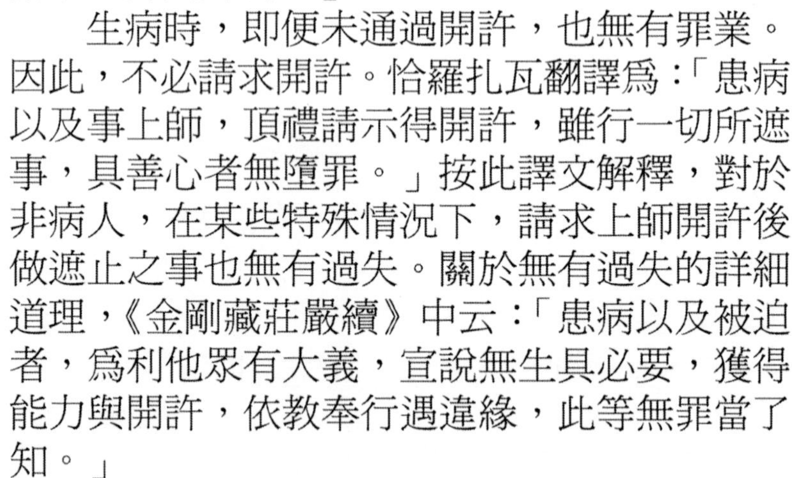

若想：「那麼，對這些病人來說，是否需要請求上師開許呢？」

生病時，即便未通過開許，也無有罪業。因此，不必請求開許。恰羅扎瓦翻譯爲：「患病以及事上師，頂禮請示得開許，雖行一切所遮事，具善心者無墮罪。」按此譯文解釋，對於非病人，在某些特殊情況下，請求上師開許後做遮止之事也無有過失。關於無有過失的詳細道理，《金剛藏莊嚴續》中云：「患病以及被迫者，爲利他眾有大義，宣說無生具必要，獲得能力與開許，依教奉行遇違緣，此等無罪當了知。」

丙三、依止方式之攝義：

於此多言何必要，能令師喜皆當爲，
師不喜事悉斷除，於此應當盡力行。
所謂悉地隨師生，此乃金剛持親言，
了知此後諸行爲，竭盡全力令師喜。

依止上師之時，不必說得太多，應當歸納依止上師的要點來奉行。一言以蔽之，即凡是能令上師歡喜的事弄清楚後，當不惜一切去

做，了知什麼是上師不歡喜之事後，盡心盡力斷除。之所以如此而行，是由於一切悉地皆依靠令上師生喜而得，這是金剛持佛親口所說的金剛語，了知這一點後，三門一切行爲都應當盡可能令金剛上師歡欣喜悅。《金剛藏莊嚴續》中云：「是故一切諸方便，金剛持師最殊勝，隨順上師令生喜，上師歡喜諸佛喜。」

乙二、依止之時間：

意樂清淨之弟子，已於三寶前皈依，
此部事師五十頌，應當施彼讀誦也。

這部宣說捨棄我行我素、依止上師方式的《事師五十頌》，可以奉送他人。奉送的目的是爲了使別人不遺忘此頌的詞句，再三地讀誦，進而了達其中的所有意義，並依正知正念而如理取捨。

施與何人呢？施與弟子身分的人。

送給什麼樣的弟子呢？具備兩個條件的弟子：第一、已經皈依了佛法僧三寶，具足不共皈依戒；第二、意樂清淨，如理發起願行菩提心。這部論典應當爲那些詳細修煉過顯密共同道次第者開示傳講。

有關修學皈依、發心方面的所有內容，本人在《菩提道次第廣論》中已作了詳盡的闡述。

下文中的「傳授欲學密咒等，令彼堪爲妙法器」，講的是堪爲法器，全面學修依止上師的方式以後，成爲密宗法器，先修共同顯宗，如

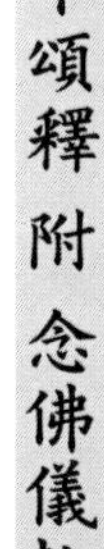

果想入密乘，則爲他們傳講金剛弟子需要如是依止金剛上師，這正是本論的意旨所在。雖然按照仲莫大師的觀點，在預備灌頂階段皈依、發心，到了第二天，在正式灌頂之前，先傳講《事師五十頌》。但是瑪玖譯師根據那若巴的觀點說：「先修共同道後、尚未結成師徒關係之前，傳講此《事師五十頌》。」此種說法更爲恰當。依靠此論引導弟子的次第符合《攝行論》的意義，這一點也是至關重要的。關於此等內容，我（宗喀巴大師）在《菩提道次第論》中已宣說過。

假設有人說：「在尚未灌頂之前傳講《事師五十頌》是不合理的，因爲有洩露秘密的過失。」並沒有洩密的過失。因爲此部論典中密宗的不共名詞術語非常非常少，個別說法也只是略而帶過、極不明顯。又如，弟子在最初祈求灌頂時，如果資具沒有準備齊全的話，上師爲了守護弟子而讓他們念修某些本尊，這是在灌頂之前進行的，如此不成洩露秘密。同樣的道理，並非隨隨便便地傳給所有的人，而只是爲那些修過共同道並想入密宗的佛教徒講授《事師五十頌》，並不算是洩密。

對於灌頂之前，弟子可觀修某些本尊這一點，《金剛空行續》第四十六品中云：「令弟子於足掌上，觀想如弓之風輪，臍間觀想智火焰，彼之光芒燃心間，火焰遍布而增上。傍字變爲醜陋相，罪業由經鼻孔出，爾後觀想忿怒尊，

彼將一切均食掉。」又云：「觀想所修本尊相，當令所護弟子觀。」這裡的本尊，許多論典中均說是觀想普賢王之身相。其中並非是不為弟子講說而上師自己如是觀想的意思。《金剛鬘續・壇城儀軌》中云：「甘露旋咒亦為念誦而賜予弟子。」《十真如》中也說，所誦之咒語亦賜予弟子。因此，上面所指的是上師與弟子均觀修之義。

一般說來，無論進入哪一乘，最初了知依止上師的方式都是至關重要的。尤其是，諸多續部中都極為鄭重地強調了，金剛乘的所有悉地均由依止上師而成。所以說，諸道的根本即是依止上師的方式。僅僅依靠一次觀想上師瑜伽，不可能懂得依止上師的所有學處，因而，應當盡最大努力精通此論的詳細內容。

已經對依止上師的道理一清二楚以後，還必須依正知正念而精勤守護金剛持佛所制定的誓言，這麼一來，一切罪過便會越來越減少，對於違越佛制罪的過失也會生起後悔之心，而渴望改邪歸正。這樣，在今生或不久的他世中，必將會像善財童子與常啼菩薩那樣，不僅對依止善知識的道理無所不知、無所不曉，而且能夠付諸實踐、身體力行。如果對此等道理一無所知，或者雖然了知、卻仍未披上守護的盔甲，那麼就會經常沾染這些極易出現、數量眾多的過失，甚至多生累世中也學不到此等佛制罪。因此，諸位有智慧的人，應當了達此論之上師瑜伽的殊勝教言。

乙三、如何堪爲法器：

傳授欲學密咒等，令彼堪爲妙法器，
後當讀誦與受持，密宗十四根本戒。

修持過共同道次第，並學修了依止上師的方式之後，應當使這樣的弟子堪爲法器。

若想：「堪爲什麼法器呢？」堪爲妙法器。「妙」是指諸佛，「法」是指佛陀詳細演說的能說諸珍寶續部以及所說之道次第等。也就是說，應當成爲聽聞、修行此等妙法的法器。

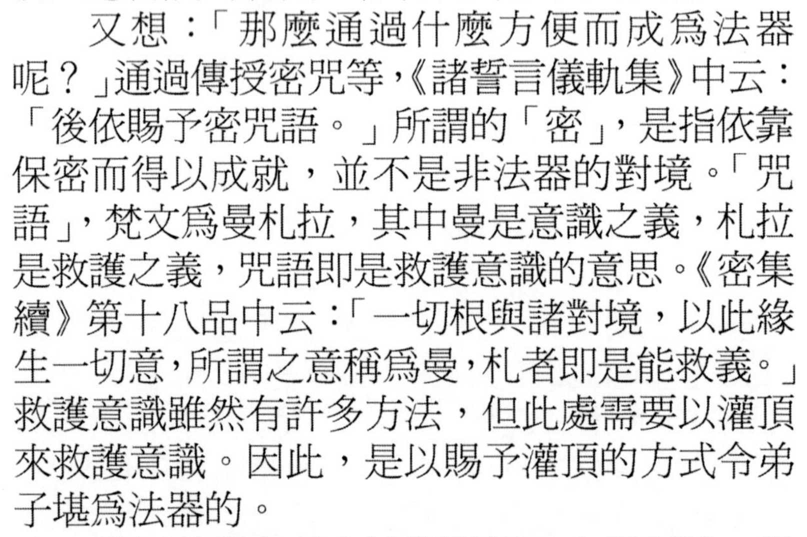

又想：「那麼通過什麼方便而成爲法器呢？」通過傳授密咒等，《諸誓言儀軌集》中云：「後依賜予密咒語。」所謂的「密」，是指依靠保密而得以成就，並不是非法器的對境。「咒語」，梵文爲曼札拉，其中曼是意識之義，札拉是救護之義，咒語即是救護意識的意思。《密集續》第十八品中云：「一切根與諸對境，以此緣生一切意，所謂之意稱爲曼，札者即是能救義。」救護意識雖然有許多方法，但此處需要以灌頂來救護意識。因此，是以賜予灌頂的方式令弟子堪爲法器的。

從何處護意呢？按照賢德巴大師所說，從惡趣、三有痛苦與小乘中救護意識。

若問：「如是已經堪爲法器後，首先要做什麼呢？」首先要做的即是不失毀灌頂時所得受的誓言與戒律，這一點十分關鍵。如果失去戒

律，那麼就會斷絕獲得悉地的根本。從此以後，修道以及講聞續部等就像無有地基妄想建樓一樣。所以，接受灌頂以後，立即需要守護墮罪與非墮罪的界限。

上師宣講密宗戒的所有學處後，弟子必須一清二楚，因爲在尚未灌頂之前，不允許完整地聽聞密宗學處。雖然密乘戒有許多，但是與其他不同的有十四條根本戒，應當經常讀誦這些戒的詞句，並將其意義銘記於心，盡可能做到不染墮罪。如《入菩薩行論》中云：「首當先閱覽，尊聖虛空藏。」因爲《虛空藏經》中宣說了所有的根本墮罪，所以，受了菩薩戒之人首先需要閱讀此經。

應當清楚的是，這裡的意思並不是說其他的學處不需要學修。同樣，誠心想學修無上金剛乘的人得受灌頂後，最先沒有了解十四條根本戒等的守護界限而不護持，只是表面上說修道、講聞續部，這與金剛乘的法理已經背道而馳。因此，爲自己著想的人，接受灌頂後應當以守護誓言戒律爲基礎，再進一步聞思修行密宗法門。

甲三、末義：

為利隨學師弟子，造此無垢之論典，
以我所積諸善根，祈願眾生速成佛。

此《事師五十頌》，是爲了利益無邊的有情、緣無邊的菩提而造的。以巴布拉我著此論所積的無邊善根，願一切眾生迅速獲得佛果。作者爲使辛辛苦苦造論所生的福德永不窮盡並蒸蒸日上而作迴向。

那麼，這部《事師五十頌》到底是一部什麼樣的論典呢？是能令如前所說的那些捨棄我行我素而隨順上師的弟子暫時長遠獲利，並無有未說、邪說、贅述過患的一部論典。（印度土增珠傑所著讚頌世尊的）《殊勝讚》中云：「所積福德之資糧，悉皆迴向諸有情，除世尊您所說外，其餘論中未宣說。」正如這其中所說那樣，造論等善根迴向一切眾生的道理，在其他外道中無有，這是佛教特有的一種廣大善巧方便。

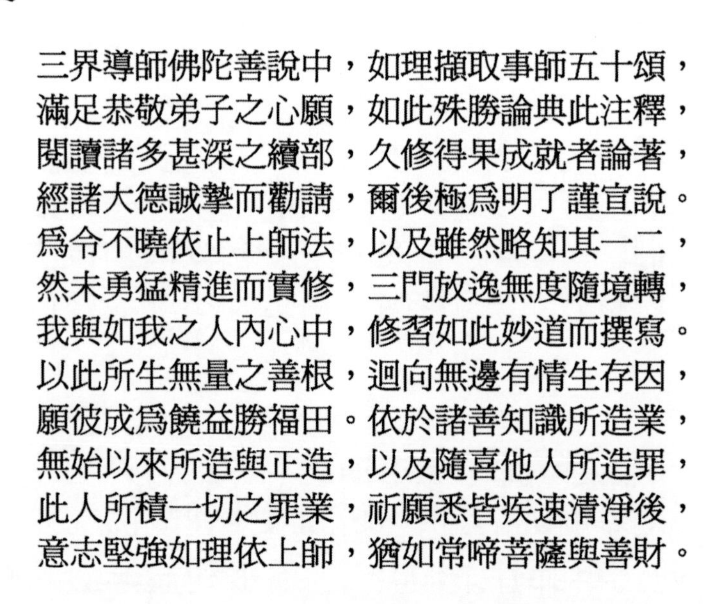

三界導師佛陀善說中，如理擷取事師五十頌，
滿足恭敬弟子之心願，如此殊勝論典此注釋，
閱讀諸多甚深之續部，久修得果成就者論著，
經諸大德誠摯而勸請，爾後極爲明了謹宣說。
爲令不曉依止上師法，以及雖然略知其一二，
然未勇猛精進而實修，三門放逸無度隨境轉，
我與如我之人內心中，修習如此妙道而撰寫。
以此所生無量之善根，迴向無邊有情生存因，
願彼成爲饒益勝福田。依於諸善知識所造業，
無始以來所造與正造，以及隨喜他人所造罪，
此人所積一切之罪業，祈願悉皆疾速清淨後，
意志堅強如理依上師，猶如常啼菩薩與善財。

大智者巴布拉上師所造的此《事師五十頌》，印度

堪布班瑪嘎繞瓦瑪與雅欽大譯師比丘仁欽桑波將其從梵文譯爲藏文，並對詞義作了詳細校正。

以講聞抉擇之此《事師五十頌釋·滿弟子心願》，是經渴望學修依止善知識方法之諸多修行者，以及人們共稱爲世間怙主法王哲貢巴之後裔、無量眾生之導師革西日欽波敦哲嘉波瓦與精通密宗的大金剛持上師札西仁欽誠意勸請，後來，圓滿精通一切顯密教法要點、唯一珍愛佛教如意寶之大智者長老嘉秋華桑波再次請求，鑒於本論印度梵文無有注釋，故比丘金剛持羅桑札巴（宗喀巴）主要依據《密集續》、《金剛鬘續》、《金剛藏莊嚴續》、《大幻化網》、《桑布札續》、《金剛帷幕續》、《金剛空行續》、《吉祥勝續》以及密宗之其他論典，於熱振寂靜聖地如獅形之岩石處撰著成文，由通達內明三藏、尤爲擅長因明辯才無礙、精進持戒之達瑪仁欽記錄。依此願佛法如意寶廣泛弘揚。

薩瓦芒嘎朗！

二○○二年十一月一日

譯於色達喇榮聖地

觀音心咒轉經輪功德

喬美仁波切 著
索達吉堪布 譯

嗡索德！

五身體性上師金剛持　化身三部怙主六能仁
教傳上師本尊寂猛眾　空行護法伏藏教主前
三門恭敬祈禱頂禮後　三世諸佛菩薩眾化身
爲引具有善緣諸有情　依巧方便化現種種相
爲成四種事業示異相　爲淨眾生二障圓二資
言簡易行成辦二種利　任運自成四業轉經輪
不可言說無量諸功德　自佛眾多經續論典中
所說教義言簡意賅書　爲諸無邊眾生得解脫
於此匯集教言略宣說

總的經輪，可分爲修行輪、保護輪、摧毀輪、殺害輪、輪迴輪、砍斷輪、發射輪、吉祥輪、長壽輪、任運成就息增懷誅一切事業輪以及轉經輪共十一種。其中的轉經輪，又包括水轉經輪、風轉經輪、火轉經輪、土轉經輪及手轉經輪五種。這其中，特別是手轉經輪極爲重要。

製作方法：上等用金銀朱砂，中等用松耳石、螺貝，下等用墨汁製成。若將一百零八遍

的觀音心咒做成經輪，以吉祥願詞作開光後，經常手轉，則可獲得息增懷誅之成就，好似如意寶置於掌中一般。由於轉經輪具有簡便易行、事半功倍、功德頗巨、速獲成就的特點，因此，如果身語意三門策勵精勤，自己不需猛厲祈禱，自然會得到殊勝的本尊護法神護佑加持，勝伏一切損害。

平時手轉裝有密咒要訣的珍寶經輪之人，等於同時觀修了上師本尊空行三根本，念誦了一切心咒。它包括了經續教藏、四大的精華、三界一切眾生的壽命福德、功德之精藏。修任何一法，獲大加持，成就迅速，事業廣大。手轉一次經輪的功德也是不可思議、言之不盡的。火轉經輪的煙所及之處的眾生都將獲得解脫的種子。若用風轉經輪或水轉經輪，則風、水所及之處的所有眾生都將獲得菩提果位。

如果手轉經輪，誰人見到、聽到、憶念、接觸他及轉經輪，都可令諸眾生趨入善法。平時手轉經輪之福德：可獲得與轉輪王同等福德，威德榮耀、財富豐裕、容光煥發，一切極為圓滿，具有廣大的威力及加持力。

經常轉此經輪之福德：生生世世面見諸佛、僧眾、上師、本尊、空行、護法，具有享受佛法的機緣，具有為自他轉法輪的緣分。此外，轉此經輪也是修懷業、修財神法、修長壽法，可使您長壽無病，受用增長。可使您擺脫怨敵盜匪、地火水風四大、星曜、冰雹等一切

災難，也可從兵器毒害的畏怖、飢饉、疾疫、痛苦、罪過中解脫出來，還可以擺脫世間他人、國王的懲罰，並且不被鬼王、魔、外道、破誓言者等控制，又不遭受星曜晦氣、龍、地神、妖精、邪魔、鬼女、天、食肉鬼、羅刹、尋香、獨腳鬼、卡繡鬼一切天龍八部的損害。

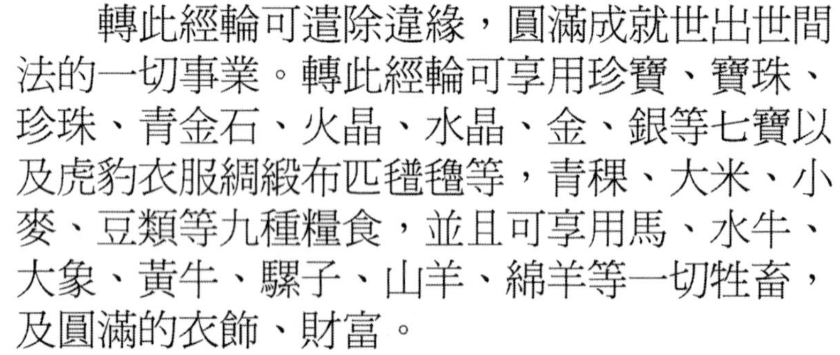

轉此經輪可遣除違緣，圓滿成就世出世間法的一切事業。轉此經輪可享用珍寶、寶珠、珍珠、青金石、火晶、水晶、金、銀等七寶以及虎豹衣服綢緞布匹氆氌等，青稞、大米、小麥、豆類等九種糧食，並且可享用馬、水牛、大象、黃牛、騾子、山羊、綿羊等一切牲畜，及圓滿的衣飾、財富。

佛在經中說：「轉此經輪等同於不間斷地供養十方諸佛菩薩、上師、本尊、空行、護法，對眾生作財施法施，還可清淨自己對上師、道友、寂猛本尊空行護法失毀誓言、發生衝突、懷恨在心、激烈爭論以及身語意三門的一切罪過。如果一邊轉經輪一邊猛厲懺悔，那麼，五無間、四重、八邪、十不善等所有罪業全部可清淨無餘。勝伏三界三有天鬼人，聚集法財食。轉此經輪可令人天歡喜，一切三寶大悲尊主、上師聖眾都欣然隨喜，此人弘法利生事業周遍四面八方，美名傳遍三千大千世界。」

蓮花生大師說：「依靠轉經輪的功德可任運成就修法的一切順緣、消除一切違緣障礙、病緣害緣、三百六十種疾病障礙、八十萬種魔

障、二萬一千種驟魔、三百六十種本魔、詛咒厭勝壓制，不吉祥卦象、噩夢、凶兆、嚴重災難相等一切違品的惡緣。」密主金剛說：「轉此經輪比修一百次長壽法、觀一百次護輪、作一百次護輪的威力還大。」

轉此經輪將成爲具功德者、具禪定者、具名聲者、具財富者、具威力者、勇猛者。可免遭一切痛苦不幸、災禍。轉此經輪如同在諸佛、菩薩、上師、本尊、空行、護法、財神面前作遍滿虛空的普賢雲供，令他們歡喜，從而欣然賜予悉地。

善男信女轉此經輪之福德：眷屬雲集、受用增長、財運亨通等，享用如雨水般一切如法的財富，最後獲得佛果。轉此經輪者，將來可於諸佛、本尊、上師的壇城中獲得成就，爾後饒益一切有情。成爲一切國王、大臣、王妃、庶民及所有眾生的悅意供養處。大能仁（佛陀）對阿日樂空行母說：「破別解脫戒、菩薩戒、密宗誓言的有些僧尼，如果以追悔之心一邊懺悔一邊轉此經輪，則可清淨。」

轉此經輪之人不會轉生於邪見之家、有盲聾啞跛者之家，以及貧窮之家中，不爲罪業所染的種族高貴、長壽無病、相貌莊嚴、財富豐裕，在同類中獲得清淨身體，値遇面見具有智慧、敦肅、善良三功德的諸善知識，具有行持正法的緣分，轉此經輪之人可得到一切白法方面天神的保護、救護、庇護、掩護，擺脫一切非時的橫死苦難，女人求子得子，對於經商謀利尋求財產者，天神大力相助、護佑，使他們諸事順遂，延年益壽，死後不會轉生於三惡趣，斷除低劣生處，不會轉生到邊鄙之地，獲得清淨的人身後行持正法，即使轉生到地獄、餓鬼、食肉鬼、羅刹、夜叉、尋香眾生之中，也是爲其他眾生宣說佛法，並發宏願者。

手轉經輪者可圓滿資糧、淨除二障，之後獲得不變身、無滅語、無迷智慧、顯現證悟，並無礙成就一切所欲之功德事業，成爲諸法之主，通達佛法獲得不忘陀羅尼後，無礙地講、辯、著。手轉經輪之人，可享用無死壽、無盡藏、無貧財、無等福德、種種飲食、各種衣飾、眾多眷屬。

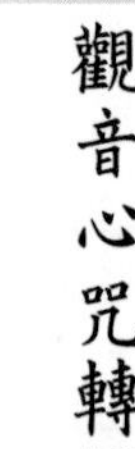

手轉此經輪者，完全實現宏願後以各種方式利益無偏眾生，他人誰也無法與之比擬，獲得遠離一切執著等同虛空般的禪定，他人隨喜也會如願以償。

依靠手轉經輪，可成就誰也無法想像的一切所願，並具有用之不盡源源增長的受用。以此手轉經輪，來世中陰時以八瑞相、八瑞物、輪王七寶、五欲妙、五供、八天女等供養佛及佛陀刹土，隨後前往東南西北佛刹中，於毗盧遮那佛、金剛薩埵、寶生佛、無量光佛、不空成就佛前聆聽正法恭敬承侍，輪迴未空之前饒益無量有情。

手轉經輪之人的威力、智慧、大悲將同三

部怙主。一切世間界充滿七寶，以此作供養的功德可以衡量，以大發心手轉一次經輪的功德卻無法衡量；一切世間界大地的微塵可一一數盡，手轉一次六字真言經輪的福德量卻不可勝數；布施給三界每一眾生性命的福德量可以衡量，爲饒益眾生而手轉一次經輪的福德量卻不可衡量；一切有緣善根的功德可以衡量，於無緣中手轉一次經輪的福德量，三世諸佛也無法衡量。手轉經輪的功德，等同於供養恆河沙數佛陀的福德。

依此手轉經輪可圓滿六度，不間斷色身事業。鄔金蓮花生大士說：「凡是印度譯成藏文的佛法中，身語所做的善事裡沒有比轉六字真言經輪利益功德更大的了。」

幫俄色大師說：「六字真言轉經輪的數量，上等爲一千遍，中等七百，下等一百零八，若一位具相上師對其開光念誦吉祥願詞，則可成就一切所欲之事；若晝夜不間斷手轉此經輪，則等同供養其紙張數量的比丘齋食的福德；若對此經輪裝飾，也等同於供養六字真言數上師衣服的福德；如果於晝夜六時中手轉經輪，則等同於六座身語行法善根的福德。此外，世間人眾修長壽、財神法、護輪等一切依靠轉經輪即可。」

此外，出現不祥卦相，臨近死亡時，若勇猛精進手轉此經輪，無疑可遣除噩相、死相。如果以殊勝的信心和了知經輪功德的定解手轉

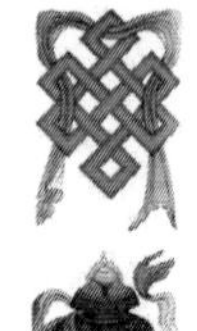

經輪，則可遣除怨敵竊賊強盜的危害，風膽涎疾病，軍隊、盜匪、野獸的進攻等一切違緣。因爲書寫經輪可能會出現增少文字的現象，所以印刷最佳。應用火轉經輪迅速；水轉經輪持久吉祥；風轉經輪，若風勢猛烈則會出現障礙；土轉經輪難以製作。（印刷時）將五種珍寶摻在墨中，之後恰如其分（不多不少）地製成轉經輪，具相的上師開光，誦吉祥願詞。外面用各種飾品莊嚴。

吉祥之日，邊手轉經輪邊供養各種供品而舉行薈供，自己發何願都可如願以償。手轉經輪具有十萬功德，並可成辦諸吉祥事。手轉經輪時，如果發出「仔仔」的聲音，則對生命有害；若發出「扎扎」的聲響，則對財產有害；如果發出「沙沙」聲，則對眷屬有害。應如水流般無聲地轉此經輪。

如果有人造殺上師、殺父母、破戒律、殺阿羅漢、破僧和合五無間罪以及十不善業等如山王般的罪業，也可通過邊手轉經輪邊猛烈懺悔而得以清淨。依靠此經輪，偷盜、妄語、不淨行、諂誑狡詐虛僞等一切罪惡都可清淨。

在石頭上、岩壁上、頭骨上以及珍寶上刻六字真言，後置於山頂或十字路口或者山腳、丘陵下，則等同於一個菩薩住在那裡行利生事業。此外，在布上撰寫（印刷）六字真言，開光後放在淨處，山間、廟宇殿堂中、大河上、山頂等，則隨風飄揚，風所吹之處的一切眾生

均可獲得菩提果位。其傳承：法身無量光佛—報身觀世音菩薩—化身蓮花生—法王赤松德贊等傳至今日。

此觀音心咒轉經輪的功德，所引教證如下：《觀音法源》、《觀音印度論》、《悲華經》、《寶篋經》、《駿馬遊舞續》、《集密藏續》、《千手千眼觀音續》、《百臂續》、《毗盧遮那佛續》、《二臂觀音續》、《四臂觀音續》、《勝海續》、《業際續》、《根除輪迴續》、《世間自在續》、《如意輪續》、《救護無畏續》、《蓮花王續》、《卡薩巴訥續》、《國王全集》，幫俄色上師所著《觀音心咒轉經輪功德》、《上師密集續》中的《轉經輪功德品》。此外，佛經續部、前輩大成就者的論典、上師活佛們的聖教、具德善知識們的竅訣、諸多精通因果智者們的教言中都宣說轉經輪功德是不可思議的。

阿闍黎蓮花生大士的未來授記中寫道：「我前赴西南方，之後，將來調伏一切羅刹的驗相即是六字真言經輪將在邊地興盛開來，那時，凡是轉經輪以及見到、聽到、憶念和接觸經輪，甚至其風吹到的一切地方的人們，暫時可成辦吉祥諸事、清淨罪障，最終獲得菩提等有無量功德。因此，諸位深思此經輪的重大意義和功德後，應以各種方便依靠此經輪成辦自他一切眾生的無量利益。」

我（作者）今參閱了以上經續論典未來授記

中所宣說轉經輪的功德，歸納總結了自己所見的一切教證而撰寫成此文，主要為了使智慧淺薄之人易懂，令邪見者、懷疑者生起誠信。當今時代，普遍存在這樣一種現象：美其名曰說是正法，為塑佛像、印佛經、造佛塔，而舉行賽馬活動、舉辦演講、大型宴會，還為謄寫《丹珠爾》、《甘珠爾》、《般若經》等而殺害當地的許多眾生，竟然自以為這是正法，簡直就是在血海、膿海中著書，雖然算不上是輕毀經論，但由於誤解等所造下的彌天大罪，其異熟果報也是極其嚴重的。

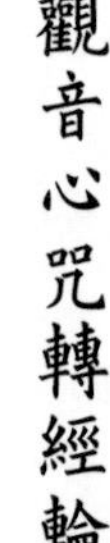

手轉經輪之人，甚至在酒徒中爭吵的罪業也不會造，並可成辦後世的重大之事，不會有不能成辦的事，因無有貢高我慢者可依此而趨入正道。法王赤松德贊說：「說是正法，於是在造罪的基礎上還傲氣十足，由此對後世毫無利益可言，這是輪番造善惡業，無有大功德。」因此，對於後世利益來說，放生（放魚蟻），念誦一遍《金剛經》，轉一次經輪，誦十萬觀音心咒，作一次迴向發願，則可同等清淨罪障。損耗財物罪大惡極的眾生不了知轉經輪的功德，別人講述也充耳不聞，不屑一顧。此經輪本體清淨，功德廣大，不會成熟惡果，不耽誤念誦，不障蔽思維了義法，簡便易行，誰人都可使用，而且行住之時可以順便手轉，自然便可獲得善根（具足上述特點）。

自然而然就可成辦後世利益的法門，唯此

轉經輪莫屬了。希望諸位實修此轉經輪法並廣泛弘揚，貧僧我為了自己的後世以及思維能否利益他眾而寫，除此之外，無有絲毫藐視杜撰佛經之意，也未有自我臆造非理之詞，如若摻雜自私自利、追求利養之心，請空行護法痛飲心血，願三界一切眾生普遍現見此經輪，弘遍整個世界，勝伏一切非法，興盛於一切世間界，增吉祥！

此外，上述諸經續中說：「辨別或誹謗經輪者、懷疑其有無功德者、無信心者、對此生嗔者、倒轉經輪者、佛父佛母經倒置者、不恭敬頂禮者、不將其作為承侍應供處者、隨意擱放者、跨越者、對其輕蔑者，其罪過：發瘋癲狂，昏厥倒地，成為跛盲聾啞之人，多病痛苦，連續不斷遭受怨敵、盜賊、強盜的危害以及各種損失的災難，經常出現貧困、死亡、障礙各種不吉祥之事，後世也將墮入地獄。」

因此，希望大家以虔誠的信心、恭敬心、勝解心轉此經輪。內心深處恭敬頂禮精勤手轉此經輪十分重要。畏懼來世惡業、罪障的人們也應銘記於心，實際修持此法。可勝伏四魔的此經輪，能完全斷除無邊的邪見，任運成辦二利，圓滿意趣後徹底根除三有輪迴。

我本人使用的經輪有一百零八頁，其中有七千二百觀音心咒、二百一十六首願詞、四十六遍佛父佛母密咒，此經輪是佛法的精華，因此請大家精勤實修。我從未見過比此法功德更

大、威力更巨、更深奧的法了。我們修行人也時常會受到惡魔的干擾，有些持出家形象之人於在家的善男信女面前裝模作樣，內心充滿了貪嗔癡，一心專注於世間八法追求名聞利養，口口聲聲說不求飲食不要牲畜，不貪親屬，一心一意爲眾生。這種被魔加持了的人說：「轉經輪無有功德，而且有如何如何的過患。」這是厲鬼、餓鬼中的凶神惡煞僞裝成出家人形象而製造違緣障礙的，所以，大家小心提防、不爲違緣所轉極爲重要。革薩里尊者遊十八地獄時，認識到身語的善業中沒有比轉經輪功德大的。思維能否利益諸世人而撰。

不要隨魔及外道轉，應當實修此法，饒益有情。嗡瑪呢巴咪吽舍……

蓮花洲大師的《水輪海》中《觀音海續》中說：「何者具有菩提心，具足智慧力士夫，製作觀音心咒函，生次開光讚頌後，水風抑或手旋轉，一定摧毀諸輪迴，任運成就四事業，彼之功德不可說。」《觀音輪續》云：「大菩薩之瑜伽士，欲以方便利眾生，五種珍寶撰經函，恆時不斷旋轉者，彼之業障速清淨，趨入善趣解脫梯。」

《觀音除暗燈續》云：「發心補特伽羅者，作多觀音心咒輪，若依四大來旋轉，速成所欲諸事業，尤其連續不間斷，手轉經輪必成就。」鄔金蓮師說：「善男子善女人，凡是欲求往生極樂世界者，應當勤轉此經輪，五無間罪也可依此得清淨，奇哉！大悲觀世音菩薩，是藏地雪域的本尊，觀音心咒經輪尤其將興盛於康巴貢布地方，多康的善男信女們應弘揚六字真言教法。」吉祥！

譯於二○○○年十月十五日

目　錄

前　言

放眼如今這個世界，一些社會團體、外道組織眾人聚集舉辦一些沒有長遠、重大利益的活動，使人見而生悲。而以菩提學會爲主的有些佛教道場、居士中心，大家集中一處共同研習佛法、聞思修行，這一點委實令人高興，值得讚歎和發揚。與之同時，我也發現漢地部分地方，有些佛教徒群體共誦密宗儀軌進行薈供、火供、燒施等等。當然，不可否認這些密宗的儀軌，對個別人來說確實殊勝，可是有的人既沒有接受過密宗灌頂，也沒有生起次第圓滿次第的境界，如此而行很難說是否有利。由此，我不禁萌生推廣「人人均可參加、個個必然獲益」的共修法門。觀察良久，思量再三，最後抉擇出此「念佛法會」。

這一念佛法會，沒有任何宗派、年齡及文化程度的局限。的確，無論是學顯學密、年幼年老、有無文化，只要你有信心，就可參加、就會得利。有關持誦佛號的功德，我不必多費筆墨，諸位參閱下文中佛經的內容便可一目了然。此念佛法門，不管是對臨終者還是健在者，不論是對人還是動物，只要雙方不持邪見，念者聽者都會受益匪淺，可以說是有利無弊、不同尋常的共修法。

我想，作爲大乘佛教徒，有責任有義務對佛教、對眾生、對社會發一分心盡一分力。當今時代，由於眾生共業所感，天災人禍此起彼伏、有增無減，大家共修念佛法，依靠諸佛菩薩的加持力、眾信徒們的發心力，無形之中必將大大降低災難的發生。

在此，我也誠摯、迫切地希望，每一個人都能輾轉相傳持誦這些佛菩薩名號，廣結佛緣，自利利他！

吉祥圓滿

索達吉

二〇〇八年元月一日

念佛儀軌

凡是想集體共修此法門者，每個月至少參加一次念佛法會。當天，把道場清掃乾淨，在佛臺上陳設釋迦牟尼佛等佛像，根據經濟條件，擺放清潔、悅意的五供[4]或者相應的供品。

當與會人員到齊以後，大家首先一起禮佛三拜，選一位聲音動聽的維那師（即領誦者）起頭，眾人懷著虔誠之心、恭敬之心、難得之心開始念誦：

一、前行

1、加持咒：（念三遍）

嗡桑巴**局**桑巴**局**，波瑪納薩**局**，瑪哈藏巴巴吽啪的梭哈

2、皈依：（念三遍）

乃至菩提之間永皈依，
一切殊勝佛法及僧眾，
以我觀修念誦之福德，
爲利眾生願成就佛果。

---

[4] 五供：花、燈、香、水及食品。

3、發心：（念一遍）

願諸眾生永具安樂及安樂因，
願諸眾生永離眾苦及眾苦因，
願諸眾生永具無苦之樂，我心怡悅，
願諸眾生遠離貪嗔之心，住平等捨。

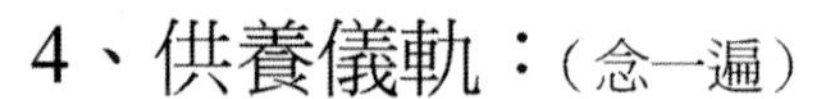

4、供養儀軌：（念一遍）

一切人天內外勝資具，
妙樂飾鬘美食華衣等，
諸佛菩薩願力所化現，
祈以普賢雲供作莊嚴。

供養咒：（念三遍）

納摩咼納札雅雅，納摩巴嘎瓦得，班匝薩咼抓瑪達呢，達塔嘎達雅，阿哈得三雅桑波達雅，達雅塔，嗡班賊日班賊日瑪哈班賊日，瑪哈得匝班賊日，瑪哈波雅班賊日，瑪哈波德澤達班賊日，瑪哈波德曼卓巴桑札瑪納班賊日，薩瓦嘎瑪阿瓦咼納波效達納班賊日所哈。

（以下內容念一遍）：

一切有情之怙主，降盡魔眾之天尊，
萬法如是遍知者，諸佛眷屬祈蒞臨。
悲憫我等眾生故，以汝神通幻變力，
乃至我作供養間，祈請諸佛常安住。

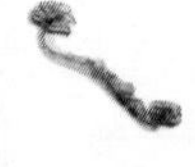

普賢行願品七支供：（念一遍）

所有十方世界中，三世一切人師子，
我以清淨身語意，一切遍禮盡無餘。
普賢行願威神力，普現一切如來前，
一身復現剎塵身，一一遍禮剎塵佛。
於一塵中塵數佛，各處菩薩眾會中，
無盡法界塵亦然，深信諸佛皆充滿。
各以一切音聲海，普出無盡妙言辭，
盡於未來一切劫，讚佛甚深功德海。
以諸最勝妙華鬘，伎樂塗香及傘蓋，
如是最勝莊嚴具，我以供養諸如來。
最勝衣服最勝香，末香燒香與燈燭，
一一皆如妙高聚，我悉供養諸如來。
我以廣大勝解心，深信一切三世佛，
悉以普賢行願力，普遍供養諸如來。
我昔所造諸惡業，皆由無始貪嗔癡，
從身語意之所生，一切我今皆懺悔。
十方一切諸眾生，二乘有學及無學，
一切如來與菩薩，所有功德皆隨喜。
十方所有世間燈，最初成就菩提者，
我今一切皆勸請，轉於無上妙法輪。
諸佛若欲示涅槃，我悉至誠而勸請，
唯願久住剎塵劫，利樂一切諸眾生。
所有禮讚供養福，請佛住世轉法輪，

隨喜懺悔諸善根，迴向眾生及佛道。

二、正行念佛：

頂禮、供養、皈依**東方珍珠世界**出有壞應供正等覺**寶光月嚴智威光妙音自在王如來**

頂禮、供養、皈依**南方月嚴世界**出有壞應供正等覺**花光遊戲神通如來**

頂禮、供養、皈依**西方錦寶世界**出有壞應供正等覺**花開娑羅樹如來**

頂禮、供養、皈依**北方珍寶網覆世界**出有壞應供正等覺**月殿清淨如來**

頂禮、供養、皈依**下方尊幢主世界**出有壞應供正等覺**善寂智威光妙音自在王如來**

頂禮、供養、皈依**上方善分別世界**出有壞應供正等覺**無數精進正住如來**

頂禮、供養、皈依**琉璃光世界**出有壞應供正等覺**藥師琉璃光如來**

頂禮、供養、皈依**頂髻世界**出有壞應供正等覺**寶髻如來**

頂禮、供養、皈依**無垢世界**出有壞應供正等覺**無垢生如來**

頂禮、供養、皈依**寂靜世界**出有壞應供正等覺**善寂莊嚴如來**

頂禮、供養、皈依**極樂世界**出有壞應供正等覺**無量光如來**

頂禮、供養、皈依**蓮上世界**出有壞應供正等覺**蓮花生如來**

頂禮、供養、皈依**金剛世界**出有壞應供正等覺**堅韌金剛如來**

頂禮、供養、皈依**無憂世界**出有壞應供正等覺**離憂如來**

頂禮、供養、皈依**無畏世界**出有壞應供正等覺**善息諸畏如來**

頂禮、供養、皈依**妙觀察慧世界**出有壞應供正等覺**普淨諸趣如來**

頂禮、供養、皈依**離惡趣世界**出有壞應供正等覺**息諸惡趣如來**

頂禮、供養、皈依**無垢世界**出有壞應供正

等覺淨慧如來

頂禮、供養、皈依君王世界出有壞應供正等覺王慧如來

頂禮、供養、皈依明月世界出有壞應供正等覺無垢滿月如來

頂禮、供養、皈依勝得世界出有壞應供正等覺滅諸惡趣如來

頂禮、供養、皈依善現世界出有壞應供正等覺眾生樂見如來

頂禮、供養、皈依出有壞應供正等覺歡喜吉祥如來

頂禮、供養、皈依出有壞應供正等覺旃檀吉祥如來

頂禮、供養、皈依出有壞應供正等覺勇猛如來

頂禮、供養、皈依出有壞應供正等覺盡摧眾魔力如來

頂禮、供養、皈依出有壞應供正等覺尸棄如來

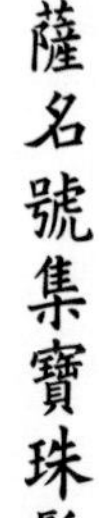

頂禮、供養、皈依出有壞應供正等覺護眾如來

頂禮、供養、皈依出有壞應供正等覺除迷信如來

頂禮、供養、皈依出有壞應供正等覺迦那迦牟尼如來

頂禮、供養、皈依出有壞應供正等覺迦葉如來

頂禮、供養、皈依南方澄清世界出有壞應供正等覺無盡慧如來

頂禮、供養、皈依南方平等世界出有壞應供正等覺寶幢如來

頂禮、供養、皈依南方悅意世界出有壞應供正等覺無垢光藏如來

頂禮、供養、皈依南方極喜世界出有壞應供正等覺幻變能淨稱如來

頂禮、供養、皈依南方樂信妙法世界出有壞應供正等覺雲護如來

頂禮、供養、皈依南方外道處世界出有壞

應供正等覺獅子遊戲王如來

頂禮、供養、皈依南方花幢世界出有壞應供正等覺山王超勝如來

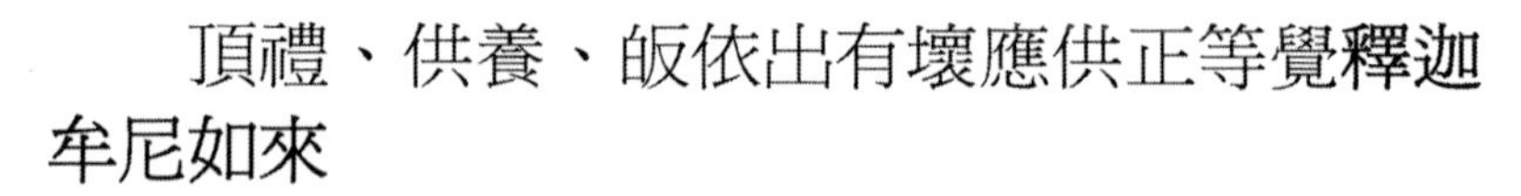

頂禮、供養、皈依南方護寶世界出有壞應供正等覺普護妙法頂如來

頂禮、供養、皈依出有壞應供正等覺釋迦牟尼如來

頂禮、供養、皈依出有壞應供正等覺月光如來

頂禮、供養、皈依出有壞應供正等覺盡淨諸趣王如來

頂禮、供養、皈依出有壞應供正等覺淨眼王如來（心咒：達雅他，匝吉匝吉加那匝吉索哈）

頂禮、供養、皈依出有壞應供正等覺良象香光明王如來

頂禮、供養、皈依出有壞應供正等覺吉祥花如來（心咒：達雅他，布白布白色布白索哈）

頂禮、供養、皈依出有壞應供正等覺山王

如來（心咒：達雅他，達熱達熱、達繞訥班得索哈）

頂禮、供養、皈依出有壞應供正等覺明燈山王如來

頂禮、供養、皈依出有壞應供正等覺寶王如來

頂禮、供養、皈依出有壞應供正等覺寶髻頂如來

頂禮、供養、皈依出有壞應供正等覺無量壽如來

頂禮、供養、皈依出有壞應供正等覺毗婆尸如來

頂禮、供養、皈依出有壞應供正等覺眾寶如來

頂禮、供養、皈依出有壞應供正等覺釋迦牟尼如來

頂禮、供養、皈依出有壞應供正等覺攝持諸法如來

頂禮、供養、皈依出有壞應供正等覺不可

言測如來

頂禮、供養、皈依出有壞應供正等覺無比如來

頂禮、供養、皈依出有壞應供正等覺無邊法如來

頂禮、供養、皈依出有壞應供正等覺不可思議如來

頂禮、供養、皈依出有壞應供正等覺住力力力如來

頂禮、供養、皈依出有壞應供正等覺無畏十力如來

頂禮、供養、皈依出有壞應供正等覺三世主如來

頂禮、供養、皈依出有壞應供正等覺導眾大師如來

頂禮、供養、皈依出有壞應供正等覺普斬束縛如來

頂禮、供養、皈依出有壞應供正等覺波羅蜜多如來

頂禮、供養、皈依出有壞應供正等覺已越諸世如來

頂禮、供養、皈依出有壞應供正等覺徹離輪迴相續如來

頂禮、供養、皈依出有壞應供正等覺三昧解脫如來

頂禮、供養、皈依出有壞應供正等覺如虛空無緣如來

頂禮、供養、皈依出有壞應供正等覺眾內法王如來

頂禮、供養、皈依出有壞應供正等覺摧四魔眾如來

頂禮、供養、皈依出有壞應供正等覺如獨子父大慈如來

世世死亡，無論生在何處，但願都能恆常面見佛陀，現證佛性，趨至大涅槃。

頂禮、供養、皈依出有壞應供正等覺寶髻如來

頂禮、供養、皈依過去無數出有壞應供正

等覺如來

頂禮、供養、皈依出有壞應供正等覺二萬日月燈光如來

頂禮、供養、皈依出有壞應供正等覺三萬燃燈如來

頂禮、供養、皈依出有壞應供正等覺六十太子如來

頂禮、供養、皈依出有壞應供正等覺千萬無疑光如來

頂禮、供養、皈依出有壞應供正等覺無數光如來

頂禮、供養、皈依出有壞應供正等覺一切化身如來

頂禮、供養、皈依出有壞應供正等覺功德如日月清淨光明如來

頂禮、供養、皈依出有壞應供正等覺龍王如來

頂禮、供養、皈依出有壞應供正等覺雷音雲王如來

頂禮、供養、皈依出有壞應供正等覺清淨光明王如來

頂禮、供養、皈依出有壞應供正等覺山王天頂飾如來

頂禮、供養、皈依出有壞應供正等覺無垢如來

頂禮、供養、皈依出有壞應供正等覺慧海如來

頂禮、供養、皈依出有壞應供正等覺無貪如來

頂禮、供養、皈依出有壞應供正等覺離厭如來

頂禮、供養、皈依出有壞應供正等覺至勝如來

頂禮、供養、皈依出有壞應供正等覺菩提花如來

頂禮、供養、皈依出有壞應供正等覺除疑沉如來

頂禮、供養、皈依出有壞應供正等覺清淨

勝解如來

頂禮、供養、皈依出有壞應供正等覺普善如來

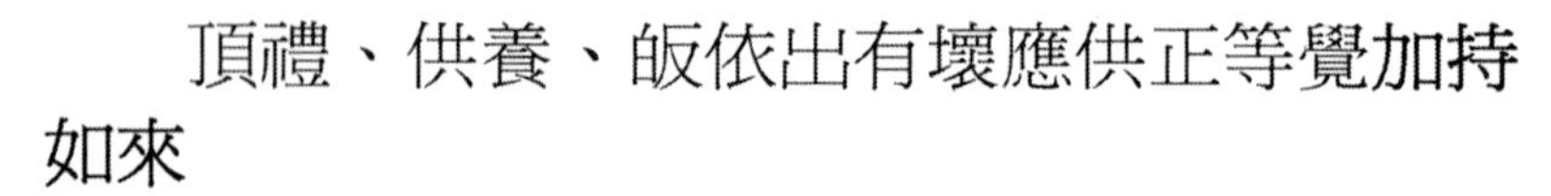

頂禮、供養、皈依出有壞應供正等覺加持如來

頂禮、供養、皈依出有壞應供正等覺語無量如來

頂禮、供養、皈依出有壞應供正等覺無畏力王如來

頂禮、供養、皈依出有壞應供正等覺如意幢燈光如來

頂禮、供養、皈依出有壞應供正等覺堅固金剛如來

頂禮、供養、皈依出有壞應供正等覺大悲力王如來

頂禮、供養、皈依出有壞應供正等覺慈藏王如來

頂禮、供養、皈依出有壞應供正等覺莊嚴王如來

頂禮、供養、皈依出有壞應供正等覺身色普顯光如來

頂禮、供養、皈依出有壞應供正等覺智光不動如來

頂禮、供養、皈依出有壞應供正等覺伏諸魔王如來

頂禮、供養、皈依出有壞應供正等覺慧力王如來

頂禮、供養、皈依出有壞應供正等覺極喜無惱光如來

頂禮、供養、皈依出有壞應供正等覺無量語妙音王如來

頂禮、供養、皈依出有壞應供正等覺諸法無礙王如來

頂禮、供養、皈依過去一至十、百、千、萬、十萬、百萬、千萬、億、十億、俱胝那由他十萬恆河沙不可數一切如來

頂禮、供養、皈依東方明燈世界出有壞應供正等覺寶源如來

頂禮、供養、皈依**此寶源佛等東方世界盡恆河沙數住世說法**之出有壞應供正等覺**同名寶源**如來

頂禮、供養、皈依**具寶世界**出有壞應供正等覺**妙寶**如來

頂禮、供養、皈依**珍寶世界**出有壞應供正等覺**妙寶主尊**如來

頂禮、供養、皈依**香馥世界**出有壞應供正等覺**寶生**如來

頂禮、供養、皈依**光芒世界**出有壞應供正等覺**寶光**如來

頂禮、供養、皈依**頂幢世界**出有壞應供正等覺**寶頂**如來

頂禮、供養、皈依**盡現功德世界**出有壞應供正等覺**寶光普照**如來

頂禮、供養、皈依**現喜世界**出有壞應供正等覺**不動**如來

頂禮、供養、皈依**無量世界**出有壞應供正等覺**大光**如來

頂禮、供養、皈依美花世界出有壞應供正等覺無量妙音如來

頂禮、供養、皈依無塵世界出有壞應供正等覺甘露妙音如來

頂禮、供養、皈依難化世界出有壞應供正等覺大稱如來

頂禮、供養、皈依安樂世界出有壞應供正等覺無邊稱如來

頂禮、供養、皈依水晶世界出有壞應供正等覺寶光如來

頂禮、供養、皈依光明世界出有壞應供正等覺得大樂如來

頂禮、供養、皈依寶光世界出有壞應供正等覺星辰燈光如來

頂禮、供養、皈依安樂世界出有壞應供正等覺諦實妙音如來

頂禮、供養、皈依純金世界出有壞應供正等覺無邊無垢如來

頂禮、供養、皈依妙音世界出有壞應供正

等覺皎月如來

頂禮、供養、皈依日光世界出有壞應供正等覺月光如來

頂禮、供養、皈依無垢世界出有壞應供正等覺無垢光如來

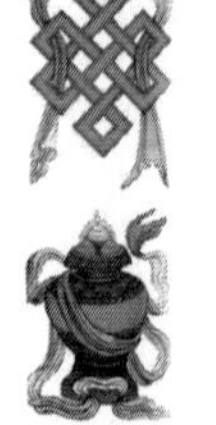

頂禮、供養、皈依琉璃光明世界出有壞應供正等覺清淨光如來

頂禮、供養、皈依善得世界出有壞應供正等覺日光如來

頂禮、供養、皈依覺支莊嚴世界出有壞應供正等覺無邊珍寶如來

頂禮、供養、皈依蓮花世界出有壞應供正等覺蓮上如來

頂禮、供養、皈依逾諸憂害世界出有壞應供正等覺支上如來

頂禮、供養、皈依具藏世界出有壞應供正等覺微妙金光如來

頂禮、供養、皈依珍珠瓔珞普淨世界出有壞應供正等覺梵天自在王如來

頂禮、供養、皈依明月世界出有壞應供正等覺金光如來

頂禮、供養、皈依明燈世界出有壞應供正等覺金源如來

頂禮、供養、皈依具蜜世界出有壞應供正等覺龍自在王如來

頂禮、供養、皈依如月世界出有壞應供正等覺百花芳香自在王如來

頂禮、供養、皈依星王世界出有壞應供正等覺娑羅樹王如來

頂禮、供養、皈依具力世界出有壞應供正等覺勇堅部刃除煩惱如來

頂禮、供養、皈依吉祥世界出有壞應供正等覺現吉祥藏如來

頂禮、供養、皈依香塗海世界出有壞應供正等覺散無量香如來

頂禮、供養、皈依龍現世界出有壞應供正等覺獅子妙音如來

頂禮、供養、皈依揚嘎瓦德世界出有壞應

供正等覺大力精進出離如來

頂禮、供養、皈依善住海世界出有壞應供正等覺勝藏如來

頂禮、供養、皈依具光世界出有壞應供正等覺鼓音王如來

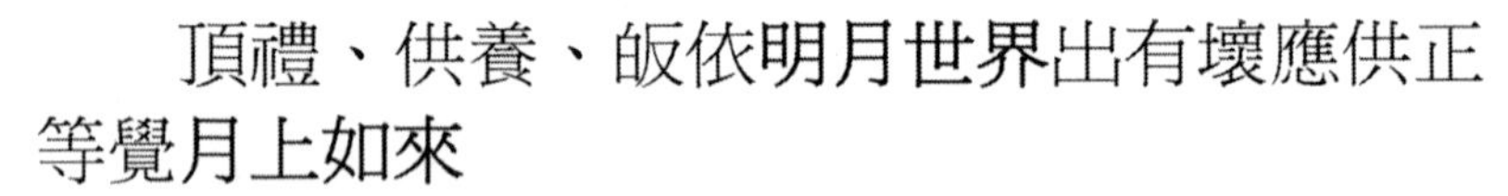

頂禮、供養、皈依明月世界出有壞應供正等覺月上如來

頂禮、供養、皈依善住旃檀柱世界出有壞應供正等覺勝花如來

頂禮、供養、皈依善住贍部河世界出有壞應供正等覺世間燈如來

頂禮、供養、皈依光明世界出有壞應供正等覺名火如來

頂禮、供養、皈依東方普嚴世界出有壞應供正等覺寶基如來

頂禮、供養、皈依東方佛陀世界出有壞應供正等覺永恆涅槃如來

頂禮、供養、皈依東方山王面世界出有壞應供正等覺無痛慧如來

頂禮、供養、皈依東方離貧世界出有壞應供正等覺顯現無量幻化如來

頂禮、供養、皈依東方如嘎匝蘭達妙衣觸柔世界出有壞應供正等覺鎮妙高山如來

頂禮、供養、皈依東方平等妙吉世界出有壞應供正等覺妙寶象如來

頂禮、供養、皈依東方寶生世界出有壞應供正等覺聚寶吉祥如來

頂禮、供養、皈依東方離不淨世界出有壞應供正等覺不退轉輪寶永義吉祥如來

頂禮、供養、皈依東方住清淨世界出有壞應供正等覺普明淨得如來

頂禮、供養、皈依南方解脫世界出有壞應供正等覺日月燈如來

頂禮、供養、皈依南方戒光世界出有壞應供正等覺須彌山如來

頂禮、供養、皈依南方妙金色世界出有壞應供正等覺山王明如來

頂禮、供養、皈依南方具光明世界出有壞

應供正等覺如山王如來

頂禮、供養、皈依南方得一切力世界出有壞應供正等覺普香如來

頂禮、供養、皈依南方無垢光世界出有壞應供正等覺顯現普淨如來

頂禮、供養、皈依南方具法世界出有壞應供正等覺法上如來

頂禮、供養、皈依南方行王世界出有壞應供正等覺香自在王如來

頂禮、供養、皈依南方諦實世界出有壞應供正等覺大功德如來

頂禮、供養、皈依南方具大莊嚴世界出有壞應供正等覺香光如來

頂禮、供養、皈依南方無垢世界出有壞應供正等覺發光如來

頂禮、供養、皈依南方普喜世界出有壞應供正等覺無量光如來

頂禮、供養、皈依南方具藏世界出有壞應供正等覺放光如來

頂禮、供養、皈依南方冰珠石果世界出有壞應供正等覺月燈如來

頂禮、供養、皈依南方最妙香世界出有壞應供正等覺月光如來

頂禮、供養、皈依南方杲日世界出有壞應供正等覺明月如來

頂禮、供養、皈依南方金寶光世界出有壞應供正等覺火光如來

頂禮、供養、皈依南方具光明色世界出有壞應供正等覺尊勝妙音如來

頂禮、供養、皈依南方尊勝世界出有壞應供正等覺勝行如來

頂禮、供養、皈依南方戰勝世界出有壞應供正等覺眾上如來

頂禮、供養、皈依南方七寶世界出有壞應供正等覺蓮花部如來

頂禮、供養、皈依南方皓月世界出有壞應供正等覺蓮花妙音如來

頂禮、供養、皈依南方大威力世界出有壞

應供正等覺**多寶如來**

頂禮、供養、皈依**南方鮮花世界**出有壞應供正等覺**獅子吼如來**

頂禮、供養、皈依**南方阿蘭若世界**出有壞應供正等覺**獅子妙音如來**

頂禮、供養、皈依**南方無憂世界**出有壞應供正等覺**勇部如來**

頂禮、供養、皈依**南方文殊世界**出有壞應供正等覺**真受伏邪除疑如來**

頂禮、供養、皈依**南方花香熏世界**出有壞應供正等覺**眷如寶火如來**

頂禮、供養、皈依**南方喜生世界**出有壞應供正等覺**無憂如來**

頂禮、供養、皈依**南方生存世界**出有壞應供正等覺**妙喜如來**

頂禮、供養、皈依**南方月光世界**出有壞應供正等覺**根源如來**

頂禮、供養、皈依**南方鐃鈸妙高世界**出有壞應供正等覺**無量妙音如來**

頂禮、供養、皈依南方尊勝光世界出有壞應供正等覺燃燈如來

頂禮、供養、皈依南方香光世界出有壞應供正等覺珍寶光明如來

頂禮、供養、皈依西方極樂世界出有壞應供正等覺無量壽如來

頂禮、供養、皈依西方善摧諸魔世界出有壞應供正等覺尊勝如來

頂禮、供養、皈依西方善毀諸魔世界出有壞應供正等覺尊勝妙音如來

頂禮、供養、皈依北方祥積世界出有壞應供正等覺吉祥藏積宣王如來

頂禮、供養、皈依北方金剛藏世界出有壞應供正等覺金剛摧破如來

頂禮、供養、皈依北方寶光世界出有壞應供正等覺寶焰如來

頂禮、供養、皈依北方沉香世界出有壞應供正等覺月光如來

頂禮、供養、皈依北方極喜世界出有壞應

供正等覺妙吉如來

頂禮、供養、皈依北方善入世界出有壞應供正等覺步蓮如來

頂禮、供養、皈依上方月上世界出有壞應供正等覺金光威懾如來

頂禮、供養、皈依上方喜諍晦色積世界出有壞應供正等覺彌勒吉祥如來

頂禮、供養、皈依上方具師世界出有壞應供正等覺無量上善逝王如來

頂禮、供養、皈依上方須彌幢世界出有壞應供正等覺無濕妙象如來

頂禮、供養、皈依上方妙證菩提世界出有壞應供正等覺入無數精進吉祥如來

頂禮、供養、皈依上方無執世界出有壞應供正等覺密意說不盡如來

頂禮、供養、皈依上方梵行莊嚴世界出有壞應供正等覺無癡香吉如來

頂禮、供養、皈依上方陽光世界出有壞應供正等覺吉祥月如來

頂禮、供養、皈依上方勝法世界出有壞應供正等覺無分別光如來

頂禮、供養、皈依上方行法世界出有壞應供正等覺虛空光明如來

頂禮、供養、皈依上方積善世界出有壞應供正等覺淨行頂如來

頂禮、供養、皈依上方尊勝世界出有壞應供正等覺善住寶藏寂靜王如來

頂禮、供養、皈依上方生精進世界出有壞應供正等覺義成如來

頂禮、供養、皈依上方願力世界出有壞應供正等覺慧隱吉祥如來

頂禮、供養、皈依上方喜光澤世界出有壞應供正等覺淨語如來

頂禮、供養、皈依上方檀香穴世界出有壞應供正等覺琉璃藏如來

頂禮、供養、皈依上方具寶世界出有壞應供正等覺德寶威懾如來

頂禮、供養、皈依上方無量功德吉祥世界

出有壞應供正等覺善住淨德如來

頂禮、供養、皈依上方不來聲聞世界出有壞應供正等覺寶光威懾塔如來

頂禮、供養、皈依上方無二目世界出有壞應供正等覺無量有愧妙金吉祥如來

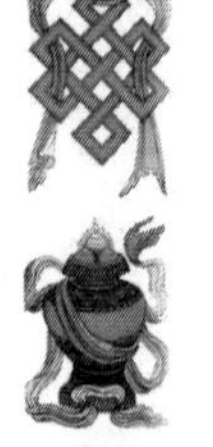

頂禮、供養、皈依上方美蓮世界出有壞應供正等覺妙蓮幻變吉祥如來

頂禮、供養、皈依上方寶燈世界出有壞應供正等覺淨寶生吉祥如來

頂禮、供養、皈依電光世界出有壞應供正等覺電燈頂王如來

頂禮、供養、皈依金多羅樹莊嚴世界出有壞應供正等覺多羅樹王超勝吉祥如來

頂禮、供養、皈依多羅樹高聳入雲世界出有壞應供正等覺虛空法燈如來

頂禮、供養、皈依善分別世界出有壞應供正等覺生諸功德如來

頂禮、供養、皈依勝賢世界出有壞應供正等覺賢頂幢王如來

頂禮、供養、皈依寶部世界出有壞應供正等覺諸寶嚴相如來

頂禮、供養、皈依東方驅諸煩惱世界出有壞應供正等覺隨救如來

頂禮、供養、皈依南方除暗世界出有壞應供正等覺初發心意行無畏超勝王如來

頂禮、供養、皈依西方至境世界出有壞應供正等覺伏怨驕如來

頂禮、供養、皈依北方佛辯才世界出有壞應供正等覺珍寶色光威懾如來

頂禮、供養、皈依東北方摧魔世界出有壞應供正等覺摧伏魔疑如來

頂禮、供養、皈依東南方恆照世界出有壞應供正等覺初發心不退轉輪生吉祥如來

頂禮、供養、皈依西南方金網覆蓋世界出有壞應供正等覺寶傘勝光如來

頂禮、供養、皈依西北方正住超勝世界出有壞應供正等覺調菩薩如來

頂禮、供養、皈依上方作意無緣世界出有

壞應供正等覺無懼離暗等持勝王如來

頂禮、供養、皈依下方諸德莊嚴世界出有壞應供正等覺初發心遣疑驅惱如來

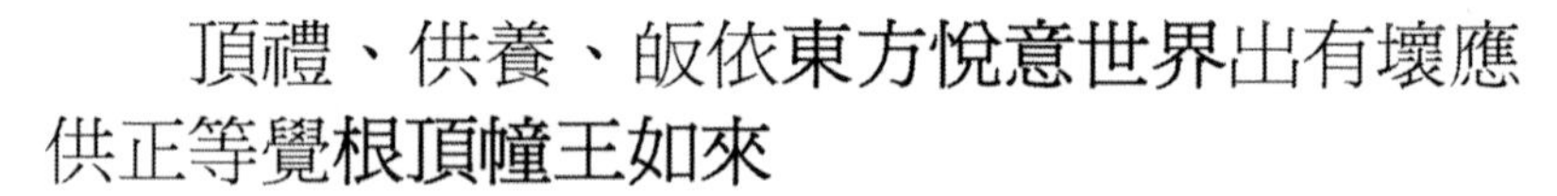

頂禮、供養、皈依東方無敵世界出有壞應供正等覺普傳吉祥如來

頂禮、供養、皈依東方悅意世界出有壞應供正等覺根頂幢王如來

頂禮、供養、皈依東方喜愛世界出有壞應供正等覺威懾勝稱吉祥如來

頂禮、供養、皈依東方諸門普入世界出有壞應供正等覺戰勝妙力如來

頂禮、供養、皈依東方淨積世界出有壞應供正等覺功德普現莊嚴吉祥如來

頂禮、供養、皈依東方無變世界出有壞應供正等覺無礙藥王吉祥如來

頂禮、供養、皈依東方辯才積滿世界出有壞應供正等覺步寶蓮花如來

頂禮、供養、皈依東方妙音世界出有壞應供正等覺善住寶蓮娑羅樹王如來

頂禮、供養、皈依東方無敵幢世界出有壞應供正等覺名揚吉祥如來

頂禮、供養、皈依東方見喜世界出有壞應供正等覺普照如來

頂禮、供養、皈依東方無現喜世界出有壞應供正等覺戰勝吉祥如來

頂禮、供養、皈依東方極淨聚世界出有壞應供正等覺根頂幢王如來

頂禮、供養、皈依東方離塵聚世界出有壞應供正等覺顯現無量功德自在王如來

頂禮、供養、皈依東方無欺世界出有壞應供正等覺無礙宣說吉祥如來

頂禮、供養、皈依東方金聚世界出有壞應供正等覺步寶蓮花如來

頂禮、供養、皈依東方妙音世界出有壞應供正等覺善住寶蓮山王如來

頂禮、供養、皈依東方具稱世界出有壞應供正等覺燈王如來

頂禮、供養、皈依東方無厭世界出有壞應

供正等覺力堅義成密意如來

頂禮、供養、皈依東方極樂世界出有壞應供正等覺普念廣稱如來

頂禮、供養、皈依東方無魔世界出有壞應供正等覺慈飾吉祥如來

頂禮、供養、皈依東方無斷世界出有壞應供正等覺善稱妙吉祥如來

頂禮、供養、皈依東方具種種世界出有壞應供正等覺如須彌超勝妙力稱吉祥如來

頂禮、供養、皈依東方威光照耀世界出有壞應供正等覺垂念有情稱吉祥如來

頂禮、供養、皈依東方金剛稱喜世界出有壞應供正等覺滿意妙力稱吉祥如來

頂禮、供養、皈依東方諸德清淨世界出有壞應供正等覺功德越無量劫如來

頂禮、供養、皈依南方功德寶嚴世界出有壞應供正等覺功德寶嚴吉祥威蘊劫如來

頂禮、供養、皈依西方加行離暗世界出有壞應供正等覺諸法辯才莊嚴吉祥如來

頂禮、供養、皈依北方離塵暗世界出有壞應供正等覺無量辯才莊嚴淨行如來

頂禮、供養、皈依東南方常樂莊嚴世界出有壞應供正等覺雲雷妙音如來

頂禮、供養、皈依西南方無量功德莊嚴世界出有壞應供正等覺日光妙吉祥威生如來

頂禮、供養、皈依西北方棄惡趣世界出有壞應供正等覺眾威光王吉祥生如來

頂禮、供養、皈依東北方離諸憂害世界出有壞應供正等覺無數俱胝劫普生如來

頂禮、供養、皈依上方無量威光莊嚴世界出有壞應供正等覺善妙純金虛空定宣莊嚴吉祥威光生如來

頂禮、供養、皈依下方集聚諸塵世界出有壞應供正等覺諸法幻變威光生如來

頂禮、供養、皈依東方珍珠世界出有壞應供正等覺虛空吉祥無垢除塵最妙功德頂光蓮花琉璃光珍寶色身勝妙香供身嚴飾頂髻出無量日光月光願嚴幻化大莊嚴法界超勝無貪寶王如來

頂禮、供養、皈依出有壞應供正等覺水天童子日燈月花珍寶金蓮美如虛空身普明光嚴無礙輪壇城光射十方普照世界頂幢王如來

頂禮、供養、皈依東方出有壞應供正等覺一切莊嚴無垢光如來

頂禮、供養、皈依南方出有壞應供正等覺念辯才莊嚴如來

頂禮、供養、皈依西方出有壞應供正等覺無垢月頂王稱如來

頂禮、供養、皈依北方出有壞應供正等覺花嚴普明如來

頂禮、供養、皈依東南隅出有壞應供正等覺發光如來

頂禮、供養、皈依西南隅出有壞應供正等覺勝寶頂稱如來

頂禮、供養、皈依西北隅出有壞應供正等覺照見無畏如來

頂禮、供養、皈依東北隅出有壞應供正等覺無所畏懼如來

頂禮、供養、皈依下方出有壞應供正等覺獅子迅奮喉如來

頂禮、供養、皈依上方出有壞應供正等覺金光威嚴離畏王如來

頂禮、供養、皈依東方三昧莊嚴世界出有壞應供正等覺三昧妙象吉祥如來

頂禮、供養、皈依東方菩提藏嚴善妙世界出有壞應供正等覺蓮花妙吉祥如來

頂禮、供養、皈依東方離塵積世界出有壞應供正等覺日殿光明妙吉祥如來

頂禮、供養、皈依東方自在世界出有壞應供正等覺唯一寶傘微妙如來

頂禮、供養、皈依東方淨積世界出有壞應供正等覺三昧微妙威懾吉祥如來

頂禮、供養、皈依東方璀璨世界出有壞應供正等覺寶殿威光超勝王吉祥如來

頂禮、供養、皈依東方珍寶世界出有壞應供正等覺寶花普照吉祥如來

頂禮、供養、皈依東方珍寶世界出有壞應

供正等覺寶藏如來

頂禮、供養、皈依南方悅音世界出有壞應供正等覺果位無邊威懾如來

頂禮、供養、皈依南方勝妙香世界出有壞應供正等覺勝香無邊王如來

頂禮、供養、皈依南方世界出有壞應供正等覺妙寶如來

頂禮、供養、皈依西方善分別世界出有壞應供正等覺威力大光明如來

頂禮、供養、皈依北方世界出有壞應供正等覺妙寶如來

頂禮、供養、皈依東方無憂世界出有壞應供正等覺吉祥賢如來

頂禮、供養、皈依南方歡喜世界出有壞應供正等覺旃檀吉祥如來

頂禮、供養、皈依西方妙賢世界出有壞應供正等覺無邊光如來

頂禮、供養、皈依北方不動世界出有壞應供正等覺吉祥花如來

頂禮、供養、皈依東南方明月世界出有壞應供正等覺無憂吉祥如來

頂禮、供養、皈依西南方具頂世界出有壞應供正等覺寶塔如來

頂禮、供養、皈依西北方音聲世界出有壞應供正等覺吉祥花如來

頂禮、供養、皈依東北方安樂世界出有壞應供正等覺上中下神通遊戲如來

頂禮、供養、皈依下方廣際世界出有壞應供正等覺光明吉祥如來

頂禮、供養、皈依上方月光世界出有壞應供正等覺財吉祥如來

頂禮、供養、皈依出有壞應供正等覺釋迦牟尼如來

頂禮、供養、皈依出有壞應供正等覺無量壽如來

頂禮、供養、皈依出有壞應供正等覺金剛摧破如來

頂禮、供養、皈依出有壞應供正等覺光輝

美蓮綻放身如來

頂禮、供養、皈依出有壞應供正等覺法幢如來

頂禮、供養、皈依出有壞應供正等覺獅子如來

頂禮、供養、皈依出有壞應供正等覺毗盧遮那如來

頂禮、供養、皈依出有壞應供正等覺法光花開身如來

頂禮、供養、皈依出有壞應供正等覺智光燦爛如來

頂禮、供養、皈依出有壞應供正等覺月慧如來

頂禮、供養、皈依出有壞應供正等覺克勝吉祥賢如來

頂禮、供養、皈依出有壞應供正等覺盡淨惡趣威光王如來

頂禮、供養、皈依東方無敵世界出有壞應供正等覺善名稱吉祥王如來

頂禮、供養、皈依**東方妙寶世界**出有壞應供正等覺**寶月蓮花莊嚴智威光妙音王如來**

頂禮、供養、皈依**東方圓滿香積世界**出有壞應供正等覺**金色寶光妙行成就如來**

頂禮、供養、皈依**東方無憂世界**出有壞應供正等覺**無憂最勝吉祥如來**

頂禮、供養、皈依**東方法幢世界**出有壞應供正等覺**法海雷音如來**

頂禮、供養、皈依**東方善住寶海世界**出有壞應供正等覺**法海勝慧遊戲神通王如來**

頂禮、供養、皈依**東方琉璃光世界**出有壞應供正等覺**藥師琉璃光王如來**

頂禮、供養、皈依出有壞應供正等覺**無量光如來**

頂禮、供養、皈依出有壞應供正等覺**不動如來**

頂禮、供養、皈依出有壞應供正等覺**無量壽智決定根王如來**

頂禮、供養、皈依出有壞應供正等覺**寶王**

放大光明如來

頂禮、供養、皈依出有壞應供正等覺毗盧遮那如來

頂禮、供養、皈依出有壞應供正等覺義成如來

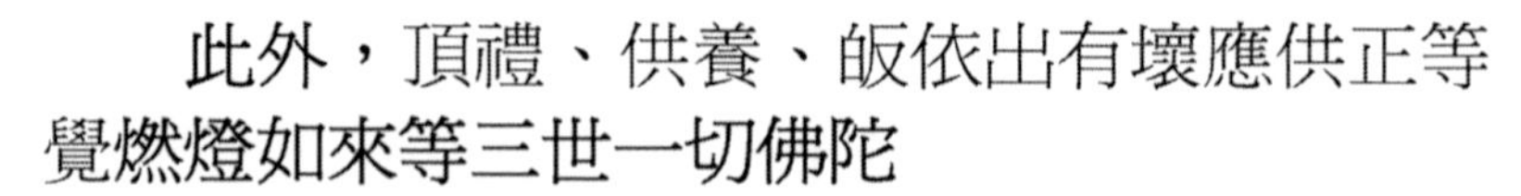

此外，頂禮、供養、皈依出有壞應供正等覺燃燈如來等三世一切佛陀

頂禮、供養、皈依不動佛等十方一切出有壞應供正等覺如來

頂禮、供養、皈依釋迦牟尼等賢劫一切出有壞應供正等覺如來

頂禮、供養、皈依安住十方三世之一切佛陀出有壞應供正等覺如來

頂禮、供養、皈依文殊童子菩薩大菩薩

頂禮、供養、皈依觀世音自在菩薩大菩薩

頂禮、供養、皈依金剛手菩薩大菩薩

頂禮、供養、皈依彌勒菩薩大菩薩

頂禮、供養、皈依虛空藏菩薩大菩薩

頂禮、供養、皈依地藏王菩薩大菩薩

頂禮、供養、皈依除蓋障菩薩大菩薩

頂禮、供養、皈依普賢菩薩大菩薩

頂禮、供養、皈依文殊菩薩等六十位無比菩薩

頂禮、供養、皈依賢護菩薩等十六位大士

頂禮、供養、皈依彌勒菩薩等賢劫一切菩薩

頂禮、供養、皈依十方三世所有住於十地之一切大菩薩

三、後行迴向：

我隨一切如來學，修習普賢圓滿行，
供養過去諸如來，及與現在十方佛。
未來一切天人師，一切意樂皆圓滿，
我願普隨三世學，速得成就大菩提。
所有十方一切剎，廣大清淨妙莊嚴，
眾會圍繞諸如來，悉在菩提樹王下。

十方所有諸眾生，願離憂患常安樂，
獲得甚深正法利，滅除煩惱盡無餘。
我為菩提修行時，一切趣中成宿命，
常得出家修淨戒，無垢無破無穿漏。
天龍夜叉鳩槃荼，乃至人與非人等，
所有一切眾生語，悉以諸音而說法。
勤修清淨波羅蜜，恆不忘失菩提心，
滅除障垢無有餘，一切妙行皆成就。
於諸惑業及魔境，世間道中得解脫，
猶如蓮華不著水，亦如日月不住空。
悉除一切惡道苦，等與一切群生樂，
如是經於剎塵劫，十方利益恆無盡。
我常隨順諸眾生，盡於未來一切劫，
恆修普賢廣大行，圓滿無上大菩提。
所有與我同行者，於一切處同集會，
身口意業皆同等，一切行願同修學。
所有益我善知識，為我顯示普賢行，
常願與我同集會，於我常生歡喜心。
願常面見諸如來，及諸佛子眾圍繞，
於彼皆興廣大供，盡未來劫無疲厭。
願持諸佛微妙法，光顯一切菩提行，
究竟清淨普賢道，盡未來劫常修習。
我於一切諸有中，所修福智恆無盡，
定慧方便及解脫，獲諸無盡功德藏。
一塵中有塵數剎，一一剎有難思佛，

一一佛處眾會中，我見恆演菩提行。
普盡十方諸剎海，一一毛端三世海，
佛海及與國土海，我遍修行經劫海。
一切如來語清淨，一言具眾音聲海，
隨諸眾生意樂音，一一流佛辯才海。
三世一切諸如來，於彼無盡語言海，
恆轉理趣妙法輪，我深智力普能入。
我能深入於未來，盡一切劫為一念，
三世所有一切劫，為一念際我皆入。
我於一念見三世，所有一切人師子，
亦常入佛境界中，如幻解脫及威力。
於一毛端極微中，出現三世莊嚴剎，
十方塵剎諸毛端，我皆深入而嚴淨。
所有未來照世燈，成道轉法悟群有，
究竟佛事示涅槃，我皆往詣而親近。
速疾周遍神通力，普門遍入大乘力，
智行普修功德力，威神普覆大慈力。
遍淨莊嚴勝福力，無著無依智慧力，
定慧方便威神力，普能積集菩提力，
清淨一切善業力，摧滅一切煩惱力，
降伏一切諸魔力，圓滿普賢諸行力。
普能嚴淨諸剎海，解脫一切眾生海，
善能分別諸法海，能甚深入智慧海，
普能清淨諸行海，圓滿一切諸願海，
親近供養諸佛海，修行無倦經劫海。

三世一切諸如來，最勝菩提諸行願，
我皆供養圓滿修，以普賢行悟菩提。
一切如來有長子，彼名號曰普賢尊，
我今迴向諸善根，願諸智行悉同彼。
願身口意恆清淨，諸行刹土亦復然，
如是智慧號普賢，願我與彼皆同等。
我爲遍淨普賢行，文殊師利諸大願，
滿彼事業盡無餘，未來際劫恆無倦。
我所修行無有量，獲得無量諸功德，
安住無量諸行中，了達一切神通力。
文殊師利勇猛智，普賢慧行亦復然，
我今迴向諸善根，隨彼一切常修學。
三世諸佛所稱歎，如是最勝諸大願，
我今迴向諸善根，爲得普賢殊勝行。
願我臨欲命終時，盡除一切諸障礙，
面見彼佛阿彌陀，即得往生安樂刹。
我既往生彼國已，現前成就此大願，
一切圓滿盡無餘，利樂一切衆生界。
彼佛衆會咸清淨，我時於勝蓮華生，
親睹如來無量光，現前授我菩提記。
蒙彼如來授記已，化身無數百俱胝，
智力廣大遍十方，普利一切衆生界。
乃至虛空世界盡，衆生及業煩惱盡，
如是一切無盡時，我願究竟恆無盡。
十方所有無邊刹，莊嚴衆寶供如來，

最勝安樂施天人，經一切剎微塵劫。
若人於此勝願王，一經於耳能生信，
求勝菩提心渴仰，獲勝功德過於彼。
即常遠離惡知識，永離一切諸惡道，
速見如來無量光，具此普賢最勝願。
此人善得勝壽命，此人善來人中生，
此人不久當成就，如彼普賢菩薩行。
往昔由無智慧力，所造極惡五無間，
誦此普賢大願王，一念速疾皆消滅。
族姓種類及容色，相好智慧咸圓滿，
諸魔外道不能摧，堪爲三界所應供。
速詣菩提大樹王，坐已降伏諸魔眾，
成等正覺轉法輪，普利一切諸含識。
若人於此普賢願，讀誦受持及演說，
果報唯佛能證知，決定獲勝菩提道。
若人誦此普賢願，我說少分之善根，
一念一切悉皆圓，成就眾生清淨願。
我此普賢殊勝行，無邊勝福皆迴向，
普願沉溺諸眾生，速往無量光佛剎。

生生世世不離師，
恆時享用勝法樂，
圓滿地道功德已，
唯願速得金剛持。

諸佛菩薩名號集

——寶珠鬘

麥彭仁波切 著
索達吉堪布 譯

想持誦《諸佛菩薩名號集》的人，有三種修法。

一、廣修法：先受齋戒，在整潔的房間裡，敷有花瓣的佛臺上，供上佛像等（「等」字包括《藥師經》等經典以及佛塔）。根據條件，在佛像等前面陳設清淨的供品，自身做到清潔，就座後觀想皈依、發菩提心。詳略相應加持場地等。接著，心裡觀想：迎請如來佛子，獻上供品等等，以隨學普賢菩薩宏願的心，供養如海供雲，身體化出微塵數虔誠禮拜，滿懷恭敬，一心一意，盡可能多念誦或隨意念誦某些佛號。最後，懺悔罪業等，如理作七支供。結尾，隨念佛陀的廣大誓願，祈求如願以償。將所有皈依境祈送返回自處，迴向善根等，發大願。也就是說，按照《藥師經》等有些經藏所說的去做。

二、略修法：繼皈依、發心之後，觀想浩瀚無邊的佛刹以及那裡的佛菩薩，在他們足前畢恭畢敬頂禮膜拜等等，再盡力念誦佛號。最後，作「所有十方世界中……」七支供並發願。

三、極略修法：行住坐臥何時想起，只是帶著信心持誦名號，就能成就一切利益，依照《三摩地王經》中所說「散步安坐站立臥，何人憶念能仁尊，本師恆時住彼前，彼者將獲廣大果」實地行持。

下面是正行：

《佛說寶網經》中記載：聽聞以下佛號，將於無上菩提中不退轉等無量功德利益。

頂禮、供養、皈依東方珍珠世界出有壞應供正等覺寶光月嚴智威光妙音自在王如來

頂禮、供養、皈依南方月嚴世界出有壞應供正等覺花光遊戲神通如來

頂禮、供養、皈依西方錦寶世界出有壞應供正等覺花開娑羅樹如來

頂禮、供養、皈依北方珍寶網覆世界出有壞應供正等覺月殿清淨如來

頂禮、供養、皈依下方尊幢主世界出有壞應供正等覺善寂智威光妙音自在王如來

頂禮、供養、皈依上方善分別世界出有壞

應供正等覺無數精進正住如來

以上這些佛陀現今住世。如果任何人聽到這些佛陀名號後堅信不移，那麼死後恆時會獲取轉輪王位，得以供養承侍無量佛陀，並受持其正法，恭敬承侍，修持梵行，永無懷疑、吝嗇心和癡心，能回憶生世，蒙受諸佛菩薩垂念加持，制服魔眾，逾越聲聞緣覺地，修行佛土，遣除一切有情心靈的垢染，使他們步入正法，時時與諸佛不相分離而且圓滿所有菩薩行，摧毀恆河沙數生死，驅除一切障礙，身具妙相，堅如金剛，有無邊光芒，色如純金，口中散發妙香，梵音等一切妙音隨應傳遍一切世界，天等眾生皆大歡喜，加以庇護，獲得無量神通、等持、總持。命終時，面見數千萬佛陀，乃至菩提果之間一直受持他們所說的妙法。任何時候也不失精進等善法，而且與日俱增，不會生在無暇之處，不會遭遇惡名、爭執、威脅、不悅、痛苦。了無疾病，諸根俱全，不投生女人，以清淨五眼親睹無量佛陀，自己在菩提道中不退轉並將無量眾生安置於菩提道。其中宣說了諸如此類不可計數的功德利益。

《顯佛力生神變經》中記載：猛光王請問文殊菩薩：「僅僅聽聞哪位如來的名號，就能脫離惡趣，轉生善趣？」文殊菩薩為使有情不生惡趣及已生者得以解脫而宣說：

頂禮、供養、皈依琉璃光世界出有壞應供正等覺藥師琉璃光如來

頂禮、供養、皈依頂髻世界出有壞應供正等覺寶髻如來

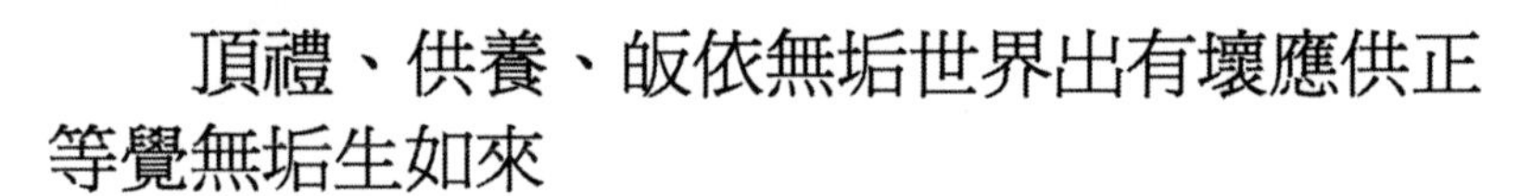

頂禮、供養、皈依無垢世界出有壞應供正等覺無垢生如來

頂禮、供養、皈依寂靜世界出有壞應供正等覺善寂莊嚴如來

頂禮、供養、皈依極樂世界出有壞應供正等覺無量光如來

頂禮、供養、皈依蓮上世界出有壞應供正等覺蓮花生如來

頂禮、供養、皈依金剛世界出有壞應供正等覺堅韌金剛如來

頂禮、供養、皈依無憂世界出有壞應供正等覺離憂如來

頂禮、供養、皈依無畏世界出有壞應供正等覺善息諸畏如來

頂禮、供養、皈依妙觀察慧世界出有壞應供正等覺普淨諸趣如來

頂禮、供養、皈依離惡趣世界出有壞應供正等覺息諸惡趣如來

頂禮、供養、皈依無垢世界出有壞應供正等覺淨慧如來

頂禮、供養、皈依君王世界出有壞應供正等覺王慧如來[5]

頂禮、供養、皈依明月世界出有壞應供正等覺無垢滿月如來[6]

頂禮、供養、皈依勝得世界出有壞應供正等覺滅諸惡趣如來[7]

頂禮、供養、皈依善現世界出有壞應供正等覺眾生樂見如來[8]

頂禮、供養、皈依出有壞應供正等覺歡喜吉祥如來

---

[5] 持此佛號，成爲天王。

[6] 持此佛號，解脫一切煩惱。

[7] 持此佛號，脫離一切惡趣。

[8] 持此佛號，令一切世人歡喜。

頂禮、供養、皈依出有壞應供正等覺旃檀吉祥如來

頂禮、供養、皈依出有壞應供正等覺勇猛如來

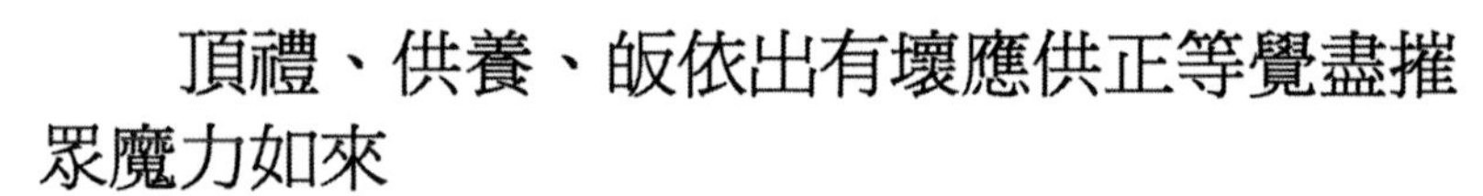

頂禮、供養、皈依出有壞應供正等覺盡摧眾魔力如來

頂禮、供養、皈依出有壞應供正等覺尸棄如來

頂禮、供養、皈依出有壞應供正等覺護眾如來

頂禮、供養、皈依出有壞應供正等覺除迷信如來

頂禮、供養、皈依出有壞應供正等覺迦那迦牟尼如來

頂禮、供養、皈依出有壞應供正等覺迦葉如來

持誦以上所說的這些佛號，並且作供養等，能解脫一切惡趣，縱然是五無間罪等住劫的業障，也能完全得以清淨，投生到善趣，逐

漸現前無上正等菩提佛果。假設因為退失信心、喪失正念所致犯下罪行，捨棄正法，誹謗聖者，造五無間罪、殺生、盜竊三寶財物（，依靠持這些佛號都能清淨）。為了利益轉生到無間地獄、三惡趣的一切有情，以及超度諸位友人、親人，在以上這些如來的畫像或泥像前獻上供品，為使那些眾生得以解脫而誠摯祈禱，並將善根迴向他們，由此能使他們脫離惡趣。其中宣說了諸如此類的無量功德利益。

《大雲經》中記載：

頂禮、供養、皈依南方澄清世界出有壞應供正等覺無盡慧如來

頂禮、供養、皈依南方平等世界出有壞應供正等覺寶幢如來

頂禮、供養、皈依南方悅意世界出有壞應供正等覺無垢光藏如來

頂禮、供養、皈依南方極喜世界出有壞應供正等覺幻變能淨稱如來

頂禮、供養、皈依南方樂信妙法世界出有壞應供正等覺雲護如來

頂禮、供養、皈依南方外道處世界出有壞

應供正等覺獅子遊戲王如來

頂禮、供養、皈依南方花幢世界出有壞應供正等覺山王超勝如來

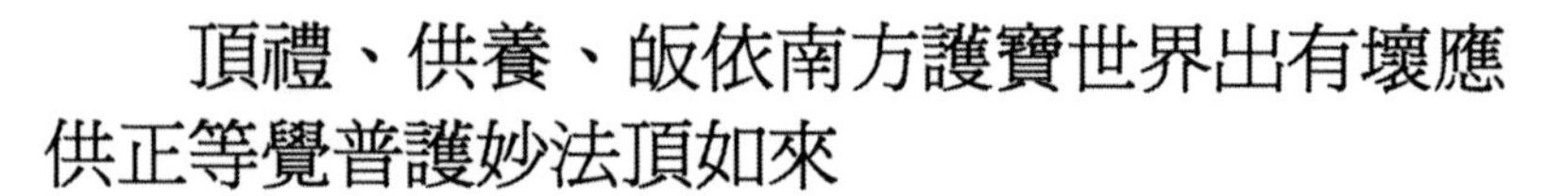

頂禮、供養、皈依南方護寶世界出有壞應供正等覺普護妙法頂如來

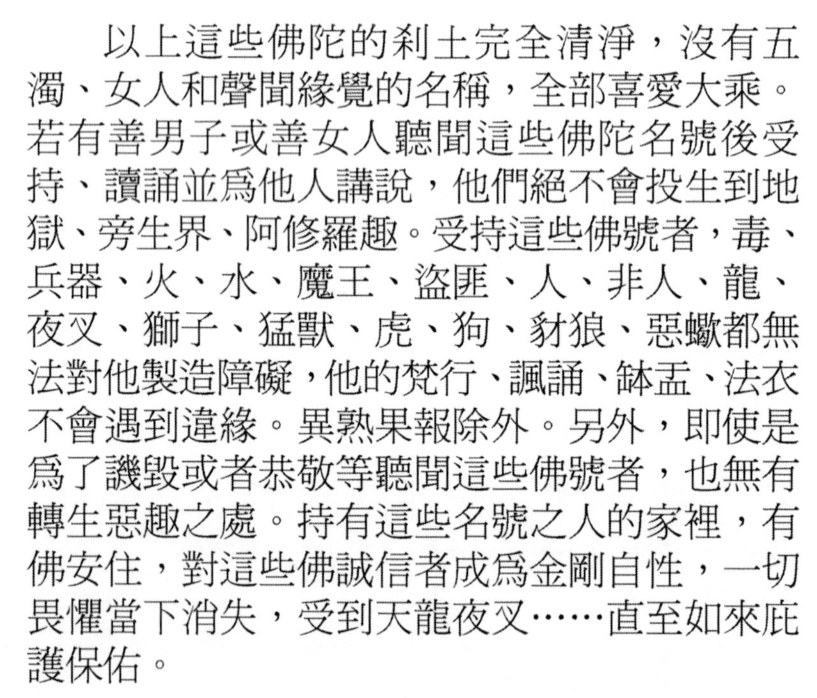

以上這些佛陀的剎土完全清淨，沒有五濁、女人和聲聞緣覺的名稱，全部喜愛大乘。若有善男子或善女人聽聞這些佛陀名號後受持、讀誦並爲他人講說，他們絕不會投生到地獄、旁生界、阿修羅趣。受持這些佛號者，毒、兵器、火、水、魔王、盜匪、人、非人、龍、夜叉、獅子、猛獸、虎、狗、豺狼、惡蠍都無法對他製造障礙，他的梵行、諷誦、缽盂、法衣不會遇到違緣。異熟果報除外。另外，即使是爲了譏毀或者恭敬等聽聞這些佛號者，也無有轉生惡趣之處。持有這些名號之人的家裡，有佛安住，對這些佛誠信者成爲金剛自性，一切畏懼當下消失，受到天龍夜叉……直至如來庇護保佑。

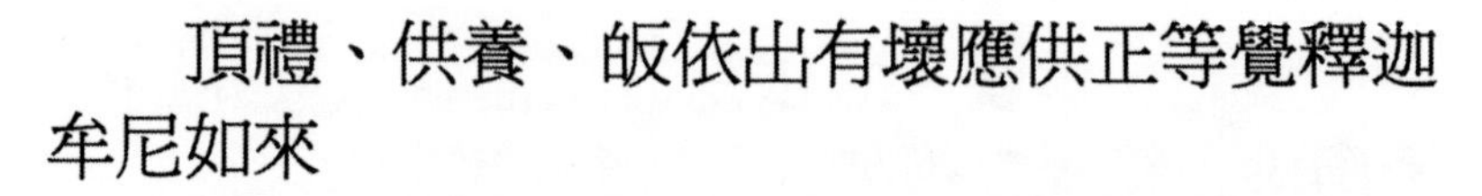

頂禮、供養、皈依出有壞應供正等覺釋迦牟尼如來

《不退轉輪經》等中再三說：「聽到我等大師釋迦牟尼佛名號的人，尚且不退轉菩提，更

何況說在有釋迦佛及佛舍利的佛塔上撒一朵花？轉爲畜類的眾生僅僅聽到佛的名稱，也將播下無上菩提的種子，漸漸成佛，這就是釋迦牟尼佛的夙願，也是一切佛陀的法爾。」

頂禮、供養、皈依出有壞應供正等覺月光如來

頂禮、供養、皈依出有壞應供正等覺盡淨諸趣王如來

頂禮、供養、皈依出有壞應供正等覺淨眼王如來（心咒：達雅他，匝吉匝吉加那匝吉索哈）

頂禮、供養、皈依出有壞應供正等覺良象香光明王如來

頂禮、供養、皈依出有壞應供正等覺吉祥花如來（心咒：達雅他，布白布白色布白索哈）

頂禮、供養、皈依出有壞應供正等覺山王如來（心咒：達雅他，達熱達熱、達繞訥班得索哈）

《五千四百五十三佛名》中說：「如果持誦月光如來名號，平時常常晨起作意，將在四萬

劫中能回憶生世，時時不忘菩提心。如果恆時憶念盡淨諸趣王如來的名號，那麼在今生今世中一切罪業都能徹底清淨，直到終點。十四俱胝年間能回憶生世，直至菩提之間善根永不窮盡。如果受持淨眼王如來的名號，將成爲具有天眼者，在四十劫中能回憶生世，直至菩提之間善根不盡。任何人如果念誦良象香光明王如來的名號，他的身體將在一千三百年裡散出芳香，永不忘失菩提心。任何人如果擺花時念誦二十一遍吉祥花如來的儀軌（名號心咒），將花撒在佛塔上，他的心願悉皆圓滿，一切業障均得清淨。任何人如果受持山王如來的名號和陀羅尼咒，他的一切心願悉皆圓滿。」

《妙法大解脫經》中記載：

頂禮、供養、皈依出有壞應供正等覺明燈山王如來

頂禮、供養、皈依出有壞應供正等覺寶王如來

頂禮、供養、皈依出有壞應供正等覺寶髻頂如來

頂禮、供養、皈依出有壞應供正等覺無量壽如來

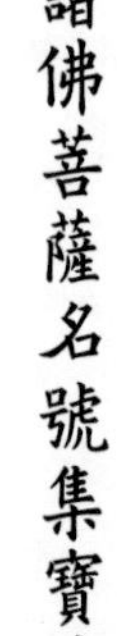

頂禮、供養、皈依出有壞應供正等覺毗婆尸如來

頂禮、供養、皈依出有壞應供正等覺眾寶如來

頂禮、供養、皈依出有壞應供正等覺釋迦牟尼如來

頂禮、供養、皈依出有壞應供正等覺攝持諸法如來

頂禮、供養、皈依出有壞應供正等覺不可言測如來

頂禮、供養、皈依出有壞應供正等覺無比如來

頂禮、供養、皈依出有壞應供正等覺無邊法如來

頂禮、供養、皈依出有壞應供正等覺不可思議如來

頂禮、供養、皈依出有壞應供正等覺住力力力如來

頂禮、供養、皈依出有壞應供正等覺無畏十力如來

頂禮、供養、皈依出有壞應供正等覺三世主如來

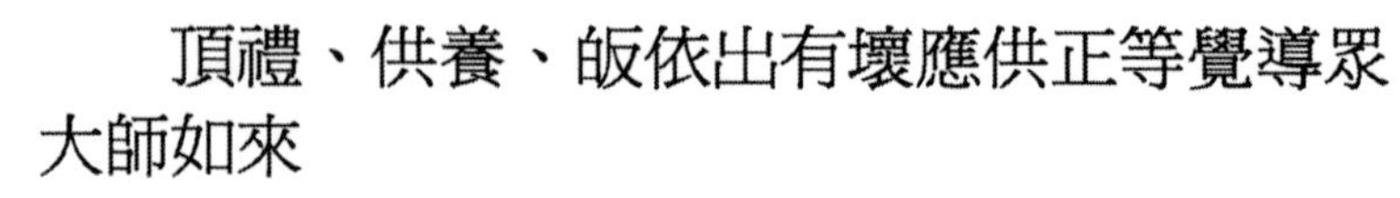

頂禮、供養、皈依出有壞應供正等覺導眾大師如來

頂禮、供養、皈依出有壞應供正等覺普斬束縛如來

頂禮、供養、皈依出有壞應供正等覺波羅蜜多如來

頂禮、供養、皈依出有壞應供正等覺已越諸世如來

頂禮、供養、皈依出有壞應供正等覺徹離輪迴相續如來

頂禮、供養、皈依出有壞應供正等覺三昧解脫如來

頂禮、供養、皈依出有壞應供正等覺如虛空無緣如來

頂禮、供養、皈依出有壞應供正等覺眾內法王如來

頂禮、供養、皈依出有壞應供正等覺摧四魔眾如來

頂禮、供養、皈依出有壞應供正等覺如獨子父大慈如來

世世死亡，無論生在何處，但願都能恆常面見佛陀，現證佛性，趨至大涅槃。

「依靠這些佛號，能使破根本戒、因煩惱迷惑的一切有情得以解脫，擁有無量利樂和福德，受用豐厚，現量證悟佛性。」

此經中又說：「如果在人臨終時請一些善知識念誦三遍三寶名號（那莫布達雅、那莫達瑪雅、那莫桑嘎雅），則此人死後不會墮入三惡趣。對十方任何世界有信心，他就會往生到那裡，逐步承侍諸佛，現見一切菩薩，也得以聽受文殊菩薩、普賢菩薩廣講大乘大解脫法，聽聞之後立即獲得無生法忍，彼善男子也是由於無數劫中極力積累善根方得聞三寶名號。」

《妙法大解脫經》中記載：

頂禮、供養、皈依出有壞應供正等覺寶髻如來

頂禮、供養、皈依過去無數出有壞應供正等覺如來

頂禮、供養、皈依出有壞應供正等覺二萬日月燈光如來

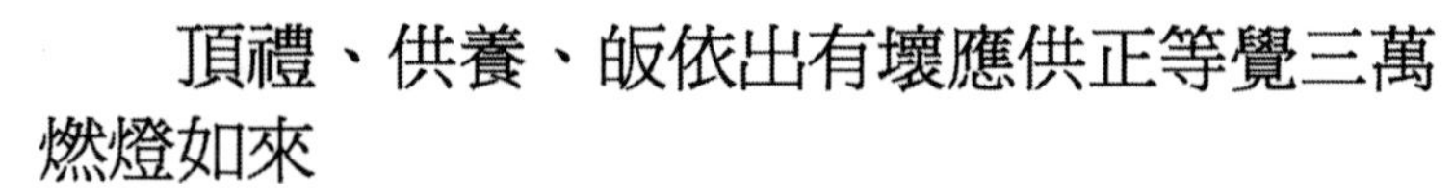

頂禮、供養、皈依出有壞應供正等覺三萬燃燈如來

頂禮、供養、皈依出有壞應供正等覺六十太子如來

頂禮、供養、皈依出有壞應供正等覺千萬無疑光如來

頂禮、供養、皈依出有壞應供正等覺無數光如來

頂禮、供養、皈依出有壞應供正等覺一切化身如來

頂禮、供養、皈依出有壞應供正等覺功德如日月清淨光明如來

頂禮、供養、皈依出有壞應供正等覺龍王如來

頂禮、供養、皈依出有壞應供正等覺雷音雲王如來

頂禮、供養、皈依出有壞應供正等覺清淨光明王如來

頂禮、供養、皈依出有壞應供正等覺山王天頂飾如來

頂禮、供養、皈依出有壞應供正等覺無垢如來

頂禮、供養、皈依出有壞應供正等覺慧海如來

頂禮、供養、皈依出有壞應供正等覺無貪如來

頂禮、供養、皈依出有壞應供正等覺離厭如來

頂禮、供養、皈依出有壞應供正等覺至勝如來

頂禮、供養、皈依出有壞應供正等覺菩提花如來

頂禮、供養、皈依出有壞應供正等覺除疑沉如來

頂禮、供養、皈依出有壞應供正等覺清淨勝解如來

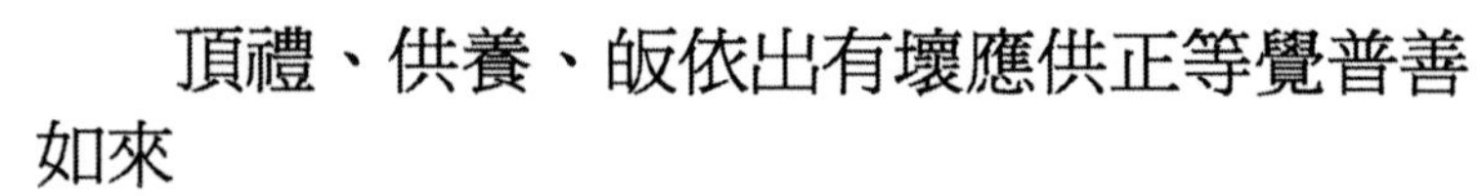

頂禮、供養、皈依出有壞應供正等覺普善如來

頂禮、供養、皈依出有壞應供正等覺加持如來

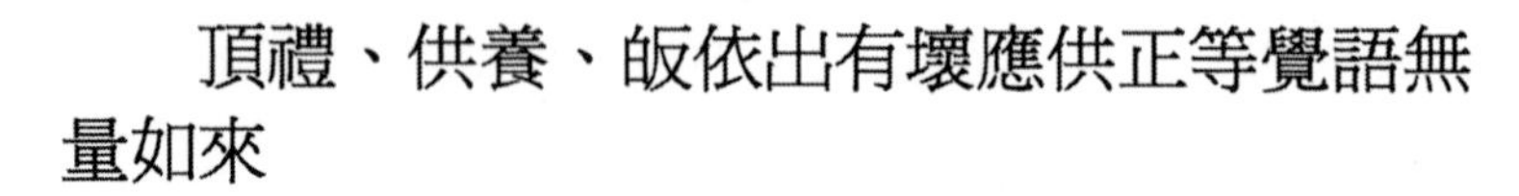

頂禮、供養、皈依出有壞應供正等覺語無量如來

頂禮、供養、皈依出有壞應供正等覺無畏力王如來

頂禮、供養、皈依出有壞應供正等覺如意幢燈光如來

頂禮、供養、皈依出有壞應供正等覺堅固金剛如來

頂禮、供養、皈依出有壞應供正等覺大悲力王如來

頂禮、供養、皈依出有壞應供正等覺慈藏王如來

頂禮、供養、皈依出有壞應供正等覺莊嚴王如來

頂禮、供養、皈依出有壞應供正等覺身色普顯光如來

頂禮、供養、皈依出有壞應供正等覺智光不動如來

頂禮、供養、皈依出有壞應供正等覺伏諸魔王如來

頂禮、供養、皈依出有壞應供正等覺慧力王如來

頂禮、供養、皈依出有壞應供正等覺極喜無惱光如來

頂禮、供養、皈依出有壞應供正等覺無量語妙音王如來

頂禮、供養、皈依出有壞應供正等覺諸法無礙王如來

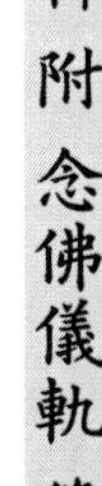

頂禮、供養、皈依過去一至十、百、千、萬、十萬、百萬、千萬、億、十億、俱胝那由他十萬恆河沙不可數一切如來

僅僅聽一次寶髻如來的名號，也能得以升天，脫離一切惡趣。往昔，有商主之子名叫流水，當時大水池的水已經乾涸，數以萬計的魚類遭受烈日所迫，瀕臨絕境，他施給那些魚水和食物，懷著慈悲心念誦了三遍寶髻佛的名號，結果那些魚兒死後即刻轉生到三十三天（即忉利天）。

此經中還記載：如果向以上所有佛陀頂禮膜拜，那麼無數劫以來流轉輪迴的不善罪業無餘得以清淨，在八萬劫之中不墮地獄，從此以後不造十不善業和五無間罪，連續不斷聽受正法，圓滿大乘戒律。其中宣說了諸如此類的無量功德利益。

《大乘聖花叢經》中舍利子請現住所有佛陀住世品中記載：

頂禮、供養、皈依東方明燈世界出有壞應供正等覺寶源如來

聽到東方明燈世界出有壞應供正等覺寶源如來名號，生起信心者將受持七覺支，於圓滿菩提中不退轉，六十劫中背離輪迴[9]，喜聞寶源

[9] 六十劫中背離輪迴：是指滅盡輪迴中六十劫的重罪，以下都如此了知。

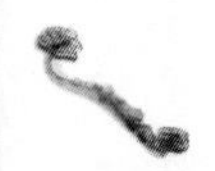

如來名號者，六十劫中不復流轉生死。

頂禮、供養、皈依此寶源佛等東方世界盡恆河沙數住世說法之出有壞應供正等覺同名寶源如來

頂禮、供養、皈依具寶世界出有壞應供正等覺妙寶如來

如果對此如來名號，萌生信心，雙手合掌，那麼這個三千大千世界布滿七寶，盡恆河沙數劫中每一日以此供佛的福德在數、喻、因三方面都不及前者福德的百分之一。

頂禮、供養、皈依珍寶世界出有壞應供正等覺妙寶主尊如來

聽到此如來名號者，佛陀顯現在他的面前。

頂禮、供養、皈依香馥世界出有壞應供正等覺寶生如來

聽到此如來名號者，十五劫中背離輪迴。

頂禮、供養、皈依光芒世界出有壞應供正等覺寶光如來

聽到此如來名號起信者，不墮三惡趣。

頂禮、供養、皈依頂幢世界出有壞應供正

等覺寶頂如來

如果聞此如來名號而信奉，則如稀世之寶。

頂禮、供養、皈依盡現功德世界出有壞應供正等覺寶光普照如來

如果聽到此如來名號以後誠心誠意信受、敬禮，將在二十劫中背離輪迴。

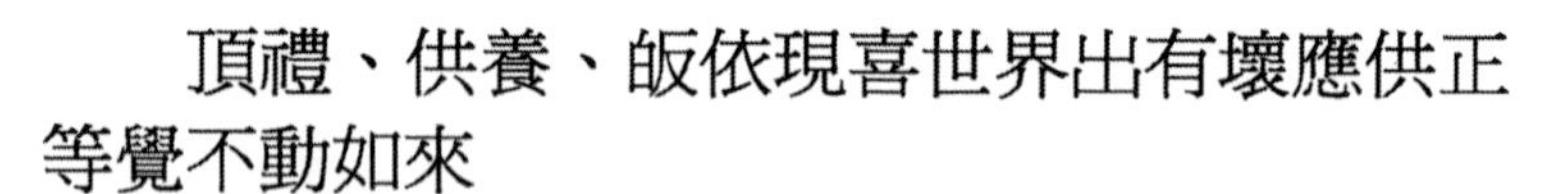

頂禮、供養、皈依現喜世界出有壞應供正等覺不動如來

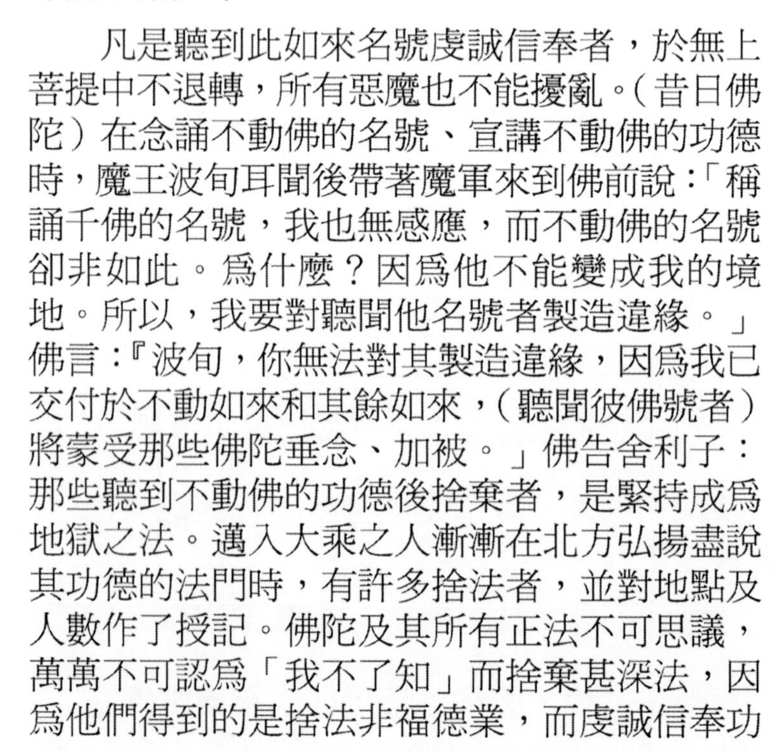

凡是聽到此如來名號虔誠信奉者，於無上菩提中不退轉，所有惡魔也不能擾亂。（昔日佛陀）在念誦不動佛的名號、宣講不動佛的功德時，魔王波旬耳聞後帶著魔軍來到佛前說：「稱誦千佛的名號，我也無感應，而不動佛的名號卻非如此。爲什麼？因爲他不能變成我的境地。所以，我要對聽聞他名號者製造違緣。」佛言：『波旬，你無法對其製造違緣，因爲我已交付於不動如來和其餘如來，（聽聞彼佛號者）將蒙受那些佛陀垂念、加被。」佛告舍利子：那些聽到不動佛的功德後捨棄者，是緊持成爲地獄之法。邁入大乘之人漸漸在北方弘揚盡說其功德的法門時，有許多捨法者，並對地點及人數作了授記。佛陀及其所有正法不可思議，萬萬不可認爲「我不了知」而捨棄甚深法，因爲他們得到的是捨法非福德業，而虔誠信奉功

德無量。

頂禮、供養、皈依無量世界出有壞應供正等覺大光如來

聽到此如來名號並且起信者，不離諸佛，不退轉圓滿菩提。

頂禮、供養、皈依美花世界出有壞應供正等覺無量妙音如來

聽到此如來名號後信奉，禮拜這尊佛，念三遍佛號者，將受持佛語無量妙音。

頂禮、供養、皈依無塵世界出有壞應供正等覺甘露妙音如來

聽到此如來名號後信受者，將在十二劫之中背離輪迴。

頂禮、供養、皈依難化世界出有壞應供正等覺大稱如來

如若有者聽聞、傳揚、受持此如來名號，惡魔不能加害。

頂禮、供養、皈依安樂世界出有壞應供正等覺無邊稱如來

如果聽到此如來名號口中說「合掌頂禮」，

有無量福德，遠遠超出百年之中以等同須彌山的珍寶作布施的福德。

頂禮、供養、皈依水晶世界出有壞應供正等覺寶光如來

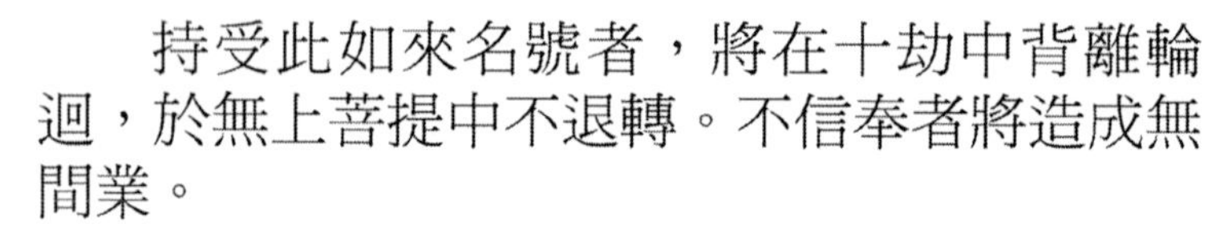

持受此如來名號者，將在十劫中背離輪迴，於無上菩提中不退轉。不信奉者將造成無間業。

頂禮、供養、皈依光明世界出有壞應供正等覺得大樂如來

聽聞此如來名號者，能度化一切有情，擁有無量福德。

頂禮、供養、皈依寶光世界出有壞應供正等覺星辰燈光如來

聽到此如來名號後虔誠信奉者，將持有如來之力。

頂禮、供養、皈依安樂世界出有壞應供正等覺諦實妙音如來

凡是聽到此如來名號者，將獲得無上菩提。

頂禮、供養、皈依純金世界出有壞應供正等覺無邊無垢如來

聽聞此如來名號後生起信心的福德，比這個三千大千世界遍滿七寶來作布施增上更多。福報淺薄者無法聽到這一名號，這是在百佛前所生的善根才得以聽聞的，並且將在五十八劫中背離輪迴。

頂禮、供養、皈依妙音世界出有壞應供正等覺皎月如來

聽到此如來名號者的白法也將猶如明月，於無上菩提中不退轉。

頂禮、供養、皈依日光世界出有壞應供正等覺月光如來

如果聽到此如來的名號後右膝著地念誦三遍「頂禮月光如來」，特意爲某某眾生而念誦，對方必將迅速獲得無上菩提。

頂禮、供養、皈依無垢世界出有壞應供正等覺無垢光如來

任何天、龍、人聽到此如來名號，都將在無上菩提中不退轉，不必顧慮有墮落的危險。

頂禮、供養、皈依琉璃光明世界出有壞應供正等覺清淨光如來

天、龍、人、乾達婆等眾生聽到此如來名

號，均能得以轉生爲人，淨化貪嗔癡。如果不相信聽聞佛號的善根並說「怎麼會成這樣」，則他們將在六萬年中於號叫地獄被燉煮。

頂禮、供養、皈依善得世界出有壞應供正等覺日光如來

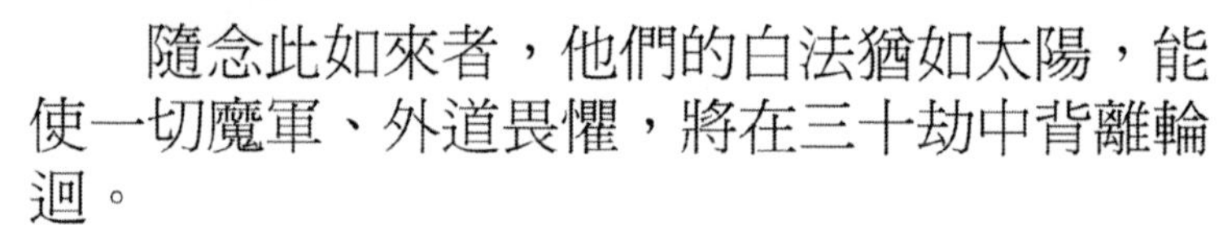

隨念此如來者，他們的白法猶如太陽，能使一切魔軍、外道畏懼，將在三十劫中背離輪迴。

頂禮、供養、皈依覺支莊嚴世界出有壞應供正等覺無邊珍寶如來

聽到此如來名號者，能獲得所有菩提支，並使一切有情也皈入佛門，此人晝夜之中福德不可限量。

頂禮、供養、皈依蓮花世界出有壞應供正等覺蓮上如來

如果聽聞此如來名號生起信心，他們在世間中宛如蓮花一般，以善法超群絕倫。猶如蓮花不著水，於五十五劫中背離輪迴。

頂禮、供養、皈依逾諸憂害世界出有壞應供正等覺支上如來

凡是聽到此如來名號者，能從三有大海渡

到逾諸憂害世界，成為一切世間應供處。聞而起信者，變得如同美花，成為一切世間的師長，如大力士身體一般堅固，於無上菩提中不復退轉。任何女人如果聞而起信，將不再轉女身。為此，善男子或善女人當生起勝解心聽受這一名號。

頂禮、供養、皈依具藏世界出有壞應供正等覺微妙金光如來

聽聞此如來名號並信奉者，將獲得佛陀的光芒、威力、無畏——佛陀的所有功德，十二劫中背離輪迴。只有對諸佛虔誠信仰、具大福報、在如來教中發起菩提心才能得以聽到此名號，而福報淺薄者聞不到。

頂禮、供養、皈依珍珠瓔珞普淨世界出有壞應供正等覺梵天自在王如來

聽聞此如來名號虔誠合掌者，將不離佛陀，成為轉輪王，於無上菩提中不復退轉。

頂禮、供養、皈依明月世界出有壞應供正等覺金光如來

聽到此如來名號者，甚至在夢中也廣泛展示諸法自性如眼華（即光影），不會墮落，具大福德，能使所有無量有情舒心悅意，能執掌世界，依靠大乘得以出離。

頂禮、供養、皈依明燈世界出有壞應供正等覺金源如來

此如來往昔所發的誓願「願眾生往生於我成佛的剎土，其餘世界任何眾生得聞我名，悉皆於無上菩提中不退轉」已經圓滿。

頂禮、供養、皈依具蜜世界出有壞應供正等覺龍自在王如來

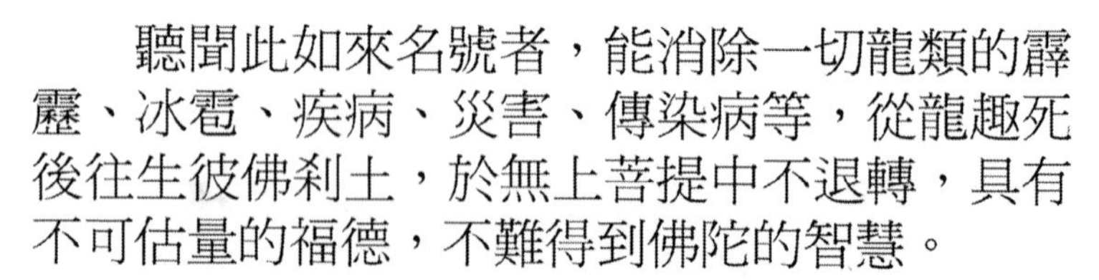

聽聞此如來名號者，能消除一切龍類的霹靂、冰雹、疾病、災害、傳染病等，從龍趣死後往生彼佛剎土，於無上菩提中不退轉，具有不可估量的福德，不難得到佛陀的智慧。

頂禮、供養、皈依如月世界出有壞應供正等覺百花芳香自在王如來

聽聞此如來名號者，將於恆河沙數世界中散溢戒律妙香，獲得佛陀的一切法，這是由此佛的夙願感召。爲此，當以清淨增上意樂虔誠信奉。這種信心有著重大意義，憑藉一念信心也將如願以償。以虔誠的信仰合掌、口中說「頂禮佛陀」、心懷慈憫者，於無上菩提中不退轉，將在十四劫中背離輪迴。

頂禮、供養、皈依星王世界出有壞應供正等覺娑羅樹王如來

聽到此如來名號後不相信而冷嘲熱諷的那些人，將於六萬年中在眾合地獄受煎熬。口中說「不信」者，將在七萬年中遭受餓鬼吃火爐的痛苦。

頂禮、供養、皈依具力世界出有壞應供正等覺勇堅部刃除煩惱如來

聽到此如來名號者，甚至在做夢時，也如金剛一般，魔及魔的眷屬難以制服。能避免大戰爭，也將獲得一切智智。當知，任何善男子如果僅僅憶念這一名號生起信心、滿懷歡喜，爲了菩提而行持，那麼他將現見如來，（菩提行）臻至究竟，在菩提中不退轉，生起無比歡喜心。如果此名號傳到耳畔，心生歡喜之情，將能利益眾多有情，如此神變廣大。關於聽聞如來名號信受的福德，籠統地說，盡恆河沙數世界遍滿珍寶，每一天供養盡恆河沙數的佛陀，如此在等同恆河沙數的劫中供養的福德，也說不上是聽聞名號所生這一福德的少分。某某眾生，爲了聽到這一名號，用遍布世界的七寶作布施，然而以此福德也無法聞受此名號，爲什麼？原因是，如果沒有廣積福德也能聽到，那地獄、旁生趣、閻羅世界、長壽天也都會聽到，會稱說功德，因爲他們具有盡其所有數的福德。

頂禮、供養、皈依吉祥世界出有壞應供正

等覺現吉祥藏如來

聽到此如來名號並以殊勝意樂信受者將擁有無量福德，不畏惡趣，依照發願，借助佛乘於無上菩提中趣入涅槃，具有大乘的舒心安樂，即使流轉爲天人、人，也將依照所發的願，以佛剎的廣大莊嚴而證得涅槃，盡恆河沙數劫中不墮歧途，緣佛陀所生的善根不可思議，造無間罪與誹謗聖者除外。造無間罪與誹謗聖者的眾生也將歷經久遠時以後隨所發願而趨入涅槃。我們對樹幹尚且不該萌生害心，更何況說對於人類？嗔恨樹幹者尚且得到的是大地獄的諸多痛苦，更何況說嗔恨信受佛教者？對於具有無邊智慧的如來生起嗔恨的愚人在百千俱胝劫中於大地獄受苦，無有出離。我們要這樣發心：「不捨棄無二語清淨法理，一直不退轉，成就佛智。」

頂禮、供養、皈依香塗海世界出有壞應供正等覺散無量香如來

聽到此如來名號後以殊勝增上意樂信奉者，於無上菩提中不退轉，得以成佛後所有毛孔中也散發出可心的芬芳妙香。智慧淺薄者不會慕求這種大智慧，只有智慧廣大者才會聞而起信，於其餘佛前累劫之中真實修成智慧，四十五劫背離輪迴，對此生信者具有如明月般的智慧，成爲天等世界的供養處。

頂禮、供養、皈依龍現世界出有壞應供正等覺獅子妙音如來

如果聽聞此如來名號，隨念戒律、虔誠信受，將於一切善法中不動搖，二十劫中背離輪迴。任何女子聽到此佛名號，轉女爲男，在世間中變成如佛塔一般。

頂禮、供養、皈依揚嘎瓦德世界出有壞應供正等覺大力精進出離如來

如果聽到此如來名號虔誠合掌，則於輪迴其餘生世中不愚昧，在惡魔、外道及所有反對者前成爲堅韌武器。將在二十五劫中背離輪迴。

頂禮、供養、皈依善住海世界出有壞應供正等覺勝藏如來

凡是聽到此如來名號誠信者，將安住精藏（指具有修法機緣），得到勝乘，如此獲得法施的福德無量。

頂禮、供養、皈依具光世界出有壞應供正等覺鼓音王如來

如果有人聽到此如來名號雙手合掌，口中說「頂禮鼓音王如來」，那麼這個三千大千世界遍滿七寶，在恆河沙數劫中每一天供養獨覺的福德也比不上它一分。

頂禮、供養、皈依明月世界出有壞應供正等覺月上如來

凡是聽到此如來名號的天龍夜叉人等，不被不善法所染污，在世間中猶如蓮花一般。任何女子如果聽聞此佛名號並信奉，以殊勝增上意樂信受，將成爲最後女身。如果何者不誠信而捨棄，他已棄離佛陀的威力，於二十劫中在無間地獄受煎熬。倘若對佛陀的不可思議虔誠信受，他將在十九劫中背離輪迴。

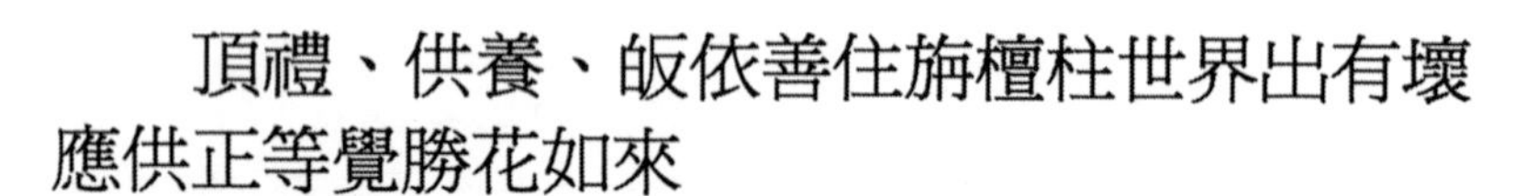

頂禮、供養、皈依善住旃檀柱世界出有壞應供正等覺勝花如來

如果聽到此如來名號生起信心，在世間中成爲稀有者，成佛時佛土清淨，沒有八無暇，一切有情無比安樂，這是此佛往昔在菩薩位時的願力所感。

頂禮、供養、皈依善住贍部河世界出有壞應供正等覺世間燈如來

聽到此如來名號者，除了造無間罪和誹謗聖者以外，悉脫離惡趣根本，成爲獲得三寶之因。即使是造無間罪和誹謗聖者的衆生，聽到此佛名號，也將滅盡他的罪業而逐漸成佛，並於二十劫中背離輪迴。

頂禮、供養、皈依光明世界出有壞應供正

等覺名火如來

此佛的剎土平如手掌，光如蓮花，故稱「光明」。就像世間中黑暗裡的火堆一般，威光耀眼，朗朗說法，其妙音傳遍三千大千世界。大千世界中由純金鋪蓋，以妙衣裝點樹木，在盡恆河沙數劫中每一天供養盡恆河沙數無數佛陀，其福德也比不上聽到此名號少分福德。聞而生喜策勵而行者，將於六十劫中背離輪迴，也將受持無上佛土。

頂禮、供養、皈依東方普嚴世界出有壞應供正等覺寶基如來

頂禮、供養、皈依東方佛陀世界出有壞應供正等覺永恆涅槃如來

頂禮、供養、皈依東方山王面世界出有壞應供正等覺無痛慧如來

頂禮、供養、皈依東方離貧世界出有壞應供正等覺顯現無量幻化如來

頂禮、供養、皈依東方如嘎匝蘭達妙衣觸柔世界出有壞應供正等覺鎮妙高山如來

頂禮、供養、皈依東方平等妙吉世界出有

壞應供正等覺妙寶象如來

頂禮、供養、皈依東方寶生世界出有壞應供正等覺聚寶吉祥如來

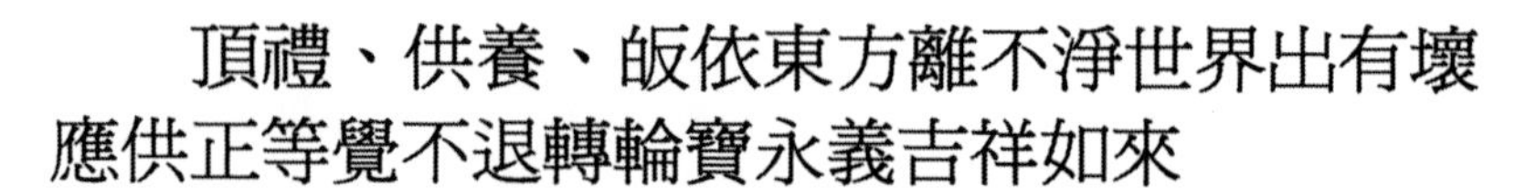

頂禮、供養、皈依東方離不淨世界出有壞應供正等覺不退轉輪寶永義吉祥如來

頂禮、供養、皈依東方住清淨世界出有壞應供正等覺普明淨得如來

如是東方此等無量佛陀出有壞，現今住世，也宣說妙法，理當十指合掌，持受他們的名號，口中念誦三遍「頂禮這些佛陀」。念誦東方這些佛陀名號者，福德無量。

頂禮、供養、皈依南方解脫世界出有壞應供正等覺日月燈如來

聽到此如來名號生起信心以致汗毛豎立、淚流滿面，由此可知：這尊佛在修菩薩行時我已見過。身爲女人如果聽到此名號，想到「我這是最後女身」，值得欣喜，都將成就無上圓滿菩提。凡是聽聞此佛名號的眾生，於無上菩提中不退轉，無論如何其餘眾生都無法障礙這些有情。在這個娑婆世界，到底有多少事物，大曆算家誰也難以計算。在所有世界中凡聽到此佛的名號者，不受惡魔阻撓，聽到此名號並信

奉者的邊際實難通曉。將來，對念誦此名號的福德信受的眾生猶如曇花，成爲世間的供養處，具有不可估量的福德，不會有墮落的恐懼，與佛陀不相分離，在一切世人中出類拔萃，宣說佛法利益芸芸眾生，誠心誠意受持菩提佛果，將在百劫中背離輪迴。相反，不信仰者，將於六十俱胝（年）在大地獄受苦。在佛教興盛的地方，捨棄正法的愚者爲數眾多。因此，不捨此法的那些眾生想到「我會脫離一切惡趣」，該心生歡喜。理當把這個三千大千世界盈滿珍寶來聽聞此名號。想要擁有遍知的智慧者，理當把盡恆河沙無數世界充滿珍寶來聽聞此佛號。

頂禮、供養、皈依南方戒光世界出有壞應供正等覺須彌山如來

聽到此如來名號者，甚至在夢中也不會誹謗聖者，具有清淨增上意樂，於無上菩提中不退轉，速疾通達萬法如夢，於八劫中背離輪迴。

頂禮、供養、皈依南方妙金色世界出有壞應供正等覺山王明如來

聽到此如來名號並不間斷受持者，將在十劫中背離輪迴。

頂禮、供養、皈依南方具光明世界出有壞

應供正等覺如山王如來

如果聽到此如來名號以後，甚至在彈指間也觀想畫像而作意，其福德超出此大千世界鋪上純金作布施的福德。佛陀的名號尚且有如此大威力，更何況說對住世的佛陀或入滅的佛舍利塔作供養了？

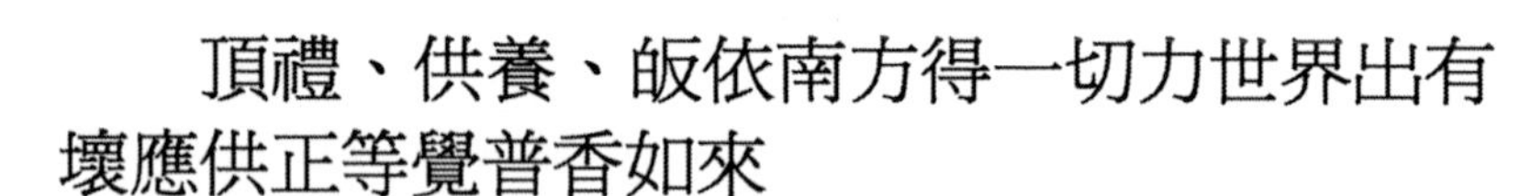

頂禮、供養、皈依南方得一切力世界出有壞應供正等覺普香如來

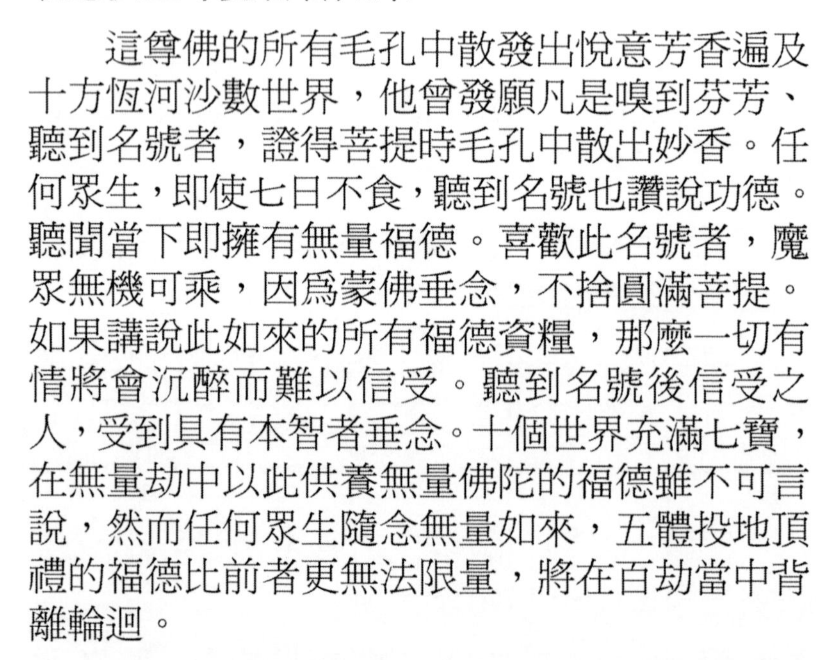

這尊佛的所有毛孔中散發出悅意芳香遍及十方恆河沙數世界，他曾發願凡是嗅到芬芳、聽到名號者，證得菩提時毛孔中散出妙香。任何眾生，即使七日不食，聽到名號也讚說功德。聽聞當下即擁有無量福德。喜歡此名號者，魔眾無機可乘，因為蒙佛垂念，不捨圓滿菩提。如果講說此如來的所有福德資糧，那麼一切有情將會沉醉而難以信受。聽到名號後信受之人，受到具有本智者垂念。十個世界充滿七寶，在無量劫中以此供養無量佛陀的福德雖不可言說，然而任何眾生隨念無量如來，五體投地頂禮的福德比前者更無法限量，將在百劫當中背離輪迴。

頂禮、供養、皈依南方無垢光世界出有壞應供正等覺顯現普淨如來

如果聽到此如來名號以後只是在彈指間修

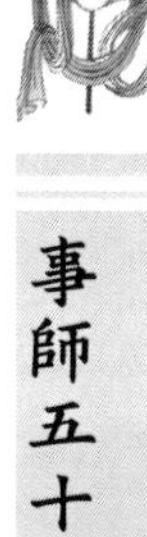

慈悲心，並以此善根願一切有情具足佛智，那麼他的福德遠遠勝過以遍滿恆河沙數世界的七寶，在恆河沙數劫中每一天供養恆河沙數佛陀的福德，因爲菩提依靠前面的福德獲得。法布施與無上菩提靠近，所以要受持法施，而不是財施。（持此佛號者）將在八十劫中背離輪迴。

頂禮、供養、皈依南方具法世界出有壞應供正等覺法上如來

凡是聽到此如來名號信奉合掌者，將爲了在此佛的正法中成就而學修。欲求這些功德的人應當繪畫此佛像，令人信受。對於宣說佛陀的功德，作爲異生不該憑著凡夫的心識確定佛陀的智慧，因爲佛陀的智慧尚且超越聲聞緣覺的境界，更何況說他眾？因此，萬萬不可以一念發心或一句口業造下成爲諸多大地獄之身體的業，佛陀出世、轉生爲人、擁有暇滿極爲難得，以大海中烏龜與木軛相遇的比喻說明轉生爲人實屬難得。轉生爲人令佛陀歡喜，將圓滿得到人身。爲此，想到「對於遍知的智慧，僅僅一念發心也要信受」後自己真該滿懷歡喜。如此之人將在三十劫中背離輪迴。

頂禮、供養、皈依南方行王世界出有壞應供正等覺香自在王如來

如果聽到此如來名號信奉合掌說「頂禮香

自在王如來」，將獲得無量福德，比大千世界遍滿七寶於千年中每一天都供養佛陀的福德更大，在三十劫中背離輪迴。

頂禮、供養、皈依南方諦實世界出有壞應供正等覺大功德如來

聽到此如來名號者，除了造定業者以外，都將成就佛陀的一切法。

頂禮、供養、皈依南方具大莊嚴世界出有壞應供正等覺香光如來

此如來往昔修習菩薩行時曾經發願：「凡聞我佛名號信受者，皆於無上菩提中不退轉，後世不墮惡趣。」聽到此名號以後以殊勝意樂信受者，依靠此佛的願力，均於無上菩提中不退轉。

頂禮、供養、皈依南方無垢世界出有壞應供正等覺發光如來

能聽到此如來名號者寥寥無幾，聞而起信者福德無量。充耳不聞此佛名號者將持受無量非福德業。

頂禮、供養、皈依南方普喜世界出有壞應供正等覺無量光如來

凡是聽到此如來名號後以殊勝意樂信奉者，將獲得彼如來的光芒，不信仰者將在二十劫中在燒熱地獄受煎熬。

頂禮、供養、皈依南方具藏世界出有壞應供正等覺放光如來

凡是聽到此如來名號並信奉者，惡魔不能害。

頂禮、供養、皈依南方冰珠石果世界出有壞應供正等覺月燈如來

聽到此如來名號者，將成爲天等世間的供養處，他所居的地方也成了佛塔，聽聞名號的正士將來罕見。

頂禮、供養、皈依南方最妙香世界出有壞應供正等覺月光如來

聽到此如來名號或者在夢中聞而起信者獲得無量福德，猶如高山，不被邪魔所動搖。

頂禮、供養、皈依南方杲日世界出有壞應供正等覺明月如來

聽到此如來名號者無有惡趣的因，依於此佛的夙願，於無上菩提中不退轉，（成佛的刹土）猶如此佛刹土的莊嚴。

頂禮、供養、皈依南方金寶光世界出有壞應供正等覺火光如來

聽到此如來名號者將撐起正法之燈，救度一切有情脫離輪迴大海，以利益眾生而度過朝夕，發放法布施，不被惡魔及其餘外道所害。

頂禮、供養、皈依南方具光明色世界出有壞應供正等覺尊勝妙音如來

此佛世界的一切有情超越人類膚色的容顏美麗、莊嚴，由此稱為「具光明色」。凡聽到此如來名號者，將擁有無上佛陀之法的妙色。

頂禮、供養、皈依南方尊勝世界出有壞應供正等覺勝行如來

聽到此如來名號並信奉者，成為天界、人間之最，於二十劫中背離輪迴。

頂禮、供養、皈依南方戰勝世界出有壞應供正等覺眾上如來

天、龍、夜叉、人、非人聽到此如來名號，均成為無上菩提之因，將在三十劫中背離輪迴。不信奉此名號者，將在二十劫及千年中於地獄中受煎熬。

頂禮、供養、皈依南方七寶世界出有壞應

供正等覺蓮花部如來

大千世界遍滿珍寶，有者在恆河沙數劫中每一天以此供養佛陀的福德，爲聽聞此名號而迴向並現見佛陀者，才能聽到此如來名號。聽到由此佛不可思議行爲所生的名號並且信奉的人，猶如出水芙蓉超出一切三界。

頂禮、供養、皈依南方皓月世界出有壞應供正等覺蓮花妙音如來

如果聽到此如來名號而信奉，口中說「頂禮蓮花妙音如來」，除了造無間罪和誹謗聖者的眾生以外不會墮歧途。

頂禮、供養、皈依南方大威力世界出有壞應供正等覺多寶如來

在此佛的世界中，大乘菩薩極其眾多，其教法不可限量，由此稱爲「多寶」。任何人如果合掌說「頂禮多寶如來」，依其夙願，將具足寶物。

頂禮、供養、皈依南方鮮花世界出有壞應供正等覺獅子吼如來

聽到此如來名號雙膝著地自言自語念誦三遍「頂禮獅子吼如來」者，爲救度一切有情，震懾三世而發出獅子吼聲，於五劫中背離輪迴。

頂禮、供養、皈依南方阿蘭若世界出有壞應供正等覺獅子妙音如來

隨念此如來，甚至向空中撒花，修建佛塔，發放布施，都願供養此如來，何況說信受？他們在世界中將如美花一般，能聽聞佛語妙音。

頂禮、供養、皈依南方無憂世界出有壞應供正等覺勇部如來

聽到此如來名號以殊勝意樂信奉，信受彼佛剎土者都將得見如來說法，這是此佛的夙願。這尊佛陀曾經發願：「唯願凡聞我名者命終後於我剎土圓滿佛陀之一切法。」聽到此名號而充耳不聞、全然不信者將於俱胝年中受地獄業報。

頂禮、供養、皈依南方文殊世界出有壞應供正等覺真受伏邪除疑如來

聽到此如來名號信奉者，凡是真正承諾的言語都將實現，摧伏一切邪魔反方，遣除所有懷疑，將得以成佛。

頂禮、供養、皈依南方花香熏世界出有壞應供正等覺眷如寶火如來

聽到此如來名號信奉者，其眷屬猶如寶、火，很快在世間中轉法輪。信仰佛陀，神通廣

大，依照迴向三乘中任意一種都得以成就。智慧高超者爲成佛而受持無上大乘。供養佛陀者信受以後發起菩提心，將這些福德爲利樂一切有情而普皆迴向，要知道這才是稀有奇妙的。對於稱說彼佛或其他佛陀的功德不相信者，將在四萬年中住於黑繩地獄。

頂禮、供養、皈依南方喜生世界出有壞應供正等覺無憂如來

僅僅聽聞此如來名號就心懷喜悅者，不被隨眠煩惱所染，無憂無愁，得證菩提以後能令芸芸眾生無憂無愁。無論此佛住世還是涅槃，只要是信奉者就成爲一切世間的第一奇妙，其福德不可估量，將不離一切佛陀。

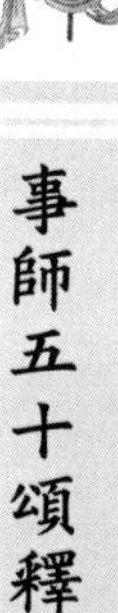

頂禮、供養、皈依南方生存世界出有壞應供正等覺妙喜如來

聽聞此如來名號心懷喜悅合掌說「頂禮」者，將獲得妙乘，能利益數多有情，不生邪墮的恐懼。

頂禮、供養、皈依南方月光世界出有壞應供正等覺根源如來

輾轉聽聞此如來名號者，將擁有無量福德。傳誦名號使天、龍、人等凡是聽到者，都不退大智慧。

頂禮、供養、皈依南方鐃鈸妙高世界出有壞應供正等覺無量妙音如來

聽到此如來名號心想「但願依此善根獲得微妙智慧」者，將成就無上菩提。對此全然不信者以令佛陀不悅的異熟業將墮入地獄。這尊佛從兜率天降下直至涅槃之間，那個大千世界的一切人、天彈奏鐃鈸而口誦彼刹土的名稱。彼佛在說法時，妙音傳遍兩千數的世界，爲此稱爲「無量妙音」。

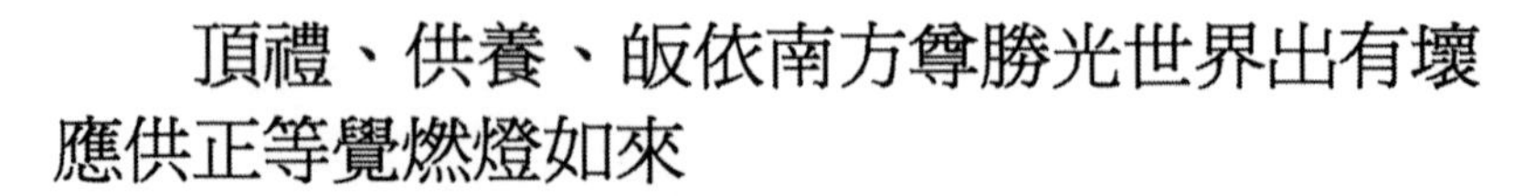

頂禮、供養、皈依南方尊勝光世界出有壞應供正等覺燃燈如來

此如來的光芒遍及十方百千俱胝佛土，故名「燃燈」。聽到此佛名號而信奉、歡喜者，（他的信心等功德）不會動搖，均獲得其光芒。

頂禮、供養、皈依南方香光世界出有壞應供正等覺珍寶光明如來

聽到此如來名號並以殊勝意樂信奉者，如同珍寶，於佛法中不退轉，不離佛陀，如若修習菩薩行，將於萬劫中背離輪迴。如果對大德及花叢生起嗔恨心，即便已靠近菩提也將遠離，並且走向難忍的地獄，爲此要盡力予以斷除。殊勝菩提心得以穩固並做法布施者好似曇花一般。

如果頂禮、供養以上南方此等現今住世、講經說法的無量佛陀，聽聞名號、傳揚功德、心裡觀想，將獲取無量福德。

頂禮、供養、皈依西方極樂世界出有壞應供正等覺無量壽如來

只是聽到此如來名號便心生歡喜、百般信受者，獲得無量福德，無有邪墮的危難，由此死後往生到佛國。如果平時作意觀想，命終時得見無量光佛及眷屬而往生彼刹，圓滿佛陀的一切法。這是由此佛夙願所感召。假設不信、譏諷、捨棄，將在五劫之中墮落地獄。

頂禮、供養、皈依西方善摧諸魔世界出有壞應供正等覺尊勝如來

聽到此如來名號者，能斬斷一切魔索，於六十劫中背離輪迴。

頂禮、供養、皈依西方善毀諸魔世界出有壞應供正等覺尊勝妙音如來

聽到此如來名號者，將具足一切妙音，能使惡魔拒之千里，八十劫中背離輪迴。

彌勒菩薩請問：「菩薩若具一法，則於無上菩提中不退轉，是爲何法？」世尊告言：

頂禮、供養、皈依北方祥積世界出有壞應

供正等覺吉祥藏積宣王如來

聽到此如來名號者，依靠一法將於無上菩提中不退轉，迅速得以成佛。俱胝劫中背離輪迴。聽到此名號者，在五十位佛前修行，命終之後何時也不離神變。在沒有證得涅槃之前，何時也不離耳。此外，不離圓滿色相，不遭殺害、束縛、耳、鼻、舌及身體的疾患，何時也不轉生在無佛之處，不離佛陀，不離正法，不生無暇處，證得涅槃之前不離修學、不離正念，何時也不離智慧。欲求成爲一切世間之最者，務必聽受堪爲一切世間之最的如來名號，聽聞之後口說「頂禮」，身體作禮。

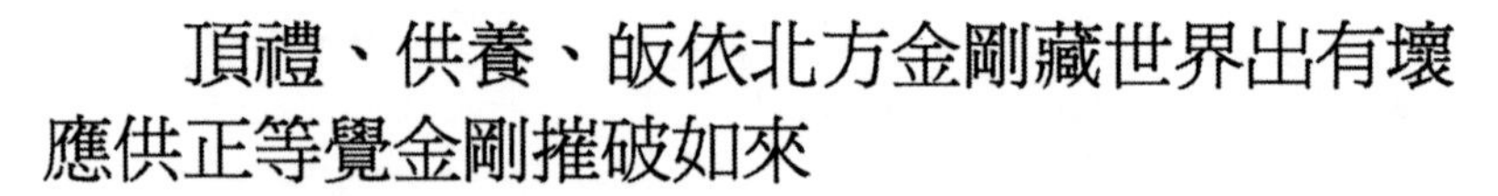

頂禮、供養、皈依北方金剛藏世界出有壞應供正等覺金剛摧破如來

聽到此如來名號者，依靠這一法於無上菩提中不退轉，速得成佛，千萬俱胝那由他劫中背離輪迴。我等大師釋迦王就是在燃燈佛前聽到此佛名號而成佛，如果不曾聽到不會成爲如此。就像金剛摧破石頭等一樣，聽到此佛名號並對其加持力、遍知智慧信奉者，能摧毀一切異生凡夫和緣覺地，證得遍知果位，以此而得名。

頂禮、供養、皈依北方寶光世界出有壞應供正等覺寶焰如來

聽到此如來名號的決定種姓者，於無上菩提中不退轉。彼佛刹土唯有大乘菩薩安住。

頂禮、供養、皈依北方沉香世界出有壞應供正等覺月光如來

聽聞此如來名號者將獲得「滅生加持」三摩地，如果安住此等持中，能目睹盡恆河沙數的無數佛陀，受持他們一切所說，想聽什麼法、想說什麼法都能聽到、能講說，這完全來源於此佛的願力。聽聞此名號者成爲最後有者，能講經說法。

頂禮、供養、皈依北方極喜世界出有壞應供正等覺妙吉如來

聽到此如來名號者，不復退轉，受到一切眾生喜愛、歸附、信賴，辯才深邃，爲有情說法，使他們信受正法。如果女子聽到此名號，將成爲最後女身。

頂禮、供養、皈依北方善入世界出有壞應供正等覺步蓮如來

聽到此如來名號者，來世相貌俊美、端嚴，令一切有情見而生喜、舒心愜意，能回憶無數劫並如實了達真性，生生世世具有無上辯才，恆常不斷講經說法，其誓願與眼根清淨。

依靠以上這所有佛陀的名號，能使女人成

爲最後女身。諸佛的名號，功德利益不可限量，具四法的比丘將信受這些名號。何爲四法？一、往昔承侍過佛陀出有壞；二、信受甚深義；三、信受阿蘭若；四、依止善知識，沒有造過、沒有積累過乏少正法之業。

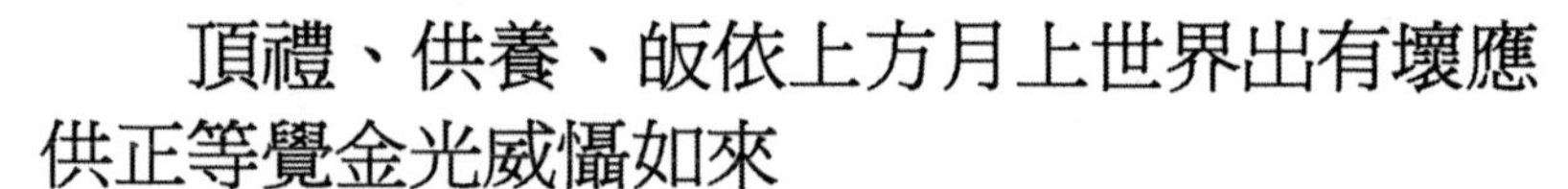

頂禮、供養、皈依上方月上世界出有壞應供正等覺金光威懾如來

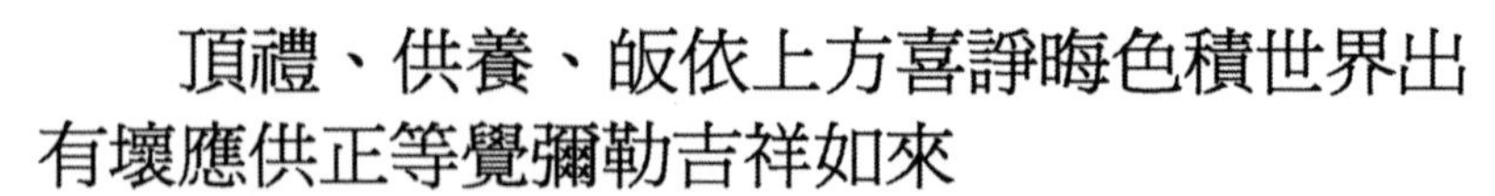

頂禮、供養、皈依上方喜諍晦色積世界出有壞應供正等覺彌勒吉祥如來

頂禮、供養、皈依上方具師世界出有壞應供正等覺無量上善逝王如來

頂禮、供養、皈依上方須彌幢世界出有壞應供正等覺無濕妙象如來

頂禮、供養、皈依上方妙證菩提世界出有壞應供正等覺入無數精進吉祥如來

頂禮、供養、皈依上方無執世界出有壞應供正等覺密意說不盡如來

頂禮、供養、皈依上方梵行莊嚴世界出有壞應供正等覺無癡香吉如來

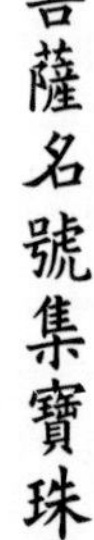

頂禮、供養、皈依上方陽光世界出有壞應供正等覺吉祥月如來

頂禮、供養、皈依上方勝法世界出有壞應供正等覺無分別光如來

頂禮、供養、皈依上方行法世界出有壞應供正等覺虛空光明如來

頂禮、供養、皈依上方積善世界出有壞應供正等覺淨行頂如來

頂禮、供養、皈依上方尊勝世界出有壞應供正等覺善住寶藏寂靜王如來

頂禮、供養、皈依上方生精進世界出有壞應供正等覺義成如來

頂禮、供養、皈依上方願力世界出有壞應供正等覺慧隱吉祥如來

頂禮、供養、皈依上方喜光澤世界出有壞應供正等覺淨語如來

頂禮、供養、皈依上方檀香穴世界出有壞應供正等覺琉璃藏如來

頂禮、供養、皈依上方具寶世界出有壞應供正等覺德寶威懾如來

頂禮、供養、皈依上方無量功德吉祥世界出有壞應供正等覺善住淨德如來

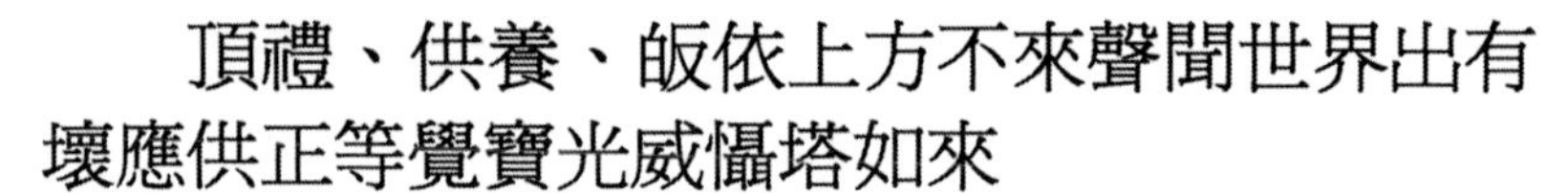

頂禮、供養、皈依上方不來聲聞世界出有壞應供正等覺寶光威懾塔如來

頂禮、供養、皈依上方無二目世界出有壞應供正等覺無量有愧妙金吉祥如來

凡是聽到上方這些佛陀的名號而信奉者，都將成佛。

頂禮、供養、皈依上方美蓮世界出有壞應供正等覺妙蓮幻變吉祥如來

如果聽到此如來名號，將阻塞三惡趣門，在三十六劫中背離輪迴，於無上菩提中不退轉，不會變成跛盲愚者，佛法之花盛開，在一切世間中，清淨、智慧、福德蒸蒸日上，沒有害命的情況及惡友、反對者而值遇善知識，毫無懷疑成就菩提。

頂禮、供養、皈依上方寶燈世界出有壞應供正等覺淨寶生吉祥如來

如果聽到此如來名號，將獲得七覺支寶，三十劫中背離輪迴。

頂禮、供養、皈依電光世界出有壞應供正等覺電燈頂王如來

聽到此如來名號者遠離一切無暇，於二十劫中背離輪迴。

頂禮、供養、皈依金多羅樹莊嚴世界出有壞應供正等覺多羅樹王超勝吉祥如來

如果聽到此如來名號，將在一切有情中超群絕倫。

頂禮、供養、皈依多羅樹高聳入雲世界出有壞應供正等覺虛空法燈如來

聽到此如來名號者，將於六十劫中背離輪迴，真正趨往佛國不復退轉，今生今世現見如來，最起碼在夢中親見頂禮此佛，以殊勝意樂承侍諸佛，故而也將得到具無上智慧的有情身分。即生之中能榮獲這些功德，利益無量。

頂禮、供養、皈依善分別世界出有壞應供正等覺生諸功德如來

如果聽到此如來名號，能善分別受持一切根，善分別受持佛法，八十劫中背離輪迴，肢體美妙，相貌端嚴，令人見而生喜，莊嚴的身相使人見到即心花怒放，威德赫赫，前往佛國。

頂禮、供養、皈依勝賢世界出有壞應供正等覺賢頂幢王如來

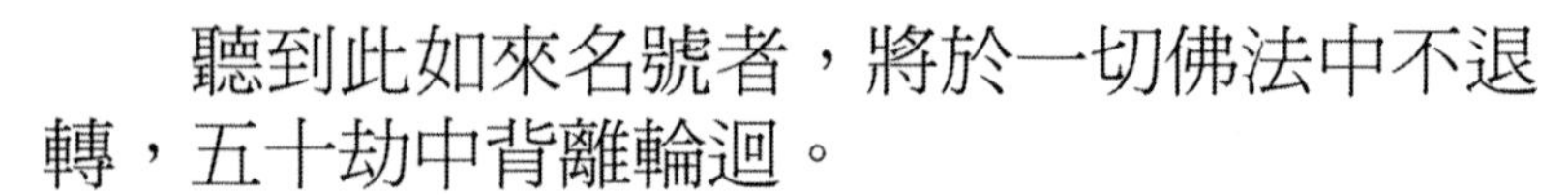

聽到此如來名號者，將於一切佛法中不退轉，五十劫中背離輪迴。

頂禮、供養、皈依寶部世界出有壞應供正等覺諸寶嚴相如來

聽到此如來名號者，於百劫中不轉輪迴，不復退轉，具有清淨法眼。因此，將來福報淺薄者不會聽到、信奉這些名號，具有卓越智慧、廣大福德者為無上菩提持受這些名號。

《除十方暗經》中記載：釋迦童子明顏請問，如來告言：

頂禮、供養、皈依東方驅諸煩惱世界出有壞應供正等覺隨救如來

頂禮、供養、皈依南方除暗世界出有壞應供正等覺初發心意行無畏超勝王如來

頂禮、供養、皈依西方至境世界出有壞應供正等覺伏怨驕如來

頂禮、供養、皈依北方佛辯才世界出有壞應供正等覺珍寶色光威懾如來

頂禮、供養、皈依東北方摧魔世界出有壞應供正等覺摧伏魔疑如來

頂禮、供養、皈依東南方恆照世界出有壞應供正等覺初發心不退轉輪生吉祥如來

頂禮、供養、皈依西南方金網覆蓋世界出有壞應供正等覺寶傘勝光如來

頂禮、供養、皈依西北方正住超勝世界出有壞應供正等覺調菩薩如來

頂禮、供養、皈依上方作意無緣世界出有壞應供正等覺無懼離暗等持勝王如來

頂禮、供養、皈依下方諸德莊嚴世界出有壞應供正等覺初發心遣疑驅惱如來

十方這些佛陀現今住世，宣說妙法。如果去往東方等任何方向，先要憶念頂禮那一方的佛陀，心裡一直觀想，到那裡不會有危難。期間，如果心不散亂觀想，前去辦的事情會大功告成。數以千計的眾生持受這所有佛陀名號的善根，一一都能得到恆河沙數轉輪王位，以最

後身體圓滿菩提的一切資糧，獲得如來授記。持受這些名號者，即是受持無上菩提，將成就佛果，得以供養、承侍佛陀，睡眠或覺醒一切時分，不會遭受人、非人的危害及他方的損惱，眾天神悉皆加以庇護。由此可知，這些人曾經於往昔佛陀前行過事。要誠信，受持此法者，不會受到危難、橫死、盜匪、毒、水、兵刃威脅。其中宣說了乃至佛陀住世期間恭敬承侍者受持此法功德利益頗巨。

《大乘八佛名經》中記載：

頂禮、供養、皈依東方無敵世界出有壞應供正等覺普傳吉祥如來

頂禮、供養、皈依東方悅意世界出有壞應供正等覺根頂幢王如來

頂禮、供養、皈依東方喜愛世界出有壞應供正等覺威懾勝稱吉祥如來

頂禮、供養、皈依東方諸門普入世界出有壞應供正等覺戰勝妙力如來

頂禮、供養、皈依東方淨積世界出有壞應供正等覺功德普現莊嚴吉祥如來

頂禮、供養、皈依東方無變世界出有壞應

供正等覺無礙藥王吉祥如來

頂禮、供養、皈依東方辯才積滿世界出有壞應供正等覺步寶蓮花如來

頂禮、供養、皈依東方妙音世界出有壞應供正等覺善住寶蓮娑羅樹王如來

以上這些如來現今住世，正在說法，他們的佛土普皆清淨，無有五濁，稀有奇妙，全無碎石、瓦礫、隨煩惱、女人、旁生、閻羅世界、蚊蠅蠍蛇接觸。任何善男子或善女人聽到這些佛號，受持、繫帶、讀誦、宣講、通達，不墮三惡趣，造無間罪及捨棄正法者除外。造無間罪及捨棄正法者也將減輕受報，不會多番感受。持受名號者，乃至證得菩提果之間永不離神通，具足總持，擁有妙相，諸根齊全，妙音廣傳，鼓聲伴隨，成爲供養處，不復退轉，絕不離開（七）覺支花及大乘圓滿法藏。聽聞並受持此法的女人，不再轉生爲女身，以願力投生爲女除外。聽到此名號者，任何厲鬼、盜匪、水火、毒、兵器、惡龍、夜叉、人、非人等無以威脅、無機可乘，嚴重的異熟果報除外。嚴重異熟果報，也輕微感受便得以解脫。受持名號者，無論著手世間與出世間的任何事，善法均與日俱增，而不會有所退失。遠離無暇投生善趣並令佛陀歡喜，無數俱胝劫中棄離輪迴，

獲得無垢慧眼。生在何處都將成爲一切眾生的應禮處，變成勇士及施主，口中散發天界的紅旃檀芳香，父母、兄弟、親友永無痛苦，於千瓣珍寶蓮花中出生，在一切佛國自由飛行，親睹佛陀淨土，在佛前聽法，聞而不空耗，惡魔及同僚永無可乘之機，獲得無量功德利益。

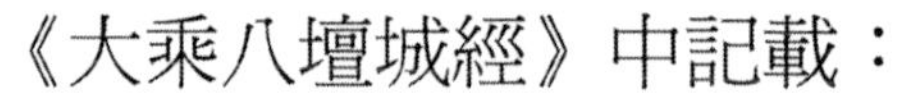

《大乘八壇城經》中記載：

頂禮、供養、皈依東方無敵幢世界出有壞應供正等覺名揚吉祥如來

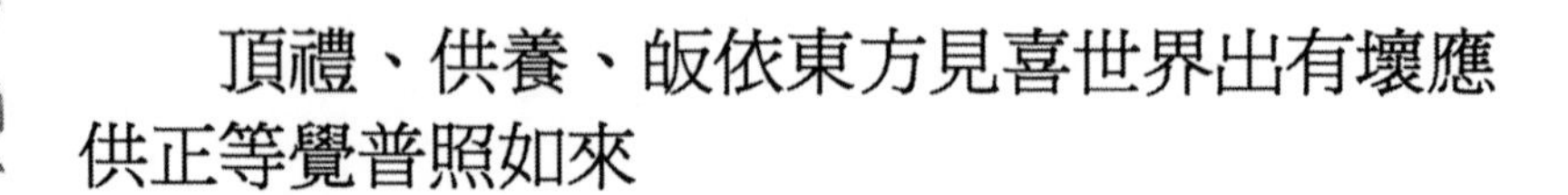

頂禮、供養、皈依東方見喜世界出有壞應供正等覺普照如來

頂禮、供養、皈依東方無現喜世界出有壞應供正等覺戰勝吉祥如來

頂禮、供養、皈依東方極淨聚世界出有壞應供正等覺根頂幢王如來

頂禮、供養、皈依東方離塵聚世界出有壞應供正等覺顯現無量功德自在王如來

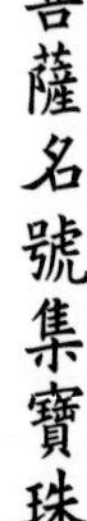

頂禮、供養、皈依東方無欺世界出有壞應供正等覺無礙宣說吉祥如來

頂禮、供養、皈依東方金聚世界出有壞應

供正等覺步寶蓮花如來

頂禮、供養、皈依東方妙音世界出有壞應供正等覺善住寶蓮山王如來

以上這些佛現今住世，正在說法，他們的刹土普皆清淨，沒有五濁。聽到這八位佛陀的名號後受持、念誦，已經通達，也爲他眾宣講，則不墮三惡趣，不往非天裡，不生無暇處，不再轉生爲女，不會遭遇天、龍、夜叉、人、非人、羅刹等及厲鬼、盜匪、火水、毒物、兵器的災難。任何步入大乘者念誦這些佛號，初夜躺下，會安然入眠，安然醒來，受天神保護，不會做惡夢。如果成辦世間事，將有增無減。受持名號者從現在起直至菩提之間，具足神通、總持，諸根齊全，妙相圓滿，智慧高超，不離佛菩薩及緣覺聲聞。得以承侍佛陀，數百俱胝劫中口裡散發妙香，神通廣大，智慧敏銳，由蓮花中生，父母親屬兄弟們稱心如意，永無貧窮，得諸佛授記。

《聖大乘八吉祥經》中記載：樂匝布之子大力精進請問世尊：「聽聞哪些夙願圓滿正在住世的佛陀，就不會有人、非人的威脅和損害，何者也駁不倒、勝不了，受持名號者睡眠時也不做惡夢，在戰場上身不中刃，從中安全脫離？請佛明示。」佛告言以下名號：

頂禮、供養、皈依東方具稱世界出有壞應供正等覺燈王如來

頂禮、供養、皈依東方無厭世界出有壞應供正等覺力堅義成密意如來

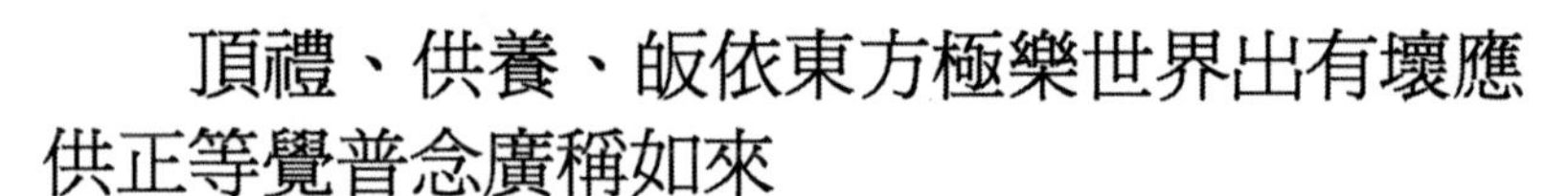

頂禮、供養、皈依東方極樂世界出有壞應供正等覺普念廣稱如來

頂禮、供養、皈依東方無魔世界出有壞應供正等覺慈飾吉祥如來

頂禮、供養、皈依東方無斷世界出有壞應供正等覺善稱妙吉祥如來

頂禮、供養、皈依東方具種種世界出有壞應供正等覺如須彌超勝妙力稱吉祥如來

頂禮、供養、皈依東方威光照耀世界出有壞應供正等覺垂念有情稱吉祥如來

頂禮、供養、皈依東方金剛稱喜世界出有壞應供正等覺滿意妙力稱吉祥如來

如果認真受持並通達以上這些佛陀的名號，具有不可思議的功德。這些佛陀的刹土清淨離濁，因爲此等佛陀有夙願的緣故。初夜躺

下或起床都要思維，著手任何世間事情也好，如果想念這些佛號以後再進行，將有增無減，念誦八吉祥數的這些佛號者，將戰勝眾天神及非天，念誦這些名號者，安然無懼，因爲持誦真實名號的緣故，避免戰爭，無以勝伏，寂靜無惱，無有危難。

《大乘十佛名經》中記載：菩薩大菩薩功德寶花綻放請問世尊：持受現今住世的哪些佛陀名號，能迅速圓滿現前無上正等菩提果位？世尊告言：

頂禮、供養、皈依東方諸德清淨世界出有壞應供正等覺功德越無量劫如來

受持此如來名號者，於六萬劫中背離輪迴。命終之後也將獲得無障總持。依靠十俱胝佛剎的所有佛陀也得以真實發揮辯才，即便講經說法也不會驕傲自滿。

頂禮、供養、皈依南方功德寶嚴世界出有壞應供正等覺功德寶嚴吉祥威蘊劫如來

如果持受此如來名號，命終之後將獲得「日光無邊」等持，受持佛剎無量莊嚴，發願往生任何佛國，即得往生到那裡，以最後有者身分證得無上菩提，死後也能得到三十二相。

頂禮、供養、皈依西方加行離暗世界出有

壞應供正等覺諸法辯才莊嚴吉祥如來

如果持受此如來名號，不會有火、水、毒、刃危害的時候，命終之後獲得「百力」等持，不投胎，幸得一切總持。

頂禮、供養、皈依北方離塵暗世界出有壞應供正等覺無量辯才莊嚴淨行如來

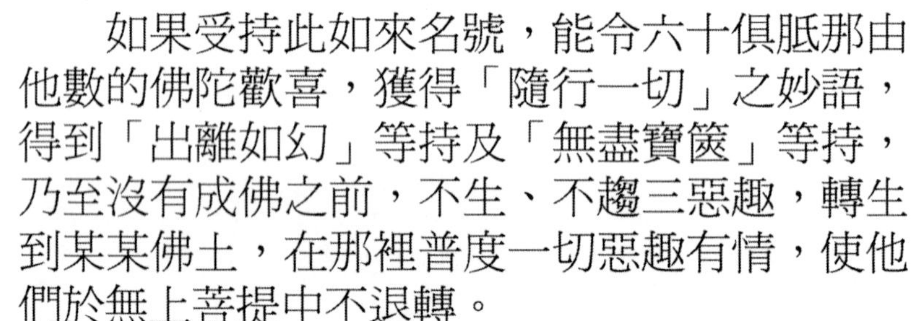

如果受持此如來名號，能令六十俱胝那由他數的佛陀歡喜，獲得「隨行一切」之妙語，得到「出離如幻」等持及「無盡寶篋」等持，乃至沒有成佛之前，不生、不趨三惡趣，轉生到某某佛土，在那裡普度一切惡趣有情，使他們於無上菩提中不退轉。

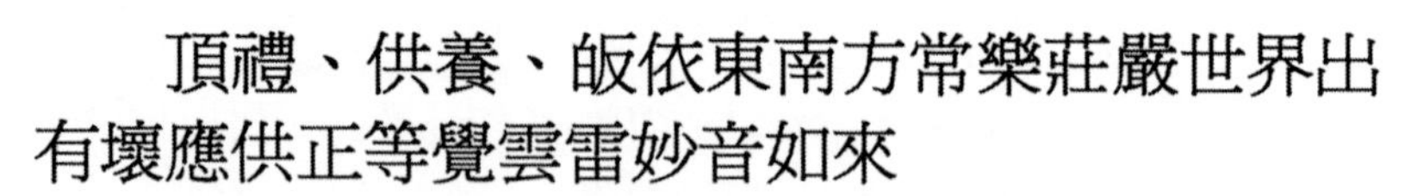

頂禮、供養、皈依東南方常樂莊嚴世界出有壞應供正等覺雲雷妙音如來

如果持受此如來名號，命終之後將得到四無礙解、四無畏、大慈大悲等佛陀十八不共法，獲取極樂世界一類一切佛土功德莊嚴。身爲女人，也將在命終之後得成男身，投生爲見佛尊顏者。

頂禮、供養、皈依西南方無量功德莊嚴世界出有壞應供正等覺日光妙吉祥威生如來

僅僅聽到此如來名號，就能令俱胝佛陀喜

悅，獲得「潤澤」等持。倘若在平時持受這些佛號，命終之後能令一切有情安住在「潤澤」等持中，必定證得圓滿菩提。如果安住在此等持中說法，便擁有這一等持，能使大千世界的所有眾生都安寧。

頂禮、供養、皈依西北方棄惡趣世界出有壞應供正等覺眾威光王吉祥生如來

如果受持此如來名號，命終之後能得到「無量辯才莊嚴」總持，以微少勤作就能引攝無量光佛剎的圓滿功德莊嚴，一生成就無上菩提，也將得以聽聞九十俱胝佛陀所說正法。

頂禮、供養、皈依東北方離諸憂害世界出有壞應供正等覺無數俱胝劫普生如來

如果受持此如來名號，命終之後將獲得具六十支的妙音圓滿辯才，緣八十俱胝佛陀產生善根。

頂禮、供養、皈依上方無量威光莊嚴世界出有壞應供正等覺善妙純金虛空定宣莊嚴吉祥威光生如來

如果受持此如來名號，無量戒蘊普皆清淨。此外，現見等持、智慧、解脫、解脫智慧的無量蘊均得以清淨，逐步登地，獲取出世間一切最勝智慧，不遲得到強有力的親屬、王位

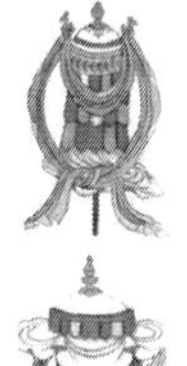

及辯才。迅速成就無量菩提佛果，回憶一切有情前後世，通曉種種語言，得到滔滔不絕的辯才、高貴的種姓，能回憶生世，獲得五通及佛十八不共法。

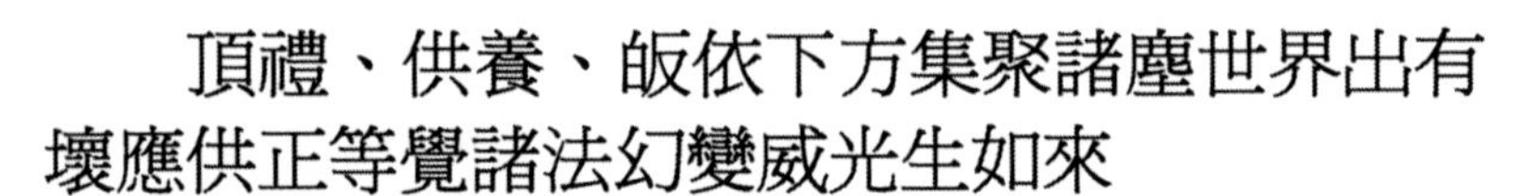

頂禮、供養、皈依下方集聚諸塵世界出有壞應供正等覺諸法幻變威光生如來

如果受持此如來名號，能獲得『明月』總持，一生成就無上菩提佛果，聽聞九十俱胝佛陀所說妙法而普皆受持。

以上所有佛陀現今悉皆住世，宣說妙法。

《大乘十二佛經》中記載：

頂禮、供養、皈依東方珍珠世界出有壞應供正等覺虛空吉祥無垢除塵最妙功德頂光蓮花琉璃光珍寶色身勝妙香供身嚴飾頂髻出無量日光月光願嚴幻化大莊嚴法界超勝無貪寶王如來

誰持受此如來的名號，將於盡贍部洲極微塵大劫中不轉輪迴，剛剛所說的此佛授記無垢大菩薩，當他趨入涅槃、正法隱沒之際，該菩薩即刻成佛。

頂禮、供養、皈依出有壞應供正等覺水天童子日燈月花珍寶金蓮美如虛空身普明光嚴無礙輪壇城光射十方普照世界頂幢王如來

頂禮、供養、皈依東方出有壞應供正等覺一切莊嚴無垢光如來

頂禮、供養、皈依南方出有壞應供正等覺念辯才莊嚴如來

頂禮、供養、皈依西方出有壞應供正等覺無垢月頂王稱如來

頂禮、供養、皈依北方出有壞應供正等覺花嚴普明如來

頂禮、供養、皈依東南隅出有壞應供正等覺發光如來

頂禮、供養、皈依西南隅出有壞應供正等覺勝寶頂稱如來

頂禮、供養、皈依西北隅出有壞應供正等覺照見無畏如來

頂禮、供養、皈依東北隅出有壞應供正等覺無所畏懼如來

頂禮、供養、皈依下方出有壞應供正等覺獅子迅奮喉如來

頂禮、供養、皈依上方出有壞應供正等覺金光威嚴離畏王如來

任何虔誠的善男子或善女人，念誦以上這十二位佛陀的名號，十日中懺悔一切罪業，隨喜一切善根，祈禱一切佛陀，將所有善根迴向法界，依此將清淨一切罪惡業障。隨後，如其所願，很快獲得佛剎圓滿功德莊嚴、無畏、妙相，圓滿菩薩僧眾、圓滿總持等持及完美的善知識，於無上菩提中永不退失，即便流轉輪迴也是極其美妙，受用豐厚，種姓、血統、相貌、威力都盡善盡美，也能攝受同類完美的眷屬。俱胝剎土遍滿純金作布施，不如持受這些佛號的福德大。恆常回憶生世，遠離無暇，轉生善趣，以虔誠的信心供養、取悅佛陀，淨化見佛的明目，在世間中受到人們的愛戴，聞名遐邇，口中散發出香氣，具足正慧，棄離諂誑，英勇慷慨，具足梵音，於珍寶蓮花中化生，與父母兄弟等心愛之人不相分離，捨棄女身而成為智慧卓越的大丈夫。任何邪魔等都無機可乘，不受毒物、兵器、火、鬼、狡猾者所害，在俱胝剎土飛行，受持佛陀的一切法，得到授記以後臻至究竟，圓滿無畏、力等佛陀的所有法。

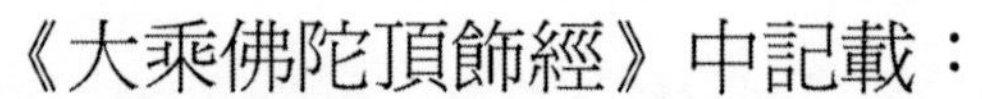

《大乘佛陀頂飾經》中記載：

頂禮、供養、皈依東方三昧莊嚴世界出有壞應供正等覺三昧妙象吉祥如來

此如來現今住世，當他趨入涅槃時，大菩薩無塵威懾於彼世界成就無上菩提佛果，佛號爲永恆三昧妙象吉祥。真正步入大乘者持受三昧妙象吉祥如來及無塵威懾菩薩的名號，設若生在三有之中，也能回憶生世，於百劫中背離輪迴，擁有無量福德，趨近無上菩提。

頂禮、供養、皈依東方菩提藏嚴善妙世界出有壞應供正等覺蓮花妙吉祥如來

這尊佛現今住世。在他的剎土，菩薩大菩薩蓮花手，於此如來涅槃之後成佛，佛號蓮花妙傘王。持受蓮花妙吉祥如來及蓮花手菩薩名號者，設若生在三有，則能回憶生世，猶如蓮花一般不被一切世間不善法所染污，超群絕倫。於無上菩提中不退轉，三十劫中背離輪迴，趨近無上菩提，將擁有無量福德。

頂禮、供養、皈依東方離塵積世界出有壞應供正等覺日殿光明妙吉祥如來

此佛現今住世。在他的剎土，日光大菩薩於此如來涅槃之後成佛，佛號聖吉祥圓滿妙相身。任何悟入大乘者，如果持受日殿光明妙吉祥如來及日光菩薩的名號，在三有中能回憶生世，如太陽般獲得一切善法光明，無有墮入三惡趣的恐懼，邁近無上菩提，千劫之中背離輪迴，於無上菩提中不退轉。

頂禮、供養、皈依東方自在世界出有壞應供正等覺唯一寶傘微妙如來

此如來現今住世，持受其名號者步入大乘，倘若轉生在三有之中，也能回憶生世，不會投生爲惡劣種姓及貧窮者，父母雙全，不乏受用，不爲病苦，生生世世生於國王種姓中，趨近無上菩提，在三萬劫中背離輪迴，於無上菩提中不退轉。

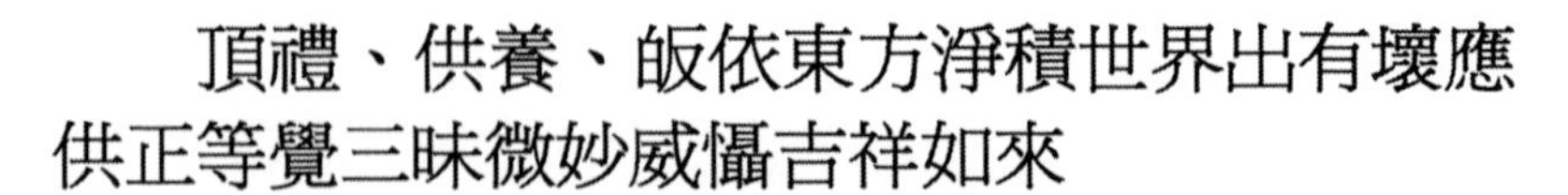

頂禮、供養、皈依東方淨積世界出有壞應供正等覺三昧微妙威懾吉祥如來

此如來的夙願，即步入大乘者持受我名，生在三有，生生世世得以出家，出家後獲得千數等持，以一等持現前成就百千俱胝那由他數等持，於這些等持中永不退失，能觀見過去佛陀涅槃數以萬計在講經說法，如同過去，現在出世的諸佛也如是現世。於無上菩提中不退轉，生生世世，百萬劫中背離輪迴，得以趨近無上菩提。任何步入大乘者持受此佛名號，能回憶生世，以一等持獲得百千俱胝那由他等持。

頂禮、供養、皈依東方璀璨世界出有壞應供正等覺寶殿威光超勝王吉祥如來

任何步入大乘者持受此如來名號，設若生在三有中，也能回憶生世，不會被「不喜歡智

慧、威光、妙相」之類的言詞及辯才所遮破。他們如果講經說法，面前有佛安住，不會被「沒有聞過、沒有傳過、不喜歡俱胝那由他無數」之類的言詞及辯才所遮破。（使眾生）於無上菩提中不退轉而這般講經說法，將在百千無數俱胝那由他劫中背離輪迴，引攝不可估量的福德。

頂禮、供養、皈依東方珍寶世界出有壞應供正等覺寶花普照吉祥如來

步入大乘者持受此如來名號，即使生在三有中，也將宣說正法，如果有意，法音能傳遍贍部洲；如果有意，法音能傳遍大千世界。如果傳法，則應機施教，盡可能使眾生於無上菩提中不退轉而這般講經說法。於六萬劫中背離輪迴。

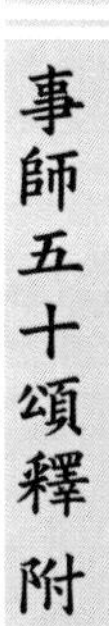

頂禮、供養、皈依東方珍寶世界出有壞應供正等覺寶藏如來

持受此如來名號者，將能回憶生世，獲得七覺支寶。

頂禮、供養、皈依南方悅音世界出有壞應供正等覺果位無邊威懾如來

持受此如來名號者，在三有中能回憶生世，獲得菩薩的「月殿清淨」等持，如果安住在此等持中，能目睹十方每一方都有恆河沙數佛陀，也能真實了達此等佛陀所說妙法，恆常令佛歡喜，乃至證得究竟菩提之間不離諸佛，於無上菩提中不退轉，三萬五千劫中背離輪迴，將引攝出不可估量的福德。

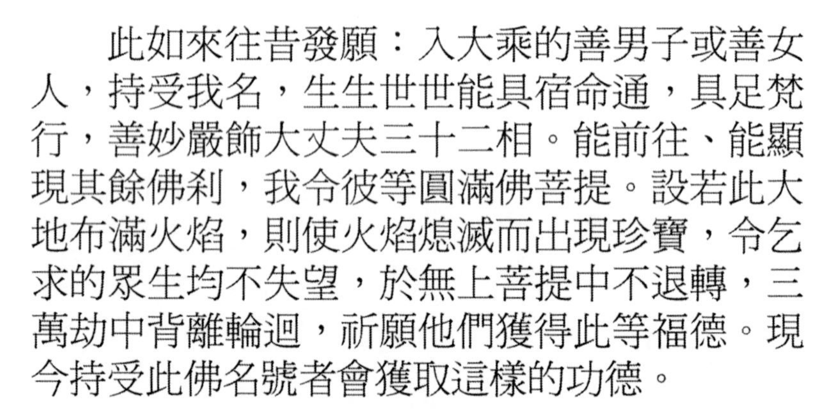

頂禮、供養、皈依南方勝妙香世界出有壞應供正等覺勝香無邊王如來

此如來往昔發願：入大乘的善男子或善女人，持受我名，生生世世能具宿命通，具足梵行，善妙嚴飾大丈夫三十二相。能前往、能顯現其餘佛刹，我令彼等圓滿佛菩提。設若此大地布滿火焰，則使火焰熄滅而出現珍寶，令乞求的眾生均不失望，於無上菩提中不退轉，三萬劫中背離輪迴，祈願他們獲得此等福德。現今持受此佛名號者會獲取這樣的功德。

頂禮、供養、皈依南方世界出有壞應供正等覺妙寶如來

任何步入大乘者受持此如來名號，將能回憶生世，正在住胎時，蒙受諸佛關照，得見諸佛，令生歡喜，彼等佛陀親口說：「善男子，你必定證得無上菩提而不退轉，你正住胎之際，也能使其餘天龍夜叉在無上菩提中得以成熟，將於千劫之中背離輪迴。」持此佛號者將擁有不可估量的福德。

頂禮、供養、皈依西方善分別世界出有壞應供正等覺威力大光明如來

任何步入大乘者，持受此如來名號，將能回憶生世，獲得菩薩的「日殿光明妙吉祥」等持，安住在此等持中，能目睹恆河沙數佛土的一切佛陀。諸如彌勒菩薩一樣的所有菩薩一切一切的功德，他們也將獲取。任何女子持受此佛名號，就是最後的女身，命終之後得成男身。於無數劫中背離輪迴。持此佛號者將獲得無量福德，接近證得無上菩提。

頂禮、供養、皈依北方世界出有壞應供正等覺妙寶如來

任何步入大乘者，持受此如來的名號，將產生大福報。任何步入大乘者，於百千俱胝那由他年中以堆積如須彌山王般的純金數數供養諸佛，遠遠不如持受佛號的功德利益大。

以上所有佛陀現今住世，持受這些佛號者將得到無量功德利益。因此，任何菩薩渴求無邊佛智、希望度化諸多有情脫離三有、希求擁有以腳拇指震動俱胝剎土的威力、想要以無數供品敬獻諸佛，理當持受這些名號並為他眾宣講。恆河沙數剎土遍布金寶，供養一切佛陀，比不上聽到這些佛號功德利益的百分之一。持受此佛名號者，能圓滿得到人身，在人間具足妙音，善得出家身分，善用飲食。

《大乘寶月請問經》中記載：

頂禮、供養、皈依東方無憂世界出有壞應供正等覺吉祥賢如來

如果聽到此如來名號，將於無上菩提中不退轉。

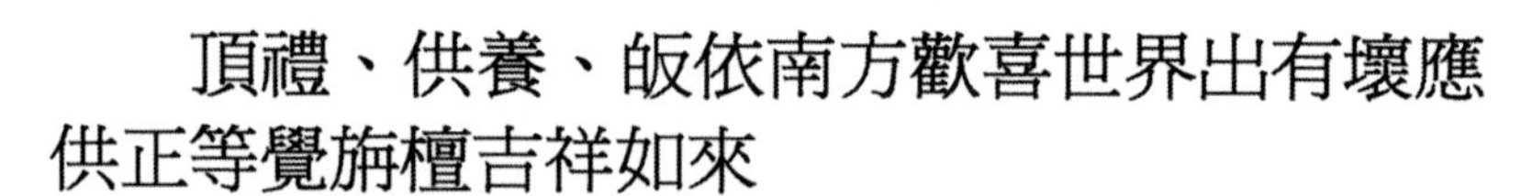

頂禮、供養、皈依南方歡喜世界出有壞應供正等覺旃檀吉祥如來

聽到此如來名號者於無上菩提中不退轉。

頂禮、供養、皈依西方妙賢世界出有壞應供正等覺無邊光如來

聽到此如來名號者，於無上菩提中不退轉，並能領受其光芒。

頂禮、供養、皈依北方不動世界出有壞應供正等覺吉祥花如來

聽到此如來名號者，將於無上菩提中不退轉，成爲天等世間的勝幢。

頂禮、供養、皈依東南方明月世界出有壞應供正等覺無憂吉祥如來

聽到此如來名號者，將於無上菩提中不退轉。

頂禮、供養、皈依西南方具頂世界出有壞應供正等覺寶塔如來

如果聽到此如來名號，將於無上菩提中不退轉，在世間中猶如珍寶般超群絕倫。

頂禮、供養、皈依西北方音聲世界出有壞應供正等覺吉祥花如來

聽到此如來名號者，於無上菩提中不退轉，猶如美花般不沾染一切不善法。

頂禮、供養、皈依東北方安樂世界出有壞應供正等覺上中下神通遊戲如來

如果聽到此如來名號，將於無上菩提中不退轉，並且通達一切菩薩行及法理，也將受持波羅蜜多智慧。

頂禮、供養、皈依下方廣際世界出有壞應供正等覺光明吉祥如來

聽到此如來名號者，將於無上菩提中不退轉，也能滅盡一切近取煩惱。

頂禮、供養、皈依上方月光世界出有壞應供正等覺財吉祥如來

如果聽到此如來的名號，將於無上菩提中不退轉，也獲得無上法寶。

以上智慧、功德不可思議的所有佛陀現今悉皆住世、宣說妙法。在往昔寶源劫中，於出有壞海吉祥佛前，以上這十位佛陀曾經同時產生善根，做無量供養，一起同為圓滿菩提而發心，結果在同一天同一刹那同一頃刻同一須臾獲得無生法忍，他們通過修習菩薩行而圓滿菩提分法，於同一時刻於各自的佛土中成就無上圓滿菩提佛果，隨後轉妙法輪。他們壽量相同，同時趣入涅槃。他們的刹土極其莊嚴，舒心悅意，普皆清淨，一一宣說妙法也能使無量有情得以解脫。那些刹土與此娑婆世界之間尚有無量佛刹。大千世界至有頂之中充滿細沙，每一沙粒放置一個刹土，結果所有細沙已經完結，而位於中間的刹土邊際還沒到盡頭，越過十萬俱胝那由他不可估量、不可計數這樣的佛土而存在。彼等如來成佛已達六億劫。彼等如來慈愍有情長久住世。何者，將此大千世界、十位如來的淨土及十個佛刹都遍滿天界七寶，在無數劫中每天供養諸佛，若有人聽到這所有佛號及其壽量以後如實持受，堅信不移，虔誠信奉，前者福德不及此福德的百千分之一，也無法比喻。持受這所有佛號者，將不退轉而成佛，值得禮敬，不隨魔轉，壽量達無數俱胝劫，不為火、盜匪、毒、刃所害，免遭厲鬼、水災，不捨正法，夢境吉祥，獲得無量功德。為此，傳揚那些佛陀名號，懺悔罪業、頂禮膜拜，隨喜一切如來的善根將迅速圓滿一切波羅蜜多。

頂禮、供養、皈依出有壞應供正等覺釋迦牟尼如來

頂禮、供養、皈依出有壞應供正等覺無量壽如來

頂禮、供養、皈依出有壞應供正等覺金剛摧破如來

頂禮、供養、皈依出有壞應供正等覺光輝美蓮綻放身如來

頂禮、供養、皈依出有壞應供正等覺法幢如來

頂禮、供養、皈依出有壞應供正等覺獅子如來

頂禮、供養、皈依出有壞應供正等覺毗盧遮那如來

頂禮、供養、皈依出有壞應供正等覺法光花開身如來

頂禮、供養、皈依出有壞應供正等覺智光燦爛如來

頂禮、供養、皈依出有壞應供正等覺月慧如來

頂禮、供養、皈依出有壞應供正等覺克勝吉祥賢如來

《聖不可思議王經》中說：「釋迦牟尼佛的這個剎土的一劫相當於無量壽佛極樂世界的一天。極樂世界的一劫相當於金剛摧破如來剎土的一天……逐步向上，前佛剎土的一劫是後佛剎土的一天，直到月慧如來剎土之間依此類推。以這種方式，逐步向上類推的佛土，越過十個佛土大海極微塵數的最後那個剎土的一劫，是圓滿佛陀克勝吉祥賢如來住世的蓮花吉祥世界的一天。這所有佛陀的名號，具足大菩薩普賢行、蒙善知識攝受者才能得以聽聞，而其餘者不能聽到。」

頂禮、供養、皈依出有壞應供正等覺盡淨惡趣威光王如來

《盡淨惡趣威光王品》中記載：此如來名號，具足十善、信受十度、為有情著想、渴求不退轉眾多功德、依靠遍知智慧的一切有情方得耳聞，而普通下劣的眾生不能聽到。聽聞此名號者，不會產生惡趣及橫死等的恐懼。對於他們，甚至一切如來也應禮敬，恆常受到世間神及一切眷屬庇護。其中宣說了諸如此類廣大

功德利益。

《聖七如來殊勝夙願方廣經》中記載：大菩薩文殊白佛言：聽聞何者名號於無上菩提中不退轉，清淨滅盡一切罪惡業障，不被惡魔所害？請佛宣說彼等如來的名號、昔日詳細的宏願，佛剎功德莊嚴。世尊告言內容如下：

頂禮、供養、皈依東方無敵世界出有壞應供正等覺善名稱吉祥王如來

此如來現今住世，宣說妙法。他的剎土普皆清淨，諸位菩薩由七寶蓮花中化生。此佛自從發心起，修菩薩行時，不斷發八大願：

第一大願：我未來成佛時，任何眾生遭受種種疾患、流行性瘟疫、冤家、惡咒、起屍、危難侵擾，憶念我名，念誦七遍，唯願所有病患得以痊癒，直至最終證得無上菩提之間，流行性瘟疫及惡魔的威脅化爲烏有。

第二大願：盲者、聾者、癲瘋者、有癍者、患重症者，持受我名，念誦七遍，直至證得究竟菩提之間，諸根俱全，斷絕一切病苦。

第三大願：爲三毒障蔽者、造五無間罪者、行非事者、捨棄正法者、造種種不善業者、墮入三惡趣尤其是墮地獄轉生大地獄而受苦者，唯願依我威力，意誦我名，清淨、滅盡無間罪等一切障礙，直至證得究竟菩提之間不復墮入地獄惡趣而享受人天安樂。

第四大願：任何貧窮者無衣飲食等，意誦我名，直至證得究竟菩提之間，寶、衣等資具得以增長。

第五大願：受束縛者、被毆打者、入牢獄者、被兵器摧殘身體者，如若持受意誦我名，彼等直至證得究竟菩提之間解脫一切束縛、毆打，斷絕身體的一切折磨。

第六大願：任何眾生身體燃火，步入虎、獅、熊、馬熊、毒蛇之中，危在旦夕，無依無怙，驚慌悲號，彼等持受我名、意誦七遍，直至證得究竟菩提之間，熄滅火災，獅子等猛獸皆懷慈愛，處於無懼寂靜之處。

第七大願：任何眾生，彼此爭鬥，紛亂驚恐，如若意誦我名七遍，直至證得究竟菩提之間爭鬥等止息，彼此仁慈。

第八大願：何者水中上船，行至江河湖泊，無有島嶼，遭受命難，叫苦連天，若意誦我名七遍，彼等直至證得究竟菩提之間脫離水難，順利渡過。

持受此佛名號者，將消除一切疾患、罪障，一切願望得以圓滿，於佛菩提中不退轉。

頂禮、供養、皈依東方妙寶世界出有壞應供正等覺寶月蓮花莊嚴智威光妙音王如來

此如來現今住世，唯宣大乘法語。此佛往昔發八大願：

第一大願：我成佛時，任何眾生喜愛農業、商務，以種種繁雜散亂退失正法及作意菩提心，從輪迴中不得解脫，感受疾病等苦，願依我威力，意念、意誦我名，彼等直至菩提之間，思念當下即得衣食等一切受用，不離善法菩提心，永脫惡趣地獄諸苦。

第二大願：四生所攝任何有情，寒熱飢渴逼身，悲慘可憐，若聽聞念誦我名，願彼等障礙悉淨，彼生成為最後一次，直至無上菩提之間，脫離生苦，享受人天安樂。

第三大願：任何女人，身滿種種煩惱，厭惡女身，感受生產痛苦，彼等如若聽聞、念誦我名，將中斷一切苦楚，成為最後女身，直至證得究竟菩提之間，得成男身。

第四大願：任何眾生為死亡、怨敵、靜處恐怖所害，父母姊妹、親朋好友，彼此之間為苦所惱，憂傷所逼，彼等如若念誦我名，直至證得究竟菩提之間，止息一切死亡、怨敵、靜處恐怖的損害，遠離所有憂傷痛苦。

第五大願：任何眾生夜晚黑暗之中徘徊，造作種種業，為種種惡魔所逼，恐懼悲號，彼等若意誦我名，直至證得究竟菩提之間，黑暗全無，所有惡魔心懷仁慈，精進供養，做種種承侍。

第六大願：任何眾生，信受下劣，智慧淺薄，心念愚昧，由隨念善法、力、菩提支、總持、等持、三寶中退失，彼等持誦我名，直至

證得究竟菩提之間現前等持、總持門等，隨行大智慧。

第七大願：任何眾生喜樂聲緣下乘、背離無上菩提，彼等若持誦我名，直至最終證得無上菩提之間於圓滿菩提中不退失，背離聲聞緣覺地，不離作意菩提心。

第八大願：任何眾生，於大劫滅盡之時，爲贍部洲烈火炎炎所擾心煩意亂，憂傷不已，以往昔不善業所感無依無怙，飽嘗痛苦，彼等持誦我名，即離一切痛苦憂愁，獲得清涼，命終之後也於我佛刹土獅子座中化生。此佛刹土清淨，化生菩薩只要一想，即現一切受用。

頂禮、供養、皈依東方圓滿香積世界出有壞應供正等覺金色寶光妙行成就如來

此如來現今住世，宣說妙法，他的刹土功德莊嚴圓滿。此佛往昔發四大願：

第一大願：任何眾生，由屢造殺業所感短命多病，被水火毒刃所毀，如若持受我名，進行供養，業障得以清淨後長壽無病，不遭橫死。

第二大願：任何眾生，造作種種不善業，奪取他財而轉爲窮困者，一貧如洗，飢渴逼身，感受痛苦，如若受持我名，直至無上菩提之間清淨諸罪，財富豐裕，無所或缺。

第三大願：任何眾生，以害心相互殺生、爭鬥，如若持受我名，直至無上菩提之間彼此慈如父母。

第四大願：任何眾生，因三毒所蔽失壞戒律、造作罪業、違犯學處而趨向地獄等惡趣，若得聞我名，直至無上菩提之間清淨諸障，離諸隨眠煩惱，真持戒律，嚴護身語意，不離菩提心。

蒙此如來垂念，能滿一切心願。

頂禮、供養、皈依東方無憂世界出有壞應供正等覺無憂最勝吉祥如來

此如來現今住世，其剎土與極樂世界相彷。此佛有四大願：

第一大願：任何眾生，憂苦重重、屢屢不悅、心煩意亂，飽嘗種種痛苦，彼等如若聞我名號而作意，止息憂傷等，也免受愛別離苦，得以長壽。

第二大願：任何眾生，造作種種惡業，轉生無間地獄，以佛身光芒觸及，清淨一切罪業，脫離其苦，直至無上菩提之間享受人天安樂。

第三大願：任何眾生，造不善業，奪取他財，轉爲貧者，缺衣少食，寒熱飢渴逼身，色澤晦暗，如若得聞我名念誦者，直至無上菩提之間，享用衣食臥具等，身體以天色莊嚴。

第四大願：任何眾生爲諸夜叉、食肉羅刹、厲鬼所害，奪取光澤，遭受種種病苦，若聞我名，則直至無上菩提之間，夜叉等止息奪取光澤，心懷仁慈，脫離一切病患。

聽到此佛的名號進行供養者，擺脫一切痛苦，直至證得究竟菩提之間不墮惡趣，能回憶生世，往生彼佛剎土，受到諸天庇護。

頂禮、供養、皈依東方法幢世界出有壞應供正等覺法海雷音如來

此如來現今住世，他的剎土普皆清淨。此佛往昔有四大願：

第一大願：任何眾生轉於邪見之家不信三寶，不作意菩提心，彼等若聞我名，盡其業障，直至證得究竟菩提之間具足正見，對三寶獲得不退轉信，永不退失作意菩提心。

第二大願：任何眾生，生於邊地，不聞三寶名，以惡知識爲因，造作惡業，死後墮落三惡趣，失毀一切善法，我名號聲傳入彼等耳中，出現法雲海音，聽到其聲而滅盡宿業，直至證得究竟菩提之間不離作意菩提心。

第三大願：任何眾生，因無衣飾珠串等而苦惱、作惡，彼等依我威力，衣服等一切受用心想當下出現，無所不有，直至證得究竟菩提之間無所不具。

第四大願：任何眾生，由宿業所感相互發起戰爭，爲傷害殺戮，身中兵器、棍棒，何者聽聞我名，心中持受，箭刃棍棒等返回原方，一切仇敵心懷仁慈，誰也不滅命根，直至證得究竟菩提之間以各自物品、受用、財富而知足。

如果持受此佛名號，則清淨一切罪業，具有宿命通，於菩提中不退轉，生生世世值遇佛陀，恆時長壽無病，命終之後往生彼佛剎土，不會墮落，生在何處，心想當下，即具足衣飾等一切受用財富。

頂禮、供養、皈依東方善住寶海世界出有壞應供正等覺法海勝慧遊戲神通王如來

此如來現今住世，宣說妙法，他的剎土與珍寶世界相似。此佛往昔有四大願：

第一大願：任何眾生喜好農業、商務、軍事，造作惡業，凡持受我名，思維當下，一切用品富足，止息害心，恆行善法。

第二大願：任何眾生取十不善業道，趨向地獄，彼等若聞我名，則具足十善業道，皆不趨往地獄。

第三大願：任何眾生隨他所轉，受到懲罰，遭受毆打，鋃鐺入獄，該受死刑，彼等若聞我名，直至菩提之間，以佛光中斷彼等束縛、毆打。

第四大願：任何眾生，造作殺生等種種惡業，命終之時，若聞我名，則轉生善趣，直至證得究竟菩提之間享受人天安樂，清淨一切罪業。

頂禮、供養、皈依東方琉璃光世界出有壞應供正等覺藥師琉璃光王如來

此如來現今住世，他的刹土普皆清淨。關於此佛的大願及刹土功德莊嚴，即便在劫中或超過劫數的時間裡宣說也說之不盡。此佛往昔有十二大願：

第一大願：願我來世得成佛時，自身光芒耀眼，普照無量無數說之不盡的世界，以三十二相八十隨好莊嚴佛身，令一切眾生悉皆如我。

第二大願：願我來世得成佛時，身如琉璃，內外明徹淨無瑕穢，光明廣大功德巍巍，身善安住，以勝過日月的光網莊嚴。任何眾生於他世界及人間，行於漆黑一片昏暗之中，願彼等依我光芒，隨意前赴各方，行諸善業。

第三大願：願我來世得成佛時，以無量智慧方便，令無量眾生界受用無盡，無需忙碌。

第四大願：願我來世得成佛時，若有眾生行於劣道，悉皆安置菩提道中，行聲聞獨覺道者，皆令入於大乘中。

第五大願：願我來世得成佛時，於我法中修行梵行及其餘眾生不可估量，若得聞我名，悉皆具足三戒，無有毀戒，無有破戒往惡道者。

第六大願：願我來世得成佛時，若有眾生，其身下劣，諸根不全，相貌醜陋，具有駝背、癱、聾盲、跛足等肢體缺陷，以及患有癲瘋，身染疾病，彼等若聞我名，諸根齊全、肢體圓

滿。

第七大願：願我來世得成佛時，若有眾生，爲種種病所折磨，貧窮無依，無有資具，痛苦不堪，彼等若聞我名，消除一切病患，乃至證得究竟菩提之間，不生疾病及損害。

第八大願：願我來世得成佛時，任何女人爲婦人過失所惱，欲求脫離女身，彼等若聞我名，不再轉生爲女，乃至證得究竟菩提之間得成大丈夫相。

第九大願：願我來世得成佛時，令一切眾生解脫魔索，將持有種種異見者悉皆安置於正見中，漸次使菩薩行得以穩固。

第十大願：願我來世得成佛時，任何眾生，被王法威逼、受到束縛、毆打，鋃鐺入獄，當處死刑，眾多災難逼迫，極其怯懦，身心受苦，此等眾生以我福力，解脫一切苦惱。

十一大願：願我來世得成佛時，任何眾生，飢渴之火燒身，爲求飲食造諸罪業，我於彼等，先以最妙色香味之美食飽足其身，後以法味使之享受最極安樂。

十二大願：願我來世得成佛時，任何眾生，貧苦無衣，遭遇寒熱蚊虻逼惱，晝夜受苦，我以隨其所欲的種種衣服、珍寶飾品、花鬘、塗香、樂器等滿足一切眾生心願。

持受藥師琉璃光王如來的名號，具有不可思議的功德利益。任何眾生吝嗇等煩惱深重，取不善業道，趨向三惡趣，以往爲人時聽過此佛名號，依靠佛之威力，只是憶念就能脫離彼處，生到人間，獲得正見及無貪等殊勝功德，悟入如來教，直至獲得無上菩提之間。持受此佛名號者，不會遭遇違緣和魔障，擺脫一切痛苦，將現前世間出世間的一切功德，命終之時，八大菩薩以神變降臨指示道路而往生淨土。聽到藥師琉璃光如來名號極爲難得。

五濁末時，假冒正法紛紛出現，眾生被種種憂愁、痛苦、疾病所折磨，異常可憐貧困，此時，這些佛陀以大悲救護。有關諸如此類的功德利益詳細讚歎，當從《藥師經》中得知，並對此懷有最大的恭敬心。

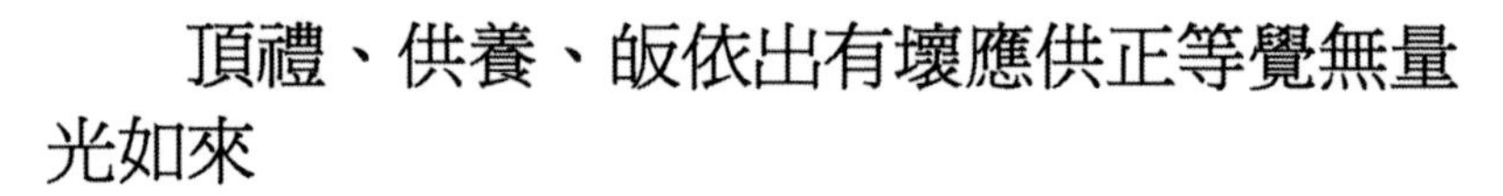

頂禮、供養、皈依出有壞應供正等覺無量光如來

《無量光佛剎土莊嚴經》中記載：在比八萬一千俱胝那由他佛陀的一切剎土莊嚴綜合起來更爲超出、具有不可思議殊勝功德的淨土極樂世界，無量光佛現今住世，其壽量長達無數劫。凡是持受無量光佛名號並信奉者，均不退轉而往生彼剎。如若聽到極樂世界及無量光佛的名號雙手合掌，福德遠遠勝過以等同剎土極微塵數的世界成粉成塵數更多的一切世界遍布珍寶發放布施的福德。聽聞此佛的名號而信奉者，均於無上菩提中不退轉，命終之時現見導師無量光佛而往生極樂世界。凡是聽到名號者

直至證得究竟菩提之間生在貴族中，修習菩薩行，逢遇廣大善根，獲得「隨行一切」等三摩地及諸多總持，諸根齊全，不投生爲女人，梵行清淨，受到天等世間供養。關於諸如此類的詳細內容當參閱此經。

頂禮、供養、皈依出有壞應供正等覺不動如來

《不動佛刹土莊嚴經》中記載：在此世界東方功德超群絕倫的現喜刹土，不動佛現今住世，長久住世，宣說無量法門。凡是往生於彼佛刹土者均具足稀有功德。誰持受不動佛名號，即蒙受彼如來垂念，一切邪魔無機可乘，全無嚴重冰雹、傳染病、災害等危難。任何眾生如若發心往生彼刹，即刻如同不退轉菩薩。其中詳細宣說了諸如此類對如來發心的高度讚歎。

《文殊根本續》中記載：

頂禮、供養、皈依出有壞應供正等覺無量壽智決定根王如來

「何者僅僅憶念此如來，或者持受名號，也能滅盡五無間業。只是聽到名號，眾多有情必將趨向菩提，更何況說成就咒語（即修成此如來心咒）？念誦心咒者首先說『頂禮無量壽智決定根王佛』，再頂禮無量光佛、寶髻佛，隨後頂禮一切佛陀。念誦成就所欲的咒語，將迅速賜予成就。傳揚三位如來的名號並頂禮膜拜，能增上大福德，再頂禮一切如來，必定趨向菩提，圓滿善資糧，入於菩薩行列，此佛的心咒也能快速賜予成就。」

頂禮、供養、皈依出有壞應供正等覺寶王放大光明如來

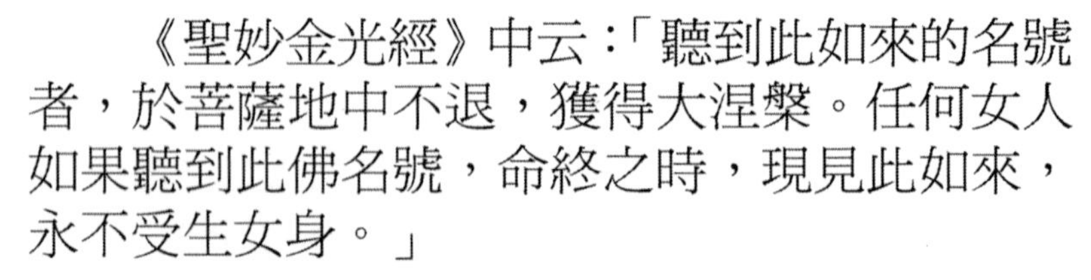

《聖妙金光經》中云：「聽到此如來的名號者，於菩薩地中不退，獲得大涅槃。任何女人如果聽到此佛名號，命終之時，現見此如來，永不受生女身。」

頂禮、供養、皈依出有壞應供正等覺毗盧遮那如來

《華嚴經》中記載：毗盧遮那佛身體一毛孔也顯現天邊無際的浩瀚剎土，而且，剎土莊嚴的一朵花也顯現三世如來及菩薩的如海傳記。想到神變不可思議、功德浩如煙海的情形，應當恭敬念誦此佛名號。

頂禮、供養、皈依出有壞應供正等覺義成如來

《聖寶源經》中記載：義成如來的剎土幅員遼闊，具足極其稀有、不可思議的功德莊嚴。此佛曾經發願：凡是聽聞我名號者，均於無上

菩提中不退轉。其中詳細闡述了諸如此類的讚歎。

此外，頂禮、供養、皈依出有壞應供正等覺燃燈如來等三世一切佛陀

頂禮、供養、皈依不動佛等十方一切出有壞應供正等覺如來

頂禮、供養、皈依釋迦牟尼等賢劫一切出有壞應供正等覺如來

頂禮、供養、皈依安住十方三世之一切佛陀出有壞應供正等覺如來

以上擷集佛經寶典中宣說讚歎功德利益的各種名號而編著。此外，《賢劫千佛名號經》、《五千四百五十三佛號經》、《妙法大解脫經》、《諸佛菩薩名稱經》、《三句經》等及其餘諸大經藏的因緣及論中所說的所有佛號多之又多，當從中了解。只是聽到以上那些佛陀的一個名號，也有無量的功德利益，因此要以最大的恭敬心盡可能持受。《寶積經‧無量門陀羅尼品》中說：「『頂禮一切佛陀』也是一大火炬，必定焚毀一切煩惱。何者聽到一切如來名號，也都成為涅槃的一大因；念誦一切如來名號，也將離開黑暗；聽到一切如來的名號，也將離開黑暗。」

《華嚴經》中云:「奇哉!佛子,當通達,見到、聽到一切如來應供正等覺,將產生與之相伴的善業,菩薩大菩薩無盡修行的智慧具有實義,無有障礙、最終成就,真實不虛,圓滿一切心願,奉行一切有爲的相續無窮無盡,將獲得無爲的智慧,後際無邊究竟,將獲得具足一切自然殊勝之身。奇哉!佛子,譬如有人已食金剛界,縱使攝取微量,然而金剛界無法溶解,它無疑越過一切處而墜向下方。奇哉!佛子,何以故?它是金剛法不相混雜之故。奇哉!佛子,如是緣如來所生之善根,縱然攝取何等微量,也超越行持有爲法的一切處,將證得如來無爲智慧。奇哉!佛子,何以故?因爲緣如來生起的善根不相混雜之故。」另外還以草堆裡落入火星的比喻等來說明這一點。此經中又說:「以一切佛陀的名號也能對一切有情成就如來的事業。」又云:「奇哉!佛子,汝若誠信、通達,有些眾生雖然或見或聞如來,卻因業障重重包圍的緣故,對如來不起信心,然而他們見到(佛陀名號或佛像)的善根,直至涅槃之間具有實義,此乃我說。」又言:「一切佛陀出有壞涅槃以後儘管過了不可言說又不可言說的劫,可是僅僅聽聞名號詞句即與佛住世相同,堪爲一切眾生最清淨的供養處,涅槃之後縱然經過長久時間,但緣佛陀生起的功德不會窮盡。因此,佛陀的殊勝性就是全無罪業、最極清淨。」其中也宣說了佛陀安住在無數方向與

直接安住於此相同。又云：「一切佛陀出有壞，具有前際後際安住於法界中或者與法界平等無窮無盡的福德，因此（持受佛號）擁有無盡的福德，佛陀出有壞的殊勝性就是全無罪業、最極清淨……」

把佛陀執著爲有時間、方向的遠近，這只是自己的分別念執著罷了，事實上，佛陀智慧法身猶如虛空無生無滅，周遍一切，其同類因化身僅僅根據所化眾生而現似有遠有近，有生有滅。爲此，持受佛陀的名號，心裡憶念當下，相當於佛陀已親自住於他的面前，佛陀的加持無有阻礙、毫釐不爽而攝受，對此要堅信不移。

《趨入定不定手印經》中云：「文殊，任何善男子或善女人，做出十方一切世界最極微塵數的食品，將十個三千大千世界最極微塵數的所有獨覺之處所，均由贍部洲的純金製造，以奇珍異寶電燈嚴飾，層層珠寶光明梯階環繞，以寶珠、珍珠、寶束美化，豎立傘、幢、幡，用珠寶王瓔珞覆蓋，懸掛鈴鐺鑾鈴的華蓋，塗敷蛇心旃檀香，鋪散曼達羅花、大曼達羅花、曼則卡嘎花、大曼則卡嘎花、豆蔻花、金色樹花、達尼瓦繞那花、古達繞尼花、勝香花、達尼嘎熱花、天界豆蔻花、青蓮花、蓮花、睡蓮、白蓮所有花朵，將百味神饈、所有天衣獻給那些獨覺，在盡恆河沙數劫中如此供養。另有善男子或善女人，聽到『佛陀』或『遍知』或『世

間怙主』的聲音，或者見到畫像，或者目睹塑像，尚且產生超過前者的無數福德，更何況說十指合掌？此者產生超過前者的無數福德，更何況說供燈或供香或供花？甚至僅僅讚說一句佛的功德，也產生超過前者的眾多福德，能獲取廣大受用，逐漸趨向遍知佛果。文殊，譬如少量水滴匯入大海，直至劫末火沒有出現之前，不會窮盡。文殊，如是緣於如來所生善根何等微薄，然而直至沒獲得遍知智慧火之前無窮無盡，永無止境。文殊，譬如，月輪如何微小，也以高、廣、大而勝過一切群星，燦然而住。文殊，如是緣於如來所生善根何等微薄，也以高、廣、大而勝過一切善根，燦然而住。文殊，如是如來應供正等覺具有不可思議的功德。」

《顯佛力生神變經》中云：「佛塔畫塑像，造供恭敬故，能念佛名號，爲菩提而住，悉皆得解脫。」

《大悲白蓮經》中云：「佛陀不可思，佛法不可思，信奉不可思，異熟不可思。」

《樓層經》中云：「阿難，何者如若一邊合掌說『頂禮如來應供正等覺』一邊頂禮膜拜，我令彼等眾生涅槃。對於那些眾生，我少擔心。何以故？阿難，如是如來法界最極善住，爲善安住而合掌也不虛耗，更何況說作布施等？」又言：「阿難，緣佛法僧所生這三種善根於輪迴中無有窮盡，無有盡頭，將證得無盡涅槃……」

諸經藏中再三予以廣說。比如，經中記載：從前有一個人制止供施，當他臨終時，念了一遍「虔誠頂禮佛陀」，以此善根，在六十劫中轉生到三十三天，八十劫能回憶生世，世世遠離一切憂楚，產生當下便能消除痛苦。往昔，當海中的凶暴鯨魚張開大口威脅時，所有商人只是聽到念誦佛號的聲音，就使魚閉上大嘴而安然死去，轉成法愛羅漢，對佛起信而轉生為珍珠女，以此身分現見真諦。經中講了諸如此類的公案，請從中了知。

頂禮、供養、皈依文殊童子菩薩大菩薩

頂禮、供養、皈依觀世音自在菩薩大菩薩

頂禮、供養、皈依金剛手菩薩大菩薩

頂禮、供養、皈依彌勒菩薩大菩薩

頂禮、供養、皈依虛空藏菩薩大菩薩

頂禮、供養、皈依地藏王菩薩大菩薩

頂禮、供養、皈依除蓋障菩薩大菩薩

頂禮、供養、皈依普賢菩薩大菩薩

頂禮、供養、皈依文殊菩薩等六十位無比菩薩

頂禮、供養、皈依賢護菩薩等十六位大士

頂禮、供養、皈依彌勒菩薩等賢劫一切菩薩

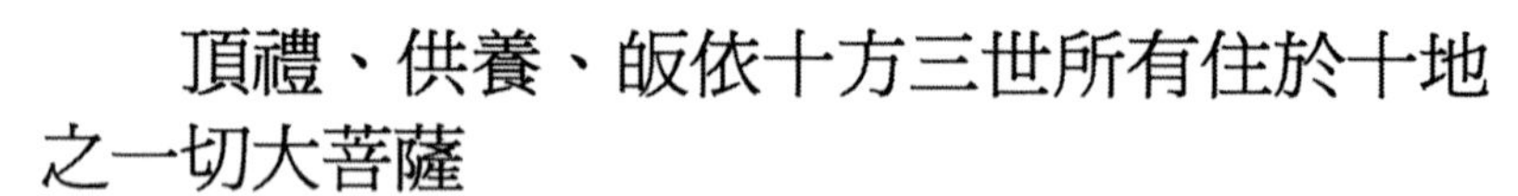

頂禮、供養、皈依十方三世所有住於十地之一切大菩薩

如果聽到這些菩薩的名號，功德無量，誠如《如來藏經》中說：「大菩薩雲集於不同佛土，六十恆河沙數均是最後有者，擁有大神通、力、無畏，承侍過數十萬俱胝那由他佛陀，善轉不退轉法輪。僅僅聽到他們的名號，也使無量無數世界的一切有情均於無上正等菩提中不退轉，菩薩大菩薩法慧、獅子慧、文殊童子……」《聖寶積部・大方廣三戒經》中云：「菩薩摩訶薩八千人俱。普賢菩薩、文殊菩薩等而為上首。無上智菩薩……悉皆具足普賢願行所行無礙。遍諸佛剎現無量身。悉能往至一切佛所。眼界清淨所見無量。悉能現佛一切神通所緣無量。一切如來有成佛處。悉往其所無有疲倦。智光普照一切法海。無量億劫歎德叵盡。樂說清淨量同虛空。智行清淨無所依倚。隨眾所樂而為現形無有障礙。解無眾生無我等界。慧如虛空

如智光網。普照一切所有法界。其心畢竟寂靜無亂。一切耽羅尼智種境界。三昧無畏所往無礙。住於法界百億眼目。行一切法得無所畏觀無量智海禪波羅蜜多到彼岸。得般若波羅蜜神通波羅蜜。過諸世間三昧波羅蜜善得自在。」

《華嚴經》中在講完此處所說的多數菩薩之後說:「一切菩薩悉以普賢行願出生，具有無礙遍行一切佛土的境界，具有加持顯現無量身往一切如來前……」以此爲例，諸經藏中詳細記載了對此等菩薩不可思議的讚歎。經中云:「於寂佛菩薩，心懷恭敬者，能令眾解脫，成爲世怙主。」

《諸佛菩薩名號集》，從諸佛經寶典中擷集，麥彭那嘉以純淨殊勝意樂撰寫。如此持受佛菩薩名號，功德利益頗巨，如今由於佛教珍寶住世，我們才得以聽聞十萬如意寶珠無法相比的這些佛菩薩名號，否則千萬劫也難得難遇，擁有短暫的暇滿人身遇到佛教，委實有義，要將佛陀的事業弘揚於眾生，成辦永久大利，以小苦成辦偉業，對不由自主流浪在輪迴中的眾生兩手空空漂泊在痛苦的黑暗中，尤爲萌生大悲心。佛菩薩的這些名號，自己受持，並令他人受持，盡己所能廣泛傳播、真實稱揚佛菩薩功德等等，也竭力奉勸對自己恩重如山的父母等以及慈愛呵護的親屬等「把這些佛號中自己有信心的一個或兩個或三個等名號記在心裡，平時念誦，觀想佛陀」。當忠心依附自己的有些人詢問「我造了種種罪惡，現在該怎麼辦？」時，對他們也這般教誡。當外出時，爲了辦事成功、平安回歸，要念誦

《除十方暗經》中所說的佛號，爲了使著手的事情順利、吉祥，要念誦《八吉祥經》中所說的諸佛名號，以此爲例，爲了祛除疾病、解除貧困、消除墮罪等以及成辦暫時究竟的利樂，對眾生懷著報恩的心、珍愛的心、饒益的心、希望解救危難——悲憫的心，希望賦予快樂——仁慈的心，爲他們念誦佛菩薩名號並教誨「要生起信心」。即使是福分極淺不會讀誦、非常散亂無法悟入廣大佛法的人也不會做不到這一點，僅僅名號傳入耳中也有著無量功德利益之果，想到此理，凡是明曉自利者，自己奉行，也使他人如此而行，應該盡可能教誡別人說「您要勸勉他人如此而行」。我本人以利益之心，向這個世界的人們誠摯合掌，以高昂的文句勸請，凡見到、聽到此法理者發現其價值，要真實奉行，以最大的誠心鄭重祈禱佛菩薩加持直至究竟後際之間得以廣傳。

以此信心饒益心，誦佛菩薩之名號，
善資迴向父母親，結緣爲主眾有情。
如佛菩薩之發心，事業大願智悲力，
無上智慧及神變，祈願眾生唯成此。

此倡議書，麥彭巴撰著。

善哉！善哉！善哉！

譯於色達喇榮
二〇〇七年月十二月十三日

譯 序

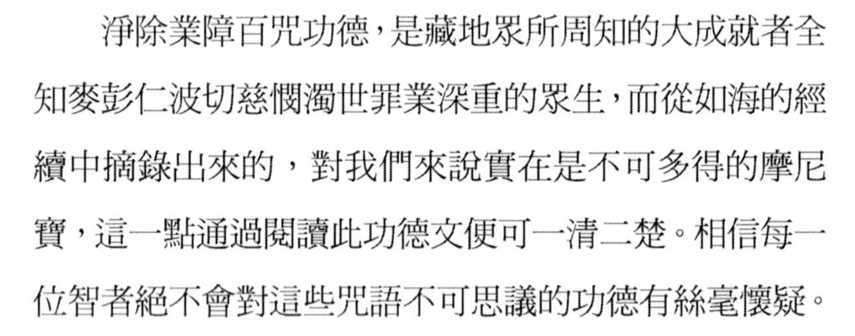

淨除業障百咒功德，是藏地眾所周知的大成就者全知麥彭仁波切慈憫濁世罪業深重的眾生，而從如海的經續中摘錄出來的，對我們來說實在是不可多得的摩尼寶，這一點通過閱讀此功德文便可一清二楚。相信每一位智者絕不會對這些咒語不可思議的功德有絲毫懷疑。

我們應當明白的是，每一咒語均是佛菩薩的真實化現，如《寶積經》中云：「明咒、妙藥、秘方、緣起力不可思議，諸佛菩薩的方便、等持、神變的行境更是不可思議。」

作爲修行人的我們，只有自身的罪障清淨，才能顯現修行的境界，蓮花生大士也親口說過：罪業若得清淨，自然現前證悟。無論是受過別解脫戒、菩薩戒、密乘戒三戒，或只受了一、兩戒的人，有意無意難免會出現違犯佛制罪的現象，即便是未受戒的人，無始以來也積累過多如山王般的自性罪。每一位希求解脫的人對成就的心情都急不可待，但如果罪障未能得以清淨，那麼成就對他來說只能是一種嚮往罷了。

在大慈大悲、救苦救難的觀世音菩薩所化刹土藏地雪域，無論是寺院還是城鄉村落，到處可見將咒語刻在石頭上壘成石堆、印在彩色綢緞上做成經旗幡或者做成轉經輪而成爲人們轉繞對境的現象，並且隨時隨地都能聽到僧俗持誦這些咒語。許多老修行人將百咒作爲每日必不可少的功課，終生持之以恆念誦。而且對亡人念誦百咒迴向，也是從古至今的一種優良傳統。

然而在漢土的情景卻與此大不相同，經常遇到許多佛教徒愁眉苦臉地說「我業障深重、業障深重」，這似乎已成了口頭禪，但真正能誦咒懺悔罪業的人卻屈指可數。爲了利益如今以及後代的有緣信眾，我今將此百咒功德譯成漢文。在翻譯此文的過程中，發現青海出版的藏文本與德格印經院的版本有些出入，想到咒語難以用分別念來揣度，經過再三思量，反覆觀察，最終以德格印經院的藏文版本爲準而譯。

在此有必要說明的一點是：持誦此百咒者，最好是得受過無上密法灌頂的人，因爲這其中的許多密咒都牽涉到無上密法。

還要提醒大家的是：在念誦咒語時，不能有任何懷疑或試探的心態，而要將這些咒語作真佛想，誠心誠意持誦。

對於想要清淨罪業、獲得成就的人來說，誰會不依止這樣千載難逢的如意寶呢？

祈願依此能令無數眾生的彌天大罪得以清淨，獲得暫時與究竟的大樂！

二〇〇三年八月二日（釋尊轉法輪日）
譯於色達喇榮

༄༅། །ལས་སྒྲིབ་རྒྱུན་གཅོད་ཀྱི་སྔགས་བརྒྱ་པ་བཞུགས་སོ། །

淨除業障百咒

全知麥彭仁波切　輯
索達吉堪布　　譯

ཨོཾ་ཨཱཿཧཱུྃ།　ཨོཾ་ ཨཱཿཧཱུྃ་ སྭཱ་ ཧཱ།　ཨོཾ་ཧཱུྃ་ ཏྲཱཾ་ ཧྲཱིཿཨཱཿ　ཝཿཨཿ

嗡啊吽　嗡啊吽索哈　嗡吽張舍啊　瓦阿

ཧཿཤཿསཿམཿ　ཨོཾ་ བཛྲ་ ས་ ཏྭ་ ཧཱུྃ།　ན་ མཿས་ མནྟ་ བུདྡྷ་ ནཱཾ།

哈夏薩瑪　嗡班則薩埵吽　那瑪薩曼達布達囊

ཨཱ་བྷི་ར་ཧཱུྃ་ཁེ།　ཨོཾ་ཨཱ་ཝེ་ར་ཧཱུྃ་ཁེ་ཙ་རཿ　ཛྲུཾ།　སྨུ།

阿波嗝吽康　嗡阿沃嗝吽克匝嗝　哲母　莫

ན་མཿསརྦ་བུདྡྷ་ནཱཾ་ཨཾ་མཾ།　ན་མཿས་མནྟ་བུདྡྷ་ནཱཾ་ཨཾ།

那瑪薩瓦布達囊昂芒　那瑪薩曼達布達囊昂

ཨ།　ཨ་ར་པ་ཙ་ན།　ཨོཾ་ཨ་ར་པ་ཙ་ན་དྷཱིཿ　ཨཱ་རོ་ལིཀ

阿　阿嗝巴匝那　嗡阿嗝巴匝那德　阿若勒

ཧཱུྃ་ བཛྲ་ པིད་ སྭཱ་ ཧཱ།　ཨོཾ་ ཏྲཱུཾ།　ཏཀྐི་ ཧཱུྃ་ ཛཿ　ཏྲཾ་ པཱ་ པཱ་ ཏ་

吽班則布 d 索哈　嗡仲　札哥吽匝　張巴巴札

ཛ་ཧ་ཧ། ཨོཾ་རུ་ཙུ་རུ་ཙུ་ཧཱུྃ་ཕཊ༔ ཨོཾ་བཛྲ་ཙཀྲ་ཧཱུྃ།

札哈哈 嗡熱哲熱哲吽啪達 嗡班則匝札吽

ཨོཾ་ག་ག་ན་སཾ་བྷ་ཝ་བཛྲ་པཱ་ཙ་ཧོ། ཨོཾ་མི་ཏྲི་ཛྙཱ་ཙི་ཏེ་

嗡嘎嘎那桑巴瓦班則巴匝吙 嗡美哲智 d 哈紫德

ཏིཥྛ་ཧོ། ཨོཾ་ཝཱ་ཀྱེ་དཾ་ན་མཿ ཨོཾ་ཨཱ་མུ་ཧཱུྃ་སྭཱ་ཧཱ། ཨོཾ་

地叉吙 嗡瓦傑當那瑪 嗡阿莫吽索哈 嗡

ཨ་མྲི་ཏ་བིནྡུ་ཛྭཱ་ལ་མ་ཧཱ་སུ་ཁ་སྭཱ་ཧཱ། ཨོཾ་བཛྲ་པཱ་ཎི་ཧཱུྃ།

阿莫達奔德匝瓦瑪哈色卡索哈 嗡班則巴訥吽

ཨོཾ་སྭཾ་ཧྲཱིཿཀཱ་ཡ་སྭཱ་ཧཱ། ཨོཾ་བཛྲ་གརྦྷ་ཧཱུྃ། ཨོཾ་སརྦ་

嗡桑舍嘎雅索哈 嗡班則嘎巴吽 嗡薩瓦

བིདྱཱ་སྭཱ་ཧཱ། ཨོཾ་སརྦ་བིད་ཧཱུྃ། ཨོཾ་ཛ་ཛ་ཧཱུྃ།

布得雅索哈 嗡薩瓦布 d 吽 嗡札札吽

ཨོཾ་སརྦ་ནི་ཝ་ར་ཎ་བིཥྐཾ་བྷི་ནི་སྭཱ་ཧཱ། ཨོཾ་ནི་ས་རྡ་ཡ་

嗡薩瓦訥瓦鬲那布江布訥索哈 嗡訥薩鬲雅

སྭཱ་ཧཱ། ཨོཾ་ཨཀྵ་ཧཱུྃ་ཕཊ། ཨོཾ་སརྦ་མཎྜ་ཎི་དྭ་ནཾ་ཀྵེ་

索哈 嗡阿嘉吽啪達 嗡薩瓦曼札訥達囊傑

མཾ་རཾ་ཧཱུྃ་ཀྵཿཧཱ། ཨོཾ་ཨཱ་ཀཱ་ཤ་གརྦྷ་ཡ་སྭཱ་ཧཱ། ཨོཾ་ཀྵི་ཏཿར

芒讓吽嘉哈 嗡阿嘎夏嘎巴雅索哈 嗡傑哈鬲

ཛཱ་སྭཱ་ཧཱ། ཨོཾ་ཨཀྵ་ཡ་མ་ཏི་སྭཱ་ཧཱ། ཨོཾ་ག་ག་ན་གཉྫ

匝索哈 嗡阿嘉雅瑪德索哈 嗡嘎嘎那甘湊

ཀི་སྭཱ་ཧཱ། ཨོཾ་རཏྣ་པྲ་ཏི་ར་སུ་སྭཱ་ཧཱ། ཨོཾ་སྭཱ་ག་ར་མ་ཏི་
剛索哈　嗡日阿那巴訥日阿莫索哈　嗡薩嘎日阿瑪德

ས་ར་སྭཱ་ཧཱ། ཨོཾ་རཏྣ་ཀཱ་རཿཧྲིཿརཏྣ་དད་སྭཱ་ཧཱ། ཨོཾ་ས་
薩日阿索哈　嗡日阿那嘎日阿舍日阿那達 d 索哈　嗡薩

མནྟ་ཛྙ་ཏུ་སཾ་སྭཱ་ཧཱ། ཨོཾ་ཀྲི་ཏི་གརྦྷ་ཀྲིཾ་སྭཱ་ཧཱ། ཨོཾ་མ་ཎི་
曼達巴札桑索哈　嗡傑德嘎巴江索哈　嗡瑪訥

བཛྲ་ཧཱུཾ། ཨོཾ་མ་ཎི་དྷ་རི་ཧཱུཾ་ཕཊ། ན་མ་སྟྲི་ཡ་དྷྭི་ཀཱ་ནཱཾ་
班奏吽　嗡瑪訥達熱吽啪達　那美追雅德嘎囊

ཏ་ཐཱ་ག་ཏཱ་ནཱཾ། ཨོཾ་ཨཥྚ་པ་ར་བྷོ་གེ་སྭཱ་ཧཱ། ཨོཾ་སུ་སྟི་ཀཱ་
達塔嘎達囊　嗡耶達巴日阿波革索哈　嗡索德嘎

མཱ་ལྱཀྲྀ་བི་པུ་ལ་སཾ་བྷ་བ་དྷརྨ་དྷཱ་ཏུ་གོ་ཙ་རེ་སྭཱ་ཧཱ།
瑪拉傑波布拉桑巴瓦達瑪達德果匝熱 e 索哈

ཨོཾ་བཛྲ་ཙཎྜ་སརྦ་དུཥྚཱན་ཏ་ཀ་ཧ་ན་ད་ཧ་པ་ཙ་ཧཱུཾ་ཕཊ།
嗡班則贊札薩瓦地占達嘎哈那達哈巴匝吽啪達

ཨོཾ་སུཾ་བྷ་ནི་སུཾ་བྷ་ཧ་ར་ཙ་ར་མ་ཧཱ་པྲ་ཤ་མ་རུ་ཏ་ཨ་མོ་གྷ་……
嗡松巴囊松巴哈日阿匝日阿瑪哈巴夏瑪熱達阿姆嘎

བཛྲ་ས་ཏྭ་སྭཱ་ཧཱ། ཨོཾ་མུ་ནི་མུ་ནི་སྨ་ར་སྭཱ་ཧཱ། ཨོཾ་ཨ་ཛི་
班則薩埵索哈　嗡莫訥莫訥瑪日阿索哈　嗡阿則

ཏཛཱི་ཡ་སརྦ་ས་ཏྭ་ས་མ་ཡ་མ་ནུ་ག་ཏ་སྭཱ་ཧཱ། ཨོཾ་ཨཱ་ཤྲཱིཿ
單匝雅薩瓦薩埵薩瑪雅瑪訥嘎達索哈　嗡阿舍

སིཾ་ཧ་ནཱ་ད་ཧཱུྃ་ཕཊ། ཨོཾ་པདྨ་དྲྀ་ར་ཏྣ་ཀི་ཧཱུྃ་ཕཊ། ཨོཾ་

桑哈那達吽啪達 嗡班瑪達鬲達革吽啪達 嗡

པདྨ་ནི་ར་ཏེ་ཤུ་ར་ཧྲི་ཧཱུྃ་ཕཊ། ཨོཾ་རཏྣ་ཨ་གྲ་ཨ་པྲ་ཏི་ཧ

班瑪訥鬲得秀鬲舍吽啪達 嗡鬲那阿札阿匝德哈

ཏ་ཧཱུྃ་ཕཊ། ཨོཾ་ཧྲཱིཿཧྲི་ལོ་ཀཱ་བི་ཛ་ཡ་ཨ་མོ་གྷ་པཱ་ཤ་ཨ་པྲ་ཏི་

達吽啪達 嗡舍追洛嘉波匝雅阿姆嘎巴夏阿匝德

ཧ་ཏ་ཧྲཱིཿཧ་ཧཱུྃ་ཕཊ་སྭཱ་ཧཱ། ཨོཾ་ཧ་ལ་ཧ་ལ་ཧྲཱིཿཔདྨ་གརྦ་ཧཱུྃ

哈達舍哈吽啪達索哈 嗡哈拉哈拉舍班瑪嘎爾巴吽

ཕཊ་སྭཱ་ཧཱ། ཨོཾ་པདྨ་ཨ་ལཾ་ཀཱ་ར་ཧཱུྃ་ཕཊ་སྭཱ་ཧཱ། ཨོཾ་བཛྲ་

啪達索哈 嗡班瑪阿朗嘎鬲吽啪達索哈 嗡班則

དྷརྨ་དྷཱ་ཏུ་ཧཱུྃ་སྭཱ་ཧཱ། ཨོཾ་ཛྲཱུྃ་ཧྲཱིཿཧ་ཧཱུྃ་སྭཱ་ཧཱ། ཨོཾ་མ་ཎི་

達爾瑪達德吽索哈 嗡哲母舍哈吽索哈 嗡瑪訥

པདྨེ་ཧཱུྃ། ཨོཾ་པདྨོ་ཥྞཱིཥ་བི་མ་ལེ་ཧཱུྃ་ཕཊ། ཨོཾ་ཨ་མོ་གྷ་

巴美吽 嗡班姆訥卡波瑪累吽啪達 嗡阿姆嘎

ཙིནྟ་མ་ཎི་པ་ར་ད་པདྨེ་ཛྭ་ལ་ཛྭ་ལ་ན་བྷུ་ཛེ་ཧཱུྃ། ཨོཾ་ཨ་མོ་

增達瑪訥巴鬲達班美卓拉卓拉那波賊吽 嗡阿姆

གྷ་བཻ་རོ་ཙ་ན་མ་ཧཱ་མུ་དྲཱ་མ་ཎི་པདྨེ་ཛྭ་ལ་པྲ་བརྟ་ཡ་ཧཱུྃ།

嘎背若匝那瑪哈莫札瑪訥班美卓拉匝巴爾達雅吽

ཨོཾ་ཨ་མོ་གྷ་མཎྜལ་པདྨ་ཨ་བྷི་ཁི་ཀཾ་མ་ཎི་བཛྲེ་སཏྭ་ཏ་ཐཱ·····

嗡阿姆嘎曼札拉班瑪阿波克剛瑪訥班賊薩瓦達塔

ག་ད་ཨ་ཧྲཱི་ཏྲ་ཀ་ཧཱུྃ། ཨོཾ་ཨ་མོ་གྷ་པུ་ཛ་མ་ཎི་པདྨེ་བཛྲེ་

嘎達阿波克給吽　　嗡阿姆嘎波匝瑪訥班美班賊

ད་ཐཱ་ག་ད་བི་ལོ་ཀི་ཏེ་ས་མནྟ་པྲ་ས་ར་ཧཱུྃ། དདྱ་ཐཱ། ཨོཾ་

達塔嘎達波洛各得薩曼達匝薩[口局]吽　　達雅塔　嗡

མུ་ནེ་མུ་ནེ་མ་ཧཱ་མུ་ན་ཡེ་སྭཱ་ཧཱ། ན་མོ་བྷ་ག་ཝ་ཏེ་སརྦ་

牟尼牟尼瑪哈牟尼耶索哈　　那莫巴嘎瓦得薩瓦

དུརྒ་ཏི་པ་རི་ཤོ་དྷ་ནི་རཱ་ཛཱ་ཡ། ད་ཐཱ་ག་ཏཱ་ཡ། ཨརྷ་ཏེ་

德爾嘎德巴熱秀達訥[口局]匝雅　　達塔嘎達雅　阿爾哈得

སམྱག་སཾ་བུདྡྷཱ་ཡ། དདྱ་ཐཱ། ཨོཾ་ཤོ་དྷ་ནེ་ཤོ་དྷ་ནེ།

薩m雅g桑布d達雅　達雅塔　嗡秀達內秀達內

སརྦ་པཱ་པཾ་བི་ཤོ་དྷ་ནེ། ཤུདྡྷེ་བི་ཤུདྡྷེ། སརྦ་ཀརྨ་ཨཱ་

薩瓦巴幫波秀達內　　謝d德波謝d得　薩瓦嘎瑪阿

བ་ར་ཎ་བི་ཤུདྡྷེ་སྭཱ་ཧཱ། ན་མོ་རཏྣ་ཏྲ་ཡཱ་ཡ། ཨོཾ་ཀཾ་ཀ་

巴[口局]那波謝d得索哈　那莫[口局]那札雅雅　嗡剛嘎

ནི་ཀཾ་ཀ་ནི། རོ་ཙ་ནི་རོ་ཙ་ནི། ཏྲོ་ཊ་ནི་ཏྲོ་ཊ་ནི། ཏྲཱ་

訥剛嘎訥　　若匝訥若匝訥　　卓札訥卓札訥　札

ས་ནི་ཏྲཱ་ས་ནི། པྲ་ཏི་ཧ་ན་པྲ་ཏི་ཧ་ན། སརྦ་ཀརྨ་པ་

薩訥札薩訥　　札德哈那札德哈那　　薩瓦嘎瑪巴

རཾ་པ་རཱ་ཎི་མེ་སརྦ་ས་ཏྭ་ནཉྩ་སྭཱ་ཧཱ། ན་མོ་རཏྣ་ཏྲ་ཡཱ་

讓m巴[口局]訥美薩瓦薩埵難匝索哈　那莫[口局]那札雅

ཡ། ན་མོ་བྷ་ག་ཝ་ཏེ། ཨ་མི་ཏ་བྷཱ་ཡ། ཏ་ཐཱ་ག་
雅　那莫巴嘎瓦得　阿莫達巴雅　達塔嘎

ཏཱ་ཡ། ཨརྷ་ཏེ་སམྱཀྶཾ་བུདྡྷཱ་ཡ། ཏདྱ་ཐཱ། ཨོཾ་
達雅　阿爾哈得桑m雅g桑波d達雅　達雅塔　嗡

ཨ་མི་ཏེ། ཨ་མི་ཏཱ། ཨ་མི་ཏོདྦྷ་ཝེ། ཨ་མི་ཏ་སཾ་
阿莫得　阿莫達　阿莫鬥巴喂　俄莫達桑

བྷ་ཝེ། ཨ་མི་ཏ་བི་ཀྲཱནྟེ། ཨ་མི་ཏ་བི་ཀྲཱནྟ་ག་མི་ནེ།
巴喂　阿莫達波占得　阿莫達波占達嘎莫訥

ག་ག་ན་ཀཱིརྟི་ཀ་རེ་སརྦ་ཀརྨ་ཀླེ་ཤ་ཀྵ་ཡཾ་ཀ་རི་སྭཱ་ཧཱ།
嘎嘎那各德嘎熱薩瓦嘎瑪累夏嘉恙嘎熱索哈

ཨོཾ་རཏྣེ་རཏྣེ། མ་ཧཱ་རཏྣེ། རཏྣ་སཾ་བྷ་ཝེ།
嗡鬲達內鬲達內　瑪哈鬲達內　鬲那桑巴喂

རཏྣ་ཀི་རཎེ། རཏྣ་མཱ་ལེ། བི་ཤུདྡྷེ་ཤོ་དྷ་ཡ་སརྦ་
鬲那革鬲達內　鬲那瑪拉　波謝d得秀達雅薩瓦

པཱ་པཾ་ཧཱུཾ་ཕཊ། ཨོཾ་ཨ་མོ་གྷ་ཨ་བྲ་ཏི་ཧ་ཏ། སརྦ་ཨཱ་
巴幫吽匝札　嗡阿莫嘎阿札德哈達　薩瓦阿

བ་ར་ཎ། བི་ཤོ་དྷ་ནི། ཧ་ར་ཧ་ར་ཧཱུཾ་ཕཊ། ཨོཾ་
巴鬲那　波秀達訥　哈鬲哈鬲吽啪達　嗡

བཛྲ་དྷཱ་ཏུ་ཤ་རི་སྭཱ་ཧཱ། ཨོཾ་ལོ་ཙ་ནི་བ་སུ་དེ་སྭཱ་ཧཱ། ཨོཾ་
班則達德秀熱索哈　嗡洛匝訥瓦色得索哈　嗡

淨除業障百咒功德

པྲ་ཙ་ཛ་རི་བྲ་སེ་ནེ་བ་ར་དེ་སྭཱ་ཧཱ། ཨོཾ་མཱ་མ་གཱི་གི་རི་གི་རི་
巴那札熱瓦色訥瓦阿得索哈　　嗡瑪瑪格格熱格熱

སྭཱ་ཧཱ། ཨོཾ་ཏཱ་རེ་ཏུཏྟཱ་རེ་ཏུ་རེ་སྭཱ་ཧཱ། ཏདྱ་ཐཱ། ཨོཾ་
索哈　　嗡達熱e德達熱e德熱e索哈　　達雅塔　　嗡

ཤྲཱིཿཤྲུ་ཏི་སྨྲི་ཏི་བི་ཛ་ཡེ་སྭཱ་ཧཱ། པྲཛྙཱ་པཱ་ར་མི་ཏཱ་ཡེ་སརྦ་
舍謝日德美德波匝耶索哈　　札嘉巴阿莫達耶薩瓦

དྷྲཀ་ཏི་གོ་ཏྲ་ཡ་ཏྲ་ཛ་ཡ་སྭཱ་ཧཱ། ཨོཾ་མ་ཧཱ་བཛྲ་ཧྲི་ད་ཡ་
德爾嘎德秀達雅阿匝雅索哈　　嗡瑪訥班則舍達雅

བཛྲ་མཱ་ར་སཻནྱ་བི་དྲ་པ་ཎ་ཧ་ན་ཧ་ན་བཛྲ་གརྦྷེ། ཏྲཱ་ས་
班則瑪阿淅內波札巴訥哈那哈那班則嘎貝　　札薩

ཡ་ཏྲཱ་ས་ཡ། སརྦ་མཱ་ར་བྷ་ཝ་ན་ནི་ཧཱུཾ་ཧཱུཾ། སཾ་བྷ་ར་སཾ་
雅札薩雅　　薩瓦瑪阿波巴那訥吽吽　　桑達阿桑

བྷ་ར་བུདྡྷ་མཻ་ཏྲི་སརྦ་ཏ་ཐཱ་ག་ཏཱ། བཛྲ་ཀརྨ་ཨ་དྷིཥྛི་
達阿波d達美哲薩瓦達塔嘎達　　班則嘎巴阿地徹

ཏེ་སྭཱ་ཧཱ། ཨོཾ་བི་པུ་ལ་གརྦྷེ། མ་ཎི་པྲ་བྷེ། ཏ་ཐཱ་ག་ཏ་
得索哈　嗡波波拉嘎貝　　瑪訥札貝　　達塔嘎達

ནིརྡེ་ཤ་ནི། མ་ཎི་མ་ཎི་སུ་པྲ་བྷེ། བི་མ་ལེ། སཱ་ག་
訥得夏訥　　瑪訥瑪訥色札貝　　波瑪累　　薩嘎

ར་གམྦྷི་རེ་ཧཱུཾ་ཧཱུཾ། ཛྭ་ལ་ཛྭ་ལ། བུདྡྷ་བི་ལོ་ཀི་ཏེ།
阿嘎m波熱吽吽　　卓拉卓拉　　波d達波洛革得

གུ་ཧྱ་ཨ་དྷི་ཥྛི་ཏེ་གརྦྷེ་སྭཱ་ཧཱ། ཨོཾ་པདྨོ་དྷ་ར་ཨ་མོ་གྷ་ཛ་ཡ་

革嘿阿地徹得嘎貝索哈　　　嗡班莫達𠯇阿莫嘎匝雅

ཏེ་ཙུ་རུ་ཙུ་རུ་སྭཱ་ཧཱ། ཨོཾ་ཛྲཱུཾ་སྭཱ་ཧཱ། ཨོཾ་ཨ་མྲི་ཏ་ཨཱ་ཡུར་

得則熱則熱索哈　　嗡哲 m 索哈　　嗡阿莫□達阿葉□達

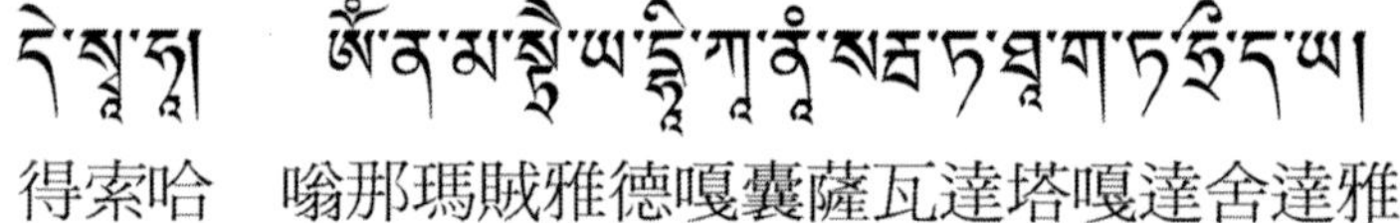

དེ་སྭཱ་ཧཱ། ཨོཾ་ན་མ་སྟྲཻ་ཡ་དྷྭི་ཀཱ་ནཱཾ་སརྦ་ཏ་ཐཱ་ག་ཏ་ཧྲི་ད་ཡ།

得索哈　嗡那瑪賊雅德嘎囊薩瓦達塔嘎達舍達雅

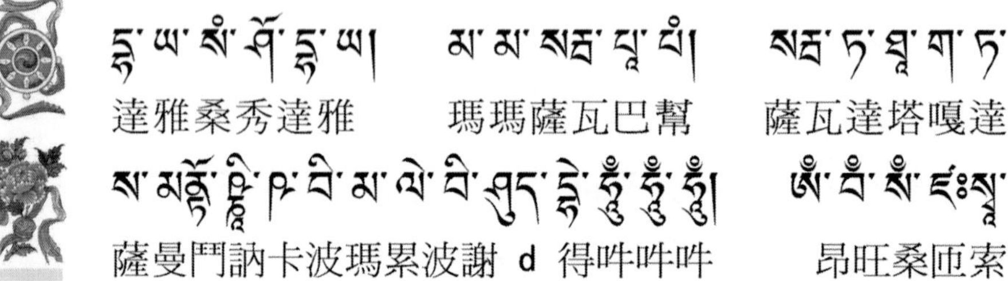

གརྦྷེ་ཛྭ་ལ་ཛྭ་ལ་དྷརྨ་དྷཱ་ཏུ་གརྦྷེ་སཾ་བྷ་ར་མ་མ་ཨཱ་ཡུཿསཾ་ཤོ་

嘎貝卓拉卓拉達瑪達德嘎貝桑巴𠯇瑪瑪阿葉桑秀

དྷ་ཡ་སཾ་ཤོ་དྷ་ཡ། མ་མ་སརྦ་པཱ་པཾ། སརྦ་ཏ་ཐཱ་ག་ཏ་

達雅桑秀達雅　　　瑪瑪薩瓦巴幫　　　薩瓦達塔嘎達

ས་མནྟོ་ཥྞཱི་ཥ་བི་མ་ལེ་བི་ཤུད་དྷེ་ཧཱུྃ་ཧཱུྃ་ཧཱུྃ། ཨོཾ་བཾ་སཾ་ཛཿསྭཱ་

薩曼門訥卡波瑪累波謝 d 得吽吽吽　　　昂旺桑匝索

ཧཱ། ཨོཾ་སརྦ་ཏ་ཐཱ་ག་ཏོ་ཥྞཱི་ཥ་དྷཱ་ཏུ་མུ་དྲ་ཎི་སརྦ་ཏ་ཐཱ་ག

哈　　嗡薩瓦達塔嘎多訥卡達德莫札訥薩瓦達塔嘎

ཏ་དྷརྨ་དྷཱ་ཏུ་བི་བྷཱུ་ཥི་ཏ་ཨ་དྷི་ཥྛི་ཏེ་ཧུ་རུ་ཧུ་རུ་ཧཱུྃ་ཧཱུྃ་སྭཱ་ཧཱ།

達達瑪達德波波克達阿地徹得呵熱呵熱吽吽索哈

ཨོཾ་སརྦ་ཏ་ཐཱ་ག་ཏ་བྷུ་བ་ལོ་ཀི་ཏེ་ཛ་ཡ་ཛ་ཡ་སྭཱ་ཧཱ། ཨོཾ་ཧུ་

嗡薩瓦達塔嘎達貝巴洛各得匝雅匝雅索哈　嗡呵

རུ་ཧུ་རུ་ཛ་ཡ་མུ་ཁེ་སྭཱ་ཧཱ། ཨོཾ་བཛྲ་ཨཱ་ཡུ་ཥེ་སྭཱ་ཧཱ།

熱呵熱匝雅匝雅莫克索哈　　嗡班則阿葉克索哈

ཨོཾ་ན་མཿ ས་མནྟ་བུདྡྷཱ་ནཱཾ་སརྦ་བུདྡྷ་བོ་དྷི་ས་ཏྭ་ཧྲི་ད..........

嗡那瑪薩曼達波 d 達囊薩瓦波 d 達布德薩埵舍達

ཡཾ་ནི་བེ་ཤ་ནི་ན་མཿསརྦ་བིདྱ་སྭཱ་ཧཱ། ན་མཿསརྦ་ཏ་ཐཱ་

恙訥貝夏訥那瑪薩瓦布 d 雅索哈　　那瑪薩瓦達塔

ག་ཏ་ཧྲི་ད་ཡ་ཨ་ནུ་ག་ཏེ། ཨོཾ་ཀུ་རུཾ་གི་ནི་སྭཱ་ཧཱ། ཨོཾ་ཨཱ་

嘎達舍達雅阿訥嘎得　　嗡革讓革訥索哈　　嗡阿

ལི་ཀཱ་ལི་ཛྙཱ་ན་པཉྩ་ས་ཏྲོ་ཏ་མུ་ན་ཡེ་སྭཱ་ཧཱ། ཨོཾ་ཨཱཿཧཱུཾ་

樂嘎樂嘉那班匝薩埵卓達莫那耶索哈　　嗡阿吽

བཛྲ་མ་ཧཱ་གུ་རུ་སརྦ་སིདྡྷི་ཧཱུཾ། ཨོཾ་བོ་དྷི་ཙིཏྟ་མ་ཧཱ་ས་ཁ་

班則瑪哈革熱薩瓦色德吽　　嗡布德則達瑪哈色啅

ཛྙཱ་ན་དྷཱ་ཏུ་ཨཱཿ ཨོཾ་རུ་ལུ་རུ་ལུ་ཧཱུཾ་ཇོ་ཧཱུཾ། ཨ་ཧ་རི་ནི་

嘉那達德阿　　嗡熱樂熱樂吽玖吽　　阿哈熱訥

ས་ཧཱུཾ། ཨོཾ་ཨཱཿཔྲཛྙཱ་དྷྲིཀ་ཧཱ་ཧཱུཾ། ཨོཾ་ཨཱཿཧཱུཾ་ཧྲཱིཿ ཨོཾ་མ་

薩吽　　嗡阿札嘉哲 g 哈吽　　嗡阿吽舍　　嗡瑪

ཎི་པདྨེ་ཧཱུཾ། ཨོཾ་བཻ་རོ་ཙ་ན་ཧཱུཾ་ཨ་ཀྵོ་བྷྱ། རཏྣ་སམྦྷ་ཝཿ

訥巴美吽　　嗡貝若匝那吽阿覺貝　　喎那桑巴瓦

ཨ་མི་ཏཱ་བྷཿ ཨ་མོ་གྷ་སིདྡྷི་ཧཱུཾ། ཨོཾ་པདྨ་ཏཱཾ་མ་ཧཱ་ཨ་མོ་

阿莫得瓦 阿莫嘎斯德吽　　嗡班瑪嘿達瑪哈阿莫

གྷ་པཱ་ཤ་སྟ་ཏ་ཡ་ས་མ་ཡ་ཧྲི་ད་ཡཾ་ཙ་ར་ཙ་ར་ཧཱུཾ། ན་མོ་

嘎巴夏薩達雅薩瑪雅舍達恙匝喎匝喎吽　　那莫

བྷ་ག་ཝ་ཏེ་ཨཱརྱ་ཨ་བ་ལོ་ཀི་ཏེ་ཤྭ་རཱ་ཡཿ　བོ་དྷི་ས་ཏྭཱ་ཡ་

巴嘎瓦得阿雅阿瓦洛革得秀鬲雅　　布德薩埵雅

མ་ཧཱ་ས་ཏྭཱ་ཡ་མ་ཧཱ་ཀཱ་རུ་ཎི་ཀཱ་ཡཿ　སིདྡྷི་མནྟྲ་ཡ་ཡ་ནེ་སྭཱ་

瑪哈薩埵雅瑪哈嘎熱訥嘎雅　　斯德曼札雅雅訥索

ཧཱ།　ན་མ་སྟྲཻ་ཡ་དྷྭི་ཀཱ་ནཱཾ་སརྦ་ཏ་ཐཱ་ག་ཏེ་བྷྱཿ　ཨརྷ་ཏེ་བྷྱཿ

哈　那瑪賊雅德嘎囊薩瓦達塔嘎得貝　　阿爾哈得貝

སམྱཀྶཾ་བུད་དྷེ་བྷྱཿ　ཏདྱ་ཐཱ།　ཨོཾ་ཀུ་མཱ་ར་རཱུ་པི་ཎཱ

桑m雅g桑波d得貝　　達雅塔　　嗡革瑪鬲熱波達

ར་ཎི།　བི་ཤྭ་སཾ་བྷ་ཝ།　ཨཱ་གཙྪ་ཨ་གཙྪ།　ལ་ཧུ་ལ་

鬲訥　布秀桑巴瓦　　阿嘎匝阿嘎匝　　拉呵拉

ཧུ།　བྷྲཱུཾ་བྷྲཱུཾ།　ཧཱུྃ་ཧཱུྃ།　ཛི་ན་ཛི་ཀ།　མཉྫུ་ཤྲཱི་ཡེ།

呵　哲m哲m　　吽吽　　則那則g　　曼則西日耶

སུ་ཤྲཱི་ཡེ།　ཏཱ་ར་ཡ་མཱཾ།　སརྦ་དུཿཁེ་བྷྱཿཕཊ་ཕཊ།

色西日耶　　達鬲雅瑪m　　薩瓦德克貝啪達啪達

ཤ་མ་ཡ་ཤ་མ་ཡ།　ཨ་མྲྀ་ཏོདྦྷ་ཝ།　ཨུད་བྷ་ཝེ།

夏瑪雅夏瑪雅　　阿莫爾多d巴瓦　　俄達巴喂

སརྦ་པཱ་པཾ་མེ་ནཱ་ཤ་ཡ་སྭཱ་ཧཱ།　ན་མ་སྟྲཻ་ཡ་དྷྭི་ཀཱ་ནཾ་ཏ་ཐཱ་ག

薩瓦巴幫美那夏雅索哈　那瑪賊雅德嘎囊達塔嘎

ཏཱ་ནཱཾ་སརྦ་ཛྙཱ་ཏི་ཧ་ཏཱ་པཱ་ཏེ།　དྷརྨ་ཏཱ་པཱ་ལི་ནཱཾ།　ཨོཾ་ཨ།

達囊薩瓦札匝德哈達巴德　　達瑪達瓦樂囊　　昂阿

ས་མ་ས་མ་ས་མནྟ་ཏོ། ཨ་ནནྟ་པཱ་ཊྲེ་ཤཱ་ས་ནེ་ཧ་ར

薩瑪薩瑪薩瑪曼達多　　阿南達巴德夏薩訥哈[日阿]

ཧ་ར་སྨ་ར་སྨ་ར་ཎེ་ཝེ་ག་ཏ་རཱ་ག་བུད་དྷ་དྷརྨ་ཏེ། ས་ར

哈[日阿]瑪[日阿]瑪[日阿]訥波嘎達[日阿]嘎波 d 達達瑪得　　薩[日阿]

ས་ར་ས་མ་བ་ལ་ཧ་ས་ཧ་ས། ཛ་ཡ་ཛ་ཡ། ག་ག་ན་མ

薩[日阿]薩瑪巴拉哈薩哈薩　札雅札雅　嘎嘎那瑪

ཧཱ་བ་ར་ཎ་ལཀྵ་ཎེ་ཛྭ་ལ་ཛྭ་ལ་ན་སཱ་ག་རེ་སྭཱ་ཧཱ། ན་མཿ

哈瓦[日阿]那拉 g 夏訥卓拉卓拉那薩嘎[日阿]索哈　　那瑪

སརྦ་བུདྡྷ་བོ་དྷི་ས་ཏྭ་ནཱཾ་བ་ར་བ་ར། སརྦཾ་སརྦཾ། ས

薩瓦波 d 達波德薩埵囊巴[日阿]巴[日阿]　　薩旺薩旺　薩

མ་ས་མ། ཀཱ་རུ་ཎྱཾ་ཀཱ་རུ་ཎྱཾ། དཱ་རཱ་དཱ་རཱ། སཱ་རཱ་སཱ

瑪薩瑪　　嘎熱囊嘎熱囊　　達[日阿]達[日阿]　　薩[日阿]薩

རཱ། ཨ་ཏཱི་ཨ་ཏཱི། ཨ་མྲི་ཏཱཾ་ཨ་མྲི་ཏཱཾ། ཨ་ཏཱི་ཨ་ཏཱི།

[日阿]　阿德阿德　阿莫當阿莫當　阿德阿德

པཱི་རཱཾ་པཱི་རཱཾ། ཨཱ་ཏཱི་ཨཱ་ཏཱི། ཤུ་རཾ་ཤུ་རཾ། ཧ་ཧ་ཧ་ཧ།

波讓波讓　阿德阿德　謝讓謝讓　哈哈哈哈

མ་ཧཱ་ས་མཱ་ཡ། ན་མཿཙཱ། ཨ་མ་ལ་སིདྡྷི་དཱ་ཡ་ཀེ་བྷྱཿ

瑪哈薩瑪雅　那瑪札　阿瑪拉斯德達雅給貝

སརྦ་བུདྡྷ་བོ་དྷི་ས་ཏྭ་བྷྱཿ སརྦ་ཨ་ནནྟ་མ། ཏེ་བྷྱཿ

薩瓦波 d 達布德薩埵貝　　薩瓦阿南達瑪　達也貝

མཧཱ་ཀཱ་རུ་ཎི།　མཱ་ལི་ནི།　ཏྲི་ས་མ་ཡེ་ཛྭ་ལ་སྭཱ་ཧཱ།　ཨོཾ་

瑪哈嘎熱訥　瑪樂訥　哲薩瑪耶卓拉索哈　嗡

བཛྲ་ས་ཏྭ་ས་མ་ཡ་མ་ནུ་པཱ་ལ་ཡ།　བཛྲ་ས་ཏྭ་ཏེ་ནོ་པ།

班則薩埵薩瑪雅 瑪訥巴拉雅　班則薩埵底耨巴

ཏིཥྛ་དྲི་ཌྷོ་མེ་བྷ་ཝ།　སུ་ཏོ་ཥྱོ་མེ་བྷ་ཝ།　ཨ་ནུ་ར་ཀྟོ་

德叉哲晝美巴瓦　色多卡約美巴瓦　阿訥啰多

མེ་བྷ་ཝ།　སུ་པོ་ཥྱོ་མེ་བྷ་ཝ།　སརྦ་སིདྡྷིམྨེ་པྲ་ཡ་ཙྪ།

美巴瓦　色波卡約美巴瓦　薩瓦斯德瑪美匝雅札

སརྦ་ཀརྨ་སུ་ཙ་མེ།　ཙིཏྟཾ་ཤྲི་ཡཿཀུ་རུ་ཧཱུྃ།　ཧ་ཧ་ཧ་ཧ་

薩瓦嘎瑪色匝美　則當西日雅革熱吽　哈哈哈哈

ཧོ།　བྷ་ག་ཝན།　སརྦ་ཏ་ཐཱ་ག་ཏ།　བཛྲ་མ་མེ་མུ་

火　巴嘎萬　薩瓦達塔嘎達　班則瑪美莫

ཉྩ　བཛྲཱི་བྷ་ཝ་མ་ཧཱ་ས་མ་ཡ་ས་ཏྭ་ཨཱ།　ཨོཾ་ཨ་ཨཱ་ཨི་

札　班則巴瓦瑪哈薩瑪雅薩埵阿　嗡阿阿俄

ཨཱི་ཨུ་ཨཱུ་རི་རཱི་ལི་ལཱི་ཨེ་ཨཻ་ཨོ་ཨཽ་ཨཾ་ཨཿསྭཱ་ཧཱ།　ཨོཾ་ཀ་ཁ་

俄嗚嗚熱熱樂樂誒誒沃沃昂阿索哈　嗡嘎嗐

ག་གྷ་ང་།　ཙ་ཚ་ཛ་ཛྷ་ཉ།　ཊ་ཋ་ཌ་ཌྷ་ཎ།　ཏ་ཐ་ད་

噶噶昂　匝擦匝匝釀　札叉札札那　達塔達

དྷ་ན།　པ་ཕ་བ་བྷ་མ།　ཡ་ར་ལ་ཝ།　ཤ་ཥ་ས་ཧ་ཀྵ

達那　巴帕瓦巴瑪　雅啰拉瓦　夏卡薩哈嘉

སྭཱ་ཧཱ། ཨོཾ་ཡེ་དྷརྨཱ་ཧེ་ཏུ་པྲ་བྷ་ཝཱ། ཧེ་ཏུནྟེ་ཥཱན྄ཏ་ཐཱ་ག་

索哈　嗡耶達瑪黑德札巴瓦　黑敦得堪達塔嘎

ཏོ་ཧྱ་ཝ་དཏ྄། ཏེ་ཥཱཉྩ་ཡོ་ནི་རོ་དྷ་ཨེ་ཝཾ་བཱ་དཱི་མ་ཧཱ་

多哈雅瓦達 d　得堪匝友訥若達誒旺巴德瑪哈

ཤྲ་མ་ཎཿཡེ་སྭཱ་ཧཱ།། ||

夏日瑪那耶索哈

淨除業障百咒功德

全知麥彭仁波切　著

索達吉堪布　　譯

那莫革熱瑪則西日嘉那薩埵雅！

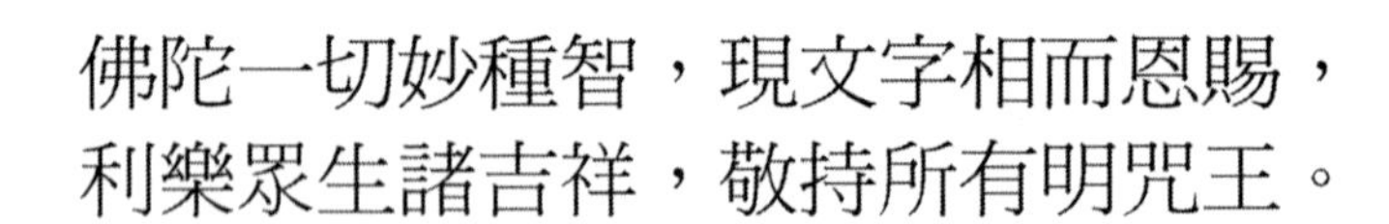

佛陀一切妙種智，現文字相而恩賜，

利樂眾生諸吉祥，敬持所有明咒王。

一

ཨོཾ་ཨཱཿཧཱུྃ།

嗡啊吽

這是三時一切如來的真實身語意，堪爲三世佛陀所說的一切咒語之王、一切咒語之本，念誦此咒能成就所有咒語，無論是什麼咒語，開頭加上「嗡啊吽」，都會變成智慧咒，使一切未成辦之事得以成辦，一切不吉祥變爲吉祥，一切罪業蕩然無存。《密集續》與《八大法行續》等續部中唯一讚揚這一咒語。大圓滿續等之中說「嗡啊吽」咒能焚淨六道的種子。僅僅念誦也能消盡輪迴的障礙，相當於持誦浩瀚無邊三世寂猛如來的咒語。諸如此類，功德無量，這

是諸續部中再三宣說的。如《密集續》中云：「此咒三世佛，身語意歡喜，嗡字佛身勝，啊字佛語道，吽字明智意，此爲勝菩提，此僅一切佛，盡成正等覺，智金剛幻化，現佛因與果，此等佛士夫，讚謂密明咒，生次等誓言，修三堅金剛。」又云：「嗡字智慧咒，能獲金剛身，啊菩提幻主，能得金剛語，吽字身語意，得堅三金剛。」《八大法行集善逝續》中云：「十方正覺如來尊，所有百部五部眾，集於大密此一部，依此三字之心咒，獲身語意之悉地。」「三世現善逝，無餘身語意，所攝此密咒，稱爲嗡啊吽。誦時金剛誦，盡所如所一切法，無餘攝於三字中，抉擇身語意攝要。上中下根者之法，集此深廣要訣中。三界眾生三處所，所見所修三清淨，歷經宏願智慧地，行於三處之果位，所護所遮三壇城，三摩地部及一切，身語意之三究竟，顯現大樂與覺性，無二無別之明空，方便智慧法界智，勝義世俗無改造，無二光明自本性，身住脈及依於彼，無實運行圓形物，功德事業令歡喜，圓滿福德供施中，成就悉地咒手印，具有依修與加持，威力誓言與儀軌，能護境及殊勝心，受持永變覺性地，三敵四魔諸暖相，堪爲嚮導之要訣，一切三文字運行，金剛薩埵身語意，自性之中本安住，一切輪涅之命根，唯一安住於一處。何者三門住於此，極爲嚴重之罪業，所積惑因皆清淨。七種別解脫戒律，二十願行之學處，普賢眾地續所說，內外

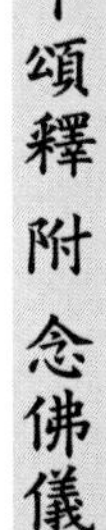

密之特殊戒，根本支分學處中，無論違何均恢復。盡除一切惡趣處，救脫惡性非時中，死亡以及八怖畏。成就圓滿之福德，迅速安住究竟地。繕寫繫帶見持誦，彼之功德不可量。眾生滿足聖尊喜，獲得受用依此成，世間以及出世間，尊眾歡喜護遣障，現在以及未來時，不幸痛苦均遠離，樂欲解脫均成就。」

二

ཨོཾ་ཨཱཿཧཱུྃ་སྭཱ་ཧཱ།

嗡啊吽索哈

這是五勇士咒，也就是五部佛心咒。依靠它能盡除五趣，獲得身語意功德事業的成就，功德無量。

三

ཨོཾ་ཧཱུྃ་ཏྲཱྃ་ཧྲཱིཿཨཱཿ

嗡吽張舍啊

這一咒語與前相同，是寂猛五佛的心咒，依靠此咒的每一個字也能成就共同、殊勝悉地，關於這一道理，應當從《吉祥勝續》等中了知。

四

འཿཨཿཧཿཤཿསཿམཿ

瓦阿哈夏薩瑪

這是大圓滿六百四十萬續部的根本咒，只是持誦也能於報身中得解脫，命終時出現舍利與金剛舍利。對於其中的一個阿字，其他經續中也稱它是智能波羅蜜多的唯一文字。如《金剛薩埵意鏡續》中云：「詮釋法性無生文字阿，無滅義中不住文字瓦，無生之中現相文字哈，解脫清淨刹中文字夏，安住不變之地文字薩，覺性無改文字瑪本性，通達六字義解大密續。安住六字義士得涅槃。一切密咒圓滿六字中。」

五

ཨོཾ་བཛྲ་ས་ཏྭ་ཧཱུྃ།

嗡班則薩埵吽

這是金剛薩埵的六字真言，如果持誦十萬遍，那麼失毀根本誓言的罪業也能滅盡，這是《金剛薩埵猛尊三調伏續》中所說的。密咒百字明實際上也可以包括在此金剛薩埵心咒中，因此是淨除一切罪業的咒王，因爲往昔金剛薩埵曾發下這樣的宏願親口承諾說：願我住於具有業障者面前從而淨除他們的一切罪障。密主（金剛手）在《集密意續》中親言：「如今像在此娑婆世界中的釋迦佛一樣，在三十六個世間界的刹土中每一大能仁均於六道中分別傳播各自的名號，也就是說，在三世十方等同虛空界的世間界中現世的點亮世間明燈的不同佛陀、名號與身相其實都是相應一切有情的根基而顯現的，所有這一切均是唯一金剛薩埵的遊舞。他的名號說之不盡，任何有情耳聞金剛薩埵佛的名號，也相當於曾經承事眾多如來，必定能往生金剛薩埵佛刹，蒙受一切如來加持，於大乘教法中出離輪迴，具足神通，擁有勝觀慧眼，必然堪爲佛子。」法性菩提心自性光明如虛空般無有遷變金剛，是三時一切佛陀的精華，被譽爲金剛薩埵，持誦他的名號就等於持誦所有如來的名號。

六

ན་མཿས་མནྟ་བུདྡྷ་ནཱཾ། ཨ་བྲིར་ཧཱུྃ་ཁཾ།

那瑪薩曼達布達囊 阿波咼吽康

《普明現前菩提續》中的金剛句是這樣說的：此咒語能勝伏四魔、解脫六趣，圓滿一切種智。這一咒語開頭的「那瑪薩曼達布達囊」

是咒語之怙主，真正的咒語是五勇士咒，被稱爲三世諸佛菩薩的三世等性咒，功德無量，並且各文字也有不同的作用，如果誦一百遍阿字加持藥物，則以前的業力病也能得以康復，若觀修文字（所觀修的文字藏文原義不明顯，請觀察）而誦十萬，那麼五無間罪的業障也能立即滅盡。以此爲例。對每一個文字的作用也有說明。《三誓言莊嚴續》中也說：此五字密咒，於靜處雖無畫像，然若爲清淨眾生之界緣成就而誦三十萬遍，則如來降臨摸頂，獲得神通、總持，誦十萬遍者隨心所欲成就聖物，成爲持明王。面見彌勒、金剛手、普賢等尊顏，持誦十萬遍也會相應見到彼等聖尊，賜予悉地。依靠此咒自然成就，無有貪執，具有實義，迅速成就，無有障礙而成就，無論是了悟如來行境的任何儀軌，也依賴於此心咒（原義不明）。總而言之，能成辦一切所欲、被稱爲三世等性誓言的就是此五字心咒。

七

ཨོཾ་ཨཱ་ཝཱི་ར་ཧཱུཾ་ཁ་ཙ་རཿ

嗡阿沃咼吽克匝咼

《文殊根本續》中云：「嗡阿沃咼吽克匝咼，此乃一切手印的八字大勇士心咒。密咒之主，如佛陀般安住，依此能賜殊勝吉祥，能清淨一切罪障，能斷絕三有之法，能阻斷一切惡趣，能息滅一切違緣，能成辦一切事業，能獲得涅槃安樂，能令現見佛陀而安住，如文殊童子般安住，爲利一切有情以殊勝密咒本體安住，能滿足一切願望。如果僅僅憶念也能使無間罪完全得以清淨，那持誦此咒就更不必說了。總之，它的廣大功德即使在百千萬劫中言說，也無法說盡。」

八

བྷྲཱུཾ།
哲母

《文殊根本續》又說：此外，一切中最爲殊勝者即佛陀出有壞，同樣，世間與出世間的諸咒之王，在末法諍時，頂髻轉輪佛變成唯一守護文字，一切時分可得成就，是佛陀出有壞真實現前，攝集如來法藏，盡除一切業障，持誦一遍也能滅盡所有罪業，能如意滿願，此續中宣說了哲母咒諸如此類的功德以及依靠它的許多事業。關於此咒，《金剛藏莊嚴續》中稱謂一切善逝智慧大轉輪。《密集續》中稱之爲智慧金剛藏。一次持誦這一咒語保護自己，念誦兩遍護佑他眾，三遍持誦守護財產，念誦四遍能如願保衛領土等。在五由旬之內欲天以外的其

他天眾也不能存在，更何況說其他魔障了。

九

མུ།

莫

彼續中云：堪稱爲一切善逝之密咒、一切續部之精華，於此教法中成爲一切如來之寶珠、法藏，宛若一切世間中能滿足心願的如意寶一般，在未來諍時能護持佛教的唯一文字即是文殊菩薩的心咒「莫」，此咒如同頂髻如來一般，即便沒有修持，僅是念誦也能起到作用，獲得所求之果，並令勤修菩提。縱然是享用酒肉、行邪淫的在家俗人依此也能成就。一次持誦保護自己，兩次持誦護持他眾，三次持誦變成正士，有此咒語作爲守衛，甚至以十地菩薩的威德力也無法動搖，那其他的眾生就更不言而喻了。其中宣說此咒具有此等諸多作用。

十

ན་མཿསརྦ་བུདྡྷཱ་ནཱཾ་ཨཾ་མཾ།

那瑪薩瓦布達囊昂芒

《文殊根本續》中云：「那瑪薩瓦布達囊昂

芒，此乃文殊所有心咒中最爲殊勝，能成辦一切事業。」認識到此咒是文殊菩薩所有咒語之本，一切功德、加持、悉地之源，應當精勤持誦。

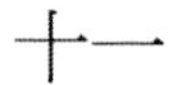

十一

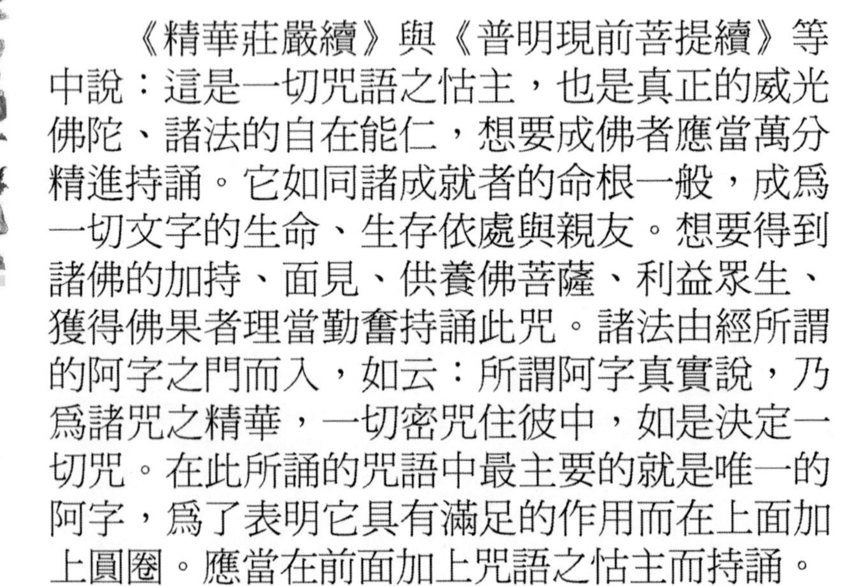

ན་མཿས་མནྟ་བུདྡྷ་ནཾ་ཨཿ།

那瑪薩曼達布達囊昂

《精華莊嚴續》與《普明現前菩提續》等中說：這是一切咒語之怙主，也是真正的威光佛陀、諸法的自在能仁，想要成佛者應當萬分精進持誦。它如同諸成就者的命根一般，成爲一切文字的生命、生存依處與親友。想要得到諸佛的加持、面見、供養佛菩薩、利益眾生、獲得佛果者理當勤奮持誦此咒。諸法由經所謂的阿字之門而入，如云：所謂阿字真實說，乃爲諸咒之精華，一切密咒住彼中，如是決定一切咒。在此所誦的咒語中最主要的就是唯一的阿字，爲了表明它具有滿足的作用而在上面加上圓圈。應當在前面加上咒語之怙主而持誦。

十二

ཨ།

阿

這是一切咒語的根本，如果成就此咒，那麼同時也就成就了所有咒語。因此，應當精勤念誦心咒阿。《不空成就羂索續》中也說：此一文字是一切善逝、廣大蓮花壇城總的明咒密咒，讀誦可得成就，區分一切如來壇城、手印、覺性均隨此一文字。三世諸佛的心咒隨此一文字，恆時持誦此咒能得諸佛加持而成就。任何眾生只是憶念此咒，觀世音菩薩即住於其前，滿足一切願望。諸如此類的道理在許多續中也有闡述。

十三

ཨ་ར་པ་ཙ་ན། ཨོཾ་ཨ་ར་པ་ཙ་ན་དྷཱིཿ

阿⿰口局巴匝那 嗡阿⿰口局巴匝那德

《三世尊勝續》中是這樣說的：文殊童子的心咒，何者念誦即刻能獲得一切善逝諸法等性智慧等性，一切眾生獲得智慧波羅蜜多的成就。所謂的「阿⿰口局巴匝那」是獲得一切所欲之義，為什麼這樣說呢？所謂的阿字意為欲求、⿰口局即貪執、巴為勝義、匝為享用、那為無自性。如此而修持所欲、貪執、勝義、享用、無自性的這個心咒，則能獲得一切所欲。如來是一切所欲之器，因而依靠此咒也能迅速獲得如來金

剛持果位。繪製金剛壇城，在它的中央放置寶劍，於其前修持這一心咒，則能修成文殊菩薩。即使未成就，也能成辦事業。一次念誦能擺脫一切痛苦，兩次持誦能使無間罪滅盡無餘，念誦三遍能現前等持，念誦四遍將具足正念，誦五遍能疾速圓滿成就無上圓滿正等正覺菩提。在具有舍利的佛塔上右旋寫此咒語從阿至那，之後轉繞、持誦十萬遍，如果每一個字都圓滿十萬遍，那麼同時可成就出有壞如來、文殊菩薩與金剛手菩薩。每一日佛陀顯現、說法後返回，即生中也能賜予佛果之前的悉地。或者念誦嗡阿咼巴匝那德。

十四

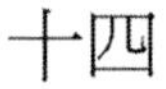

阿若勒

這是觀世音菩薩的心咒，僅僅持誦也能明顯成就一切如來的等持，消除一切天災人禍、疾病畏怖。儘管未修持也成辦事業，一誦可保護自己，二誦能護佑他眾與鄉村城市，三誦能成辦一切事業。其他續中還讚歎此咒能息滅病苦，能成就殊勝息業、懷業等無量功德。三時中持誦此咒，觀世音菩薩於夢中授記。《金剛藏莊嚴續》中云：「若修世間觀自在，能仁出有壞

瑜伽，一切勇士將恩賜，自之殊勝諸悉地，受持一切瑜伽者，賜予尊勝之寶珠。持明果位與寶輪，地與波羅蜜多等，一切佛果亦恩賜，其餘悉地何須說？」又云：「具德殊勝此密咒，自性三界尊勝王，剎那賜予諸受用，依蓮成就之雙運，修成世間觀自在，三世間界之國政，於世間中均賜予。」

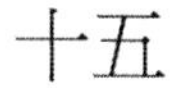

十五

ཧཱུྃ་བཛྲ་བིད་སྭཱ་ཧཱ།

吽班則布d索哈

這是一切善逝的心咒，能成辦殊勝事業，其他續中也讚歎其謂金剛部之大明咒，功德無量。

十六

ཨོཾ་ཌྲཱུྃ།

嗡仲

此心咒能使昏厥、受損、遭到摧毀的眾生都得以恢復。此外，依靠這一咒語也能獲得金剛身。如果披上金剛盔甲的這一手印，那麼就能獲得金剛身與金剛壽，並且在有生之年不會受到任何損害。

十七

ཊཀྐི་ཧཱུྃ་ཛཿ

札哥吽匝

這是金剛手菩薩的心咒，只是念誦，就連如金剛山般不可動搖的一切善逝也能動搖、牽引，那麼其他的眾生就更不必說的。僅僅憶念也能脫離一切怖畏。僅僅持誦也能使所有無間罪清淨無遺、保護一切，金剛手菩薩也是賜予一切所欲，賜予殊勝悉地，令成辦一切事業，行持一切必要之事，恆時緊隨其後。僅僅諷誦也賜予一切成就，又云：念誦此咒能震動三界等會出現神奇驗相。其他續部中稱之爲忿怒欲王咒、勾招王咒，予以了高度讚歎。也有在這一咒語前面加嗡字的。此續中云：「若修此咒，則成就殊勝出有壞菩薩。因成就出有壞而成就所欲忿怒尊，何以故？此咒乃大主尊，所謂札哥義爲欲，所謂吽即忿怒，勾招此二者故爲匝。即指請你修持。」又云：依靠它的作用，受到一切眾生喜愛，具有聰明才智，心中現出金剛，一切有情不能殺、不能害。《殊勝覺性續》等中也讚歎了金剛手菩薩的這一心咒，並宣說了依靠此咒的許多事業。

十八

ཛྙཾ་པྲ་པྲ་ཙ་ཙ་ཧ་ཧ།

張巴巴札札哈哈

這是虛空藏菩薩的心咒，此咒能令一切眾生獲得灌頂等圓滿一切心願。即便未加以修持也能成辦事業，意思是說，如果諷誦十萬遍，則圓滿一切事，如果於金剛手菩薩前諷誦十萬遍，那麼將獲得大寶藏，同樣在觀世音菩薩面前諷誦十萬遍……，功德也有宣說。

十九

ཨོཾ་རྩུ་རྩུ་ཧཱུྃ་ཕཊ༔

嗡熱哲熱哲吽啪達

這是金剛拳菩薩的心咒。金剛拳菩薩在第九萬一千劫時，於金剛山王如來前得受此咒，依靠這一心咒能使盡一切世間界微塵數的眾生得以成就，從那時起直至圓滿佛果之前。未修獲得諸事業，是指如果手握金剛拳諷誦十萬遍，則能行於空中等成就各種事業。如果在一日中受齋戒，雙手握金剛拳而誦十萬遍，那麼從此以後，握金剛拳就能隨心所欲成辦一切事業。

二十

ཨོཾ་བཛྲ་ཙཀྲ་ཧཱུྃ།

嗡班則匝札吽

這是金剛輪菩薩的心咒，僅僅念誦便能趨入一切壇城。

二十一

ཨོཾ་ག་ག་ན་སཾ་བྷ་བ་བཛྲ་ཕུ་ཙ་ཧོ།

嗡嘎嘎那桑巴瓦班則巴匝吙

這是虛空藏菩薩的心咒。只是念誦此咒也會成爲一切供養處。如果做金剛手印而諷誦十萬遍，那麼一切供品、一切事物、一切圓滿吉祥之事都會從天而降。

二十二

ཨོཾ་མི་ཏྲི་དྲིཧྲ་ཙིཏྟེ་ཏིཥྛ་ཧོ།

嗡美哲智 d 哈紫德地叉吙

這是彌勒菩薩的心咒。《三世尊勝續》中

云：僅僅念誦這一咒語就能令一切有情生起慈心。誦此咒能令一切善逝入定於慈等持中而安住。修慈心能如願成就一切。所有事業也能依靠有信心的儀軌與慈心而成辦。

二十三

ཨོཾ་ཝཱ་ཀྱེ་དཾ་ན་མཿ

嗡瓦傑當那瑪

《文殊根本續》中云：「文殊童子之六字真言，能令脫離六道之主尊，不可思議、無與倫比、神通廣大，能令脫離一切有海、三大痛苦，令諸魔難以忍受，不雜一切世法，諸魔不侵，令清淨一切三有之業，令獲得一切佛法，遣除一切惡事，諸佛隨喜，圓滿一切，文殊所說諸咒中何爲最勝？即此嗡瓦傑當那瑪。」《金剛藏莊嚴續》中亦云：「此咒殊勝之密咒，大密之咒許聖妙，安住三解脫門中，六波羅蜜極清淨。」又云：「一切佛陀勝智慧，共稱之爲文殊尊。」「僅僅修持此，智慧成無垢，盡說諸論典，現前諸自在，一切之咒王，自己同眾王，趨至諸持明，菩提之彼岸。諸自在大樂，諸法勝功德，一切金剛持，或諸佛普行，等持亦獲得，餘成就何說？銀水攝精術，神足無垢勝，丸藥與隱行，一切均賜予。具德勝文殊，勝法語中生，諸佛之梵音，讚爲文殊尊。僅依修持此，心願皆圓滿，佛果亦穩成，餘尊何須言？」其他續部中也出現過這一心咒。

二十四

嗡阿莫吽索哈

《四墊續》中云：「若誦此心咒，遠離諸罪業，成辦自事業，解脫一切罪。」

二十五

ཨོཾ་ཨ་མྲི་ཏ་བི་ཀྲ་ཛཱ་ཝཱ་མ་ཧཱ་སུ་ཁ་སྭཱ་ཧཱ།

嗡阿莫達奔德匝瓦瑪哈色卡索哈

《除蓋障一百零八名號經》中云：「嗡阿莫達、奔德匝瓦、瑪哈色卡索哈，除蓋障汝之功德如意寶陀羅尼咒能令一切有情心生大安樂。聞此咒者曾於十恆河沙數佛前積累過善根。獲得名聲，遠離諸障。於有舍利之佛塔前於上弦月初八、十五受齋戒，供養香花燈等後，邊轉繞邊持誦此咒，則獲得一切所欲，遣除一切罪業、痛苦、畏懼，以香供養除蓋障菩薩並誦此咒，則其於夢中顯相，圓滿一切心願，消除一切煩惱、痛苦。」此外，經中說：僅僅耳聞此

菩薩的名號也能清淨一切罪障，僅僅念誦名號也是大地震動……

二十六

ཨོཾ་བཛྲ་པཱ་ཎི་ཧཱུྃ།

嗡班則巴訥吽

許多續中說這是金剛手菩薩的心咒，《吉祥智慧明點續》中云：「天女咒即六文字，成辦一切所欲事，毀滅一切諸惡魔，能盡一切諸疾病，賜予一切諸悉地，成就佛果無害者。若以威猛觀想誦，則刹那間殺一切，若以寂靜觀想誦，則息無量之疾患。」

二十七

ཨོཾ་སྭཱཾ་ཧཱིཿཀཱ་ཡ་སྭཱ་ཧཱ།

嗡桑舍嘎雅索哈

這是普賢菩薩的心咒，《金剛藏莊嚴續》中云：「諸佛自性身，普賢微妙光，當誦此大咒，或此恆成爲，他尊之心咒，咒王極秘密，本清淨自生，僅依修此咒，智慧成無垢。彼智無有垢，貌美與彼同，盡說諸論典，自成勝普賢。」

二十八

ཨོཾ་བཛྲ་གརྦྷ་ཧཱུྃ།

嗡班則嘎巴吽

這是金剛藏菩薩的心咒，也是咒語勝主，《金剛藏續》中云：「成就正覺菩提，並賜廣博智慧，賜予一切圓滿之事，成就勾招等一切事業，獲得等同意金剛法界。」

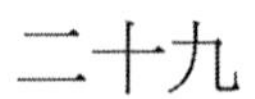

二十九

ཨོཾ་སརྦ་བིདྱཱ་སྭཱ་ཧཱ།

嗡薩瓦布得雅索哈

此乃大明覺咒王，功德無量，能賜予一切悉地。

三十

ཨོཾ་སརྦ་བིད་ཧཱུྃ།

嗡薩瓦布 d 吽

這是普明佛的心咒，續中云：見聞此咒者，甚至在夢中也不會見到惡趣、橫死，相續調柔，不退轉，享受世間出世間一切利樂。諸如此類，功德無量。

事師五十頌釋 附 念佛儀軌 等

三十一

ཨོཾ་ཊ་ཊ་ཧཱུྃ།

嗡札札吽

這是摧毀一切罪障的咒語，各儀軌中也稱它是各自的咒語，功德無量。

三十二

ཨོཾ་སརྦ་ནི་ཝ་ར་ཎ་བི་ཥྐཾ་བྷི་ནི་སྭཱ་ཧཱ།

嗡薩瓦訥瓦局那布江布訥索哈

這是除蓋障菩薩的心咒，是能遣除一切罪障、賜予一切悉地的咒語，這是《金剛藏莊嚴續》等續中所說的。

三十三

ཨོཾ་ནཱི་ས་རཱ་ཡ་སྭཱ་ཧཱ།

嗡訥薩局雅索哈

這是除蓋障菩薩的心咒，功德與前一咒語相同。《金剛藏莊嚴續》中云：「依靠此咒而修行，取精之術均輕易，不久等同除蓋障。」又云：「主要受持此密咒，共稱之爲除蓋障，此悉地即大威光，殊勝除障之自在，無量殊勝之悉地，此等一切均賜予。」

三十四

ཨོཾ་ཨཀྲཱ་ཧཱུྃ་ཕཊ།

嗡阿嘉吽啪達

《現前續》中說：這是勝樂輪滅罪的咒語，僅僅念誦也能成就，一切罪障、痛苦、無間罪業以及輪迴均能滅盡，使一切惡魔驚惶逃走。

三十五

ཨོཾ་སརྦ་མཎྜ་ཎི་དྷ་ནཾ་ཀྲེ་མཾ་རཾ་ཧཱུྃ་ཀྲཱཿཧ།

嗡薩瓦曼札訥達囊傑芒讓吽嘉哈

《大黑怙主續王》中云：「阿巴瓦夏巴熱咒語，即嗡薩瓦曼札訥、達囊傑芒讓吽嘉哈。僅依靠誦一遍這一咒王，無勤便能滅盡一切修行者之所有罪業。」

三十六

ཨོཾ་ཨཱུ་ཀཱུ་ཤ་གཧྤ་ཡ་སྭཱ་ཧཱ།

嗡阿嘎夏嘎巴雅索哈

《金剛藏莊嚴續》中云：「虛空藏尊威力大，成就出有壞瑜伽，賜予自之諸悉地，於此無需細觀察，一切勇士正等覺，所賜一切諸悉地，依修虛空藏菩薩，彼等一切速恩賜。」

三十七

ཨོཾ་ཀྵི་ཧཿ་རཱ་ཛཱ་སྭཱ་ཧཱ།

嗡傑哈咼匝索哈

這是地藏王菩薩的心咒，《金剛藏莊嚴續》中云：「無量殊勝此咒語，盡賜一切諸悉地。共稱地藏王心咒，勝義之中瑜伽士……」

三十八

ཨོཾ་ཨཀྵ་ཡ་མ་ཏི་སྭཱ་ཧཱ།

嗡阿嘉雅瑪德索哈

這是無盡智慧的咒語，《金剛藏莊嚴續》中云：「想要具有無盡智慧者應當精勤修持。依靠此咒甚至佛果亦能獲得，那其餘悉地何須言？」

三十九

ཨོཾ་ག་ག་ན་གརྦྷེ་ཡེ་སྭཱ་ཧཱ།

嗡嘎嘎那甘湊剛索哈

這是虛空藏的咒語，依靠此咒能從空中降下珠寶、妙瓶、如意樹等所欲之雨，滿足一切心願等功德廣大，這是《金剛藏莊嚴續》中所說的。

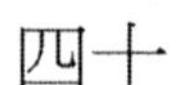

四十

ཨོཾ་རཏྣ་པཱ་ཎི་ར་མུ་སྭཱ་ཧཱ།

嗡咼那巴訥咼莫索哈

這是珍寶手的咒語，此咒能使一切眾生的掌中降下所欲的一切悉地寶雨，這也出自於《金剛藏莊嚴續》。

四十一

ཨོཾ་སཱ་ག་ར་མ་ཏི་ས་ར་སྭཱ་ཧཱ།

嗡薩嘎咼瑪德薩咼索哈

這是慧海菩薩的咒語，《金剛藏莊嚴續》中云：「若諷誦此咒，則獲得等同文殊與慧海菩薩之智慧、等同觀音菩薩之大悲。」

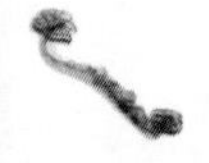

四十二

ཨོཾ་རཏྣ་ཀཱ་རཿཧྲཱིཿརཏྣ་དད་སྭཱ་ཧཱ།

嗡咼那嘎咼舍咼那達 d 索哈

這是寶生佛的咒語，依靠此咒能降下自在珍寶雨，圓滿聖道。這是《金剛藏莊嚴續》中所說的。

四十三

ཨོཾ་ས་མནྟ་བྷ་དྲ་སཾ་སྭཱ་ཧཱ།

嗡薩曼達巴札桑索哈

這是普賢菩薩的咒語，能成熟一切眾生。

四十四

ཨོཾ་ཀྵི་ཏི་གརྦྷ་ཀྵིཾ་སྭཱ་ཧཱ།

嗡傑德嘎巴江索哈

這是地藏王菩薩的心咒，依靠此咒能滿足一切眾生願望。

四十五

ཨོཾ་མ་ཎི་བཛྲ་ཧཱུྃ།

嗡瑪訥班奏吽

這是大寶圓滿的無量殿勝密明咒王，功德無量，讚歎無量。能息滅一切畏懼、罪業、毒害、詛咒、疾病、反抗等，成就六度及一切所欲的功德。僅僅念誦也能成辦一切事業，成就佛果。此咒也稱爲無垢光咒。它是諸多續中都出現過的殊勝密咒。如果諷誦十萬遍，則能現見一切如來，如果誦二十萬遍，則見一切佛刹等，宣說了愈來愈向上的殊勝功德與許多事業。

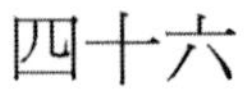

四十六

ཨོཾ་མ་ཎི་དྷ་རི་ཧཱུྃ་ཕཊ།

嗡瑪訥達熱吽啪達

這也是大寶圓滿尊者的心咒，功德如前。

四十七

ན་མ་སྟྲཻ་ཡ་དྷྲི་ཀཱ་ནཱཾ་ཏ་ཐཱ་ག་ཏཱ་ནཱཾ། ཨོཾ་ཨཊྚ་པ་ར་ཛྙེ་གི་སྭཱ་ཧཱ།

那美追雅德嘎囊達塔嘎達囊　嗡耶達巴咼波革索哈

這是普賢菩薩的密咒，《三誓言莊嚴續》中

云：「讀誦此咒獲得從普賢行中不退轉加持之功德。」

四十八

ཨོཾ་སྭ་སྟི་ཀ་མ་ལ་ཀྲི་བི་པུ་ལ་སཾ་བྷ་བ་དྷརྨ་དྷ་ཏུ་གོ་ཙ་རེ་སྭ་ཧཱ།

嗡索德嘎瑪拉傑波布拉桑巴瓦達瑪達德果匝熱 e 索哈

這是虛空藏菩薩的心咒。《虛空藏一百零八名號經》中云：「虛空藏心咒現前壇城之殊勝索哈（糞基）之陀羅尼咒，極難出現，能焚燒一切罪業煩惱，成爲具大福德者、菩薩母、如意寶蘊，耳聞此咒極爲清淨沐浴，如蓮花般不爲輪迴所染，如日輪般能照亮眾生，如月亮般令眾生清涼，如虛空般不爲惡趣所染，如大地般無有高低，如山王般不爲一切所動，如解脫般不被苦樂所染，獲得諸如此等成千上萬無量無數功德。僅聽聞、持受、念誦亦能實現一切願望。僅僅諷誦亦防止暴雨、乾旱、嗔恨、惡夢、疾病、損害、盜匪、戰爭、猛獸、飢荒、畏怖之時，成辦一切安樂財富所欲喜悅。」

四十九

ཨོཾ་བཛྲ་ཙཀྲ་སརྦ་དུཥྚཱན་ཏ་ཀ་ཧན་ད་ཧ་པ་ཙ་ཧཱུྃ་ཕཊ།

嗡班則贊札薩瓦地占達嘎哈那達哈巴匝吽啪達

這是金剛手菩薩的殊勝心咒，《金剛手一百零八名號經》中云：「此陀羅尼咒殊勝秘密，一切明咒之最勝，遣除一切魔障，化解一切憎恨，賜予勝妙、財富，令憎恨者生歡喜，若聽聞、念誦、恭敬承事，則具意義，生起威力、辯才，獲得美貌、珠寶、自在、權勢，摧毀憎恨，勝伏畏懼，擊敗對方，淨除一切毒害、煩惱、無間罪業等、惡夢、不吉祥、犯罪，賜予吉祥、善緣、佛果、歡喜、殊勝喜、清淨，令一切眾生喜悅、自在一切所欲，諸功德皆圓滿，消除暴雨、乾旱等時節災害。若出現大戰爭、人類疾病、大爭論、非人等畏懼，以及憎恨、詛咒、起屍之大災難，驅逐、毀命之大恐怖，則清晨起床後沐浴，尋覓白衣、面向東方，觀金剛持尊顏誦七遍，僅僅念誦亦脫離一切恐怖，得大成就，勝伏一切，救護眾生，無有比此大陀羅尼咒更殊勝者。」此外，《金剛手金剛大樂忿怒續》中云：「十八字之此咒王，未生是否會出現，誦此咒語現前成，恆時出現善妙相，他之行爲出現否，必定指示於自己。」這一咒語也被稱爲前譯派《八大法行》總集殊勝咒。

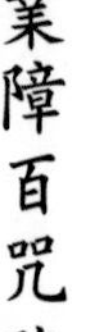

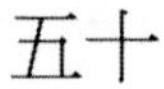
五十

ཨོཾ་སུཾ་བྷ་ནི་སུཾ་བྷ་ཧ་ར་ཙ་ར་མ་ཧཱ་པྲ་ཤ་མ་ཧྲ་ཏ་ཨ་མོ་གྷ་
བཛྲ་ས་ཏྭ་སྭཱ་ཧཱ།

嗡松巴囊松巴哈**局**匝**局**瑪哈巴夏瑪熱達阿姆嘎班則薩埵索哈

此咒即是地藏王菩薩的賜功德陀羅尼咒。《地藏王一百零八名號經》中云：「此陀羅尼咒能生無量功德，能遣一切有情之痛苦、罪業，宛若淤泥中蓮花般不為輪迴之過所染，有眾生亦願持此咒一遍亦於菩提中不退轉，聞此咒而生信解，確定無疑獲得功德。」

五十一

ཨོཾ་མུ་ནི་མུ་ནི་སྨ་ར་སྭཱ་ཧཱ།

嗡莫訥莫訥瑪**局**索哈

這是怙主彌勒菩薩的心咒，若想聞誦此咒者，則於彌勒菩薩成佛時得菩提授記。聽聞此咒者不轉惡趣，不生胎中，得菩提授記，於天界千劫中成轉輪王，具十善道，如願享用。

五十二

ཨོཾ་ཨ་ཛི་ཏཉྫ་ཡ་སརྦ་ས་ཏྭ་ས་མ་ཡ་མ་ནུ་ག་ཏ་སྭཱ་ཧཱ།

嗡阿則單匝雅薩瓦薩埵薩瑪雅瑪訥嘎達索哈

《金剛藏莊嚴續》中云：「彌勒之密咒自然而成，嗡阿則單、匝雅薩瓦薩埵薩瑪雅瑪訥嘎達索哈，密咒尊主此咒王，共同稱之謂慈氏，等同法界而周遍，慈氏之意極悅意，僅僅依靠修此咒，亦將住於兜率天。」又云：以離障天子身而於彌勒前聞法，獲得波羅蜜多自在、等持，成爲如彌勒尊者般的菩薩，最終成就佛果。

下面是《觀音根本續蓮花網》等續中所說的十方觀世音不同名號與身相十地的心咒。

五十三

ཨོཾ་ཨཱ་ཧྲཱིཿསིཾ་ཧ་ནཱ་ད་ཧཱུཾ་ཕཊ།

嗡阿舍桑哈那達吽啪達

這是東方獅子吼觀世音菩薩的心咒，也是阿彌陀佛等九十九俱胝佛陀所說的心咒，念誦一遍能清淨一切罪業，息滅病、匪、敵、刃的危害，尤其是龍害、心臟病，不轉生爲苦難者與女身，回憶宿世，恆常具足功德，後世往生極樂刹土。這是《獅子吼陀羅尼經》中所說的。續部中說依靠此咒能增長智慧。

五十四

ཨོཾ་པདྨ་ཏྲ་ར་ཏྣ་ཀི་ཧཱུྃ་ཕཊ།

嗡班瑪達局達革吽啪達

這是南方如意寶轉輪觀世音菩薩的心咒，能去除眾生的慳吝，湧現布施來源的大寶藏。此咒的每一個字都有無量功德，這一點通過下文中的瑪姆俄刻可推知，由於分別在續中未宣說，因而在此不敢妄加說明。但大家也應當清楚此心咒有無量功德。

五十五

ཨོཾ་པདྨ་ནི་ར་ཏེ་ཤྭ་ར་ཧྲི་ཧཱུྃ་ཕཊ།

嗡班瑪訥局得秀局舍吽啪達

這是西方蓮花遊舞自在觀世音菩薩的心咒，依靠此咒能乾涸貪欲的泥灘，獲得戒律度，《觀自在續》中說，如果念誦一百零八遍此咒，可清淨罪業，誦五百遍能擺脫一切疾病……。宣說了直到一百萬遍之間念誦數目的功德。

五十六

ཨོཾ་རཏྣ་ཨ་གྲ་ཨ་བྲ་ཏི་ཧ་ཏ་ཧཱུྃཿཕཊ།

嗡局那阿札阿匝德哈達吽啪達

這是北方名爲大悲不懈觀世音菩薩的心

咒，依此可焚盡眾生懈怠的森林，令燃起異常精進之烈火。

五十七

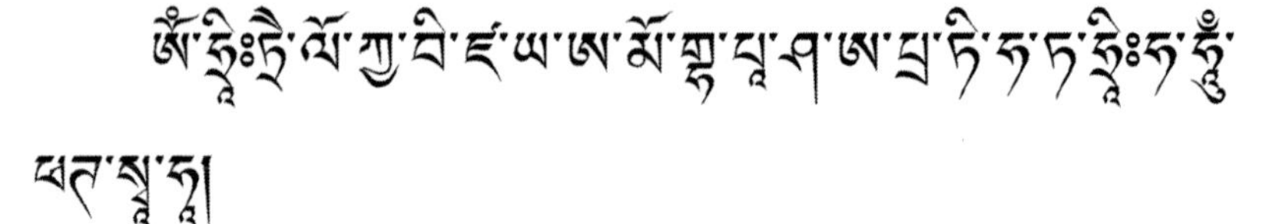

嗡舍追洛嘉波匝雅阿姆嘎巴夏阿匝德哈達舍哈吽啪達索哈

這是東北方不空羂索觀世音菩薩的心咒，依靠此咒的威力能摧毀眾生的嗔恨大山，安忍如日輪般耀眼。功德無量，這一點應當從《不空羂索續》中得知，由於文字極多，在此無法書寫。

五十八

ཨོཾ་ཧ་ལ་ཧ་ལ་ཧྲཱིཿཔདྨ་གརྦྷ་ཧཱུྃ་ཕཊ་སྭཱ་ཧཱ།

嗡哈拉哈拉舍班瑪嘎爾巴吽啪達索哈

這是東南方哈拉哈拉觀世音菩薩的心咒，它能息滅眾生如毒蛇般的嫉妒，成就甘露海禪定。

五十九

ཨོཾ་པདྨ་ཨ་ལོཾ་ཀཱ་ར་ཧཱུྃ་ཕཊ་སྭཱ་ཧཱ།

嗡班瑪阿朗嘎**鬲**吽啪達索哈

這是西南方蓮花莊嚴教觀世音菩薩的心咒，依靠此咒能摧毀愚昧高山，圓滿善巧方便。

六十

ཨོཾ་བཛྲ་དྷརྨ་ཧྲཱ་ཊ་ཧཱུྃ་སྭཱ་ཧཱ།

嗡班則達爾瑪達德吽索哈

這是西北方至尊金剛法自在觀世音菩薩的心咒，依此能遣除折磨眾生的心與耽著，獲得大威力金剛。

六十一

ཨོཾ་ཛྷུཾ་ཧྲཱིཿཧ་ཧཱུྃ་སྭཱ་ཧཱ།

嗡哲母舍哈吽索哈

這是上方乘獅或至尊法髻觀世音菩薩的心咒，能遣除邪見的障蔽，獲得轉完全清淨的願波羅蜜多法輪。

六十二

ཨོཾ་མ་ཎི་པདྨེ་ཧཱུྃ།

嗡瑪訥巴美吽

這是下方至尊藍頸觀世音菩薩的明咒，能遣除一切所知障後獲得智度。這一咒語被稱爲觀世音菩薩的六字真言，僅僅諷誦就不被業惑所染，與七地菩薩具有同緣分，被譽爲見解脫、聞解脫，憶、觸悉皆解脫，它的殊勝廣大事業在《寶篋經》等經中有明確廣述。此咒廣的根本咒即是千手千眼觀世音的陀羅尼咒。

六十三

ཨོཾ་པདྨོ་ཨུཥྞཱི་ཥ་བི་མ་ལེ་ཧཱུྃ་ཕཊ།

嗡班姆訥卡波瑪累吽啪達

這是《不空羂索經》中所說依靠一字至十字之間便可獲得十地功德無量的十地明咒。最後的一個字是不空羂索蓮花頂髻佛的心咒，只是持誦也能成就。如果諷誦十萬遍，則不退轉獲得十地，無疑會轉爲不空羂索蓮花頂髻轉輪佛的眷屬。人天世間稱爲佛。僅一次以清淨慈悲心緣眾生並憶念，也不墮入惡趣，具有廣大善根。誦兩遍盡除一切疾病，誦三遍息滅毒、天花、追後、膿瘡、痲瘋、皮癬等，念誦四遍能遣除一切寶毒、詛咒，只誦五遍就能平息一

切鬥爭、爭論，僅誦六遍便可消除一切畏懼、病魔、瘟疫，誦七遍能遣除橫死、一切眾生的疾病、一切傳染病。因此，每一日應當爲利一切眾生而禁語憶念七遍。如果有將下墮地獄的眾生死亡或者對上師等不恭敬的破戒之人死亡，念誦七遍此咒加持沙子，撒在尸林或屍體焚燒處或者停屍處，則凡是接觸到骨灰者立即從惡趣處遷移轉生到善趣。如果將此咒寫在木條上裝在佛塔裡，那麼僅僅碰到佛塔影子，無論任何眾生均清淨一切罪障，趨入善趣。若對海螺誦七遍而吹，那麼凡聽到螺聲者也是同樣。如果耳聞念誦的聲音，也不退轉。此外，念此咒對旃檀吹氣，感覺到它的香氣者也會如此，對法衣吹氣，穿著者均會清淨一切罪障，趨入善趣。諷誦此咒可懷柔一切空行母、世間天神等，獲得丸藥、攝精術、隱行等共同成就以及眼通等無量功德。

六十四

ཨོཾ་ཨ་མོ་གྷ་ཙིནྟ་མ་ཎི་པ་ར་ད་པདྨེ་ཛྭ་ལ་ཛྭ་ལ་ན་བྷྲ་ཏེ་ཧཱུྃ།

嗡阿姆嘎增達瑪訥巴烏達班美卓拉卓拉那波賊吽

這是《不空羂索經》中所說不空無垢蓮花羂索佛的根本咒，也是三世諸佛所加持的金剛密咒，明咒之王，能賜予一切殊勝圓滿功德，極其罕見，僅是憶念也能生無量福德，是等同佛陀的明咒，未曾現見承侍過九十九萬俱胝那由他恆河沙數三世等性善逝、未曾聽聞趨入壇城手印誓言咒語之儀軌者手中不會得到這一明咒，甚至連名聲也聽不到。何者手中得到此咒，說明他曾承侍過以前的所有佛陀並得過一切壇城、手印、咒語與心咒。受持佛子的主要明咒者將得到一切善逝授記，獲得無量福德功德，證得圓滿佛果。此明咒王在未來時行持佛陀的事業，能救護一切有情，爲眾生帶來光明，滿眾生願，遣除一切罪業、怨敵、魔障、疾病、狂風、乾旱等一切違緣，長壽無病、富富有餘，增上財糧等一切所需。讀誦此咒能得成就，依靠此咒能迎請一切壇城天尊，諷誦十萬遍者在夢中次第見到廣大蓮花壇城、諸佛、觀世音菩薩，還有如來、金剛、蓮花、珍寶部的一切壇城並趨入這些壇城受誓言，獲得咒語、手印、灌頂、悉地。死後往生到極樂世界，於百千劫之間能回憶前世，現前如來神變、神通、密咒等，生生世世中能回憶自己的善根，獲得完全清淨的事業悉地等無量功德。諷誦一百零八遍此咒者能盡除以前的所有罪業，此後七日所造的一切罪業也能滅盡，圓滿一切善根。僅僅持誦也能使自己的怯懦、煩亂消失。此外，還宣說了依靠此咒對病人作加持、向線上吹氣，則消除一切瘟疫等，具有息業、懷業、驅逐等極

多的事業。

六十五

ཨོཾ་ཨ་མོ་གྷ་བཻ་རོ་ཙ་ན་མ་ཧཱ་མུ་དྲཱ་མ་ཎི་པདྨེ་ཛྭ་ལ་པྲ་བརྟ་ཡ་ཧཱུྃ།

嗡阿姆嘎背若匝那瑪哈莫札瑪訥班美卓拉匝巴爾達雅吽

此謂不空佛的手印灌頂陀羅尼咒。僅僅憶念、讀誦此陀羅尼咒也能真實得受三世一切如來的手印灌頂。持誦一千遍者，於如來部中不退轉，誦兩千遍於蓮花部中不退轉，誦三千遍於金剛部中不退轉，誦四千遍於珍寶部中不退轉，誦五千遍者於一切壇城中不退轉，並在大壇城中得受三世諸如來灌頂，賜安慰，以咒語、手印等秘密加持，無量佛陀隨從、垂念，於夢中見到他們。誦六千遍，則夢中諸佛安住於菩提樹前金剛座上賜灌頂，極度垂念，乃至菩提果之間一切如來一直隨後。誦七千遍，於夢中見到善逝現前正等覺、轉妙法輪、降伏魔眾、降正法雨、燃正法燈、現前灌頂，以言善哉、手印等而賜灌頂、悉地。僅僅讀誦諷誦也能顯出儀軌、事業之果。僅僅讀誦與憶念不空寶珠普明佛大手印灌頂的這個陀羅尼咒能趨入普明大壇城中了知誓言。只是諷誦也相當於念誦三世諸佛的名號，現見諸佛。五無間罪等以往有的一切業障僅依靠讀誦、諷誦一遍這一咒語便能徹底滅盡。造惡業的眾生、造五無間罪者在趨入無間地獄之前，如果能高聲念誦三遍此咒，則脫離他的一切罪業。罪業深重的亡者屍體或骨灰所在處尸林，如果對白芥子誦二十一遍此咒語拋撒在那裡，那麼亡靈立即會從惡趣中解脫，清淨所有罪業，往生極樂世界。在患有嚴重疾病者的耳邊誦一百零八遍，結果患者會擺脫久病狀態，如前一樣往生極樂剎土。在他的頭頂結手印而誦二十一遍，則立即病癒。如果對五彩線念二十一遍繫帶，那麼會脫離一切魔障與遺忘。此咒加持的白線持帶也能擺脫一切疾病。如果諷誦一百零八遍，那麼將在辯論中得勝。此外，還有去除魔障、瘟疫，起死回生，消除嗔恨等作用。

六十六

ཨོཾ་ཨ་མོ་གྷ་མཎྜལ་པདྨ་ཨ་བྷི་ཥེ་ཀཾ་མ་ཎི་བཛྲེ་སརྦ་ཏ་ཐཱ་ག་ཏ་ཨ་བྷི་ཥེ་ཀ་ཧཱུྃ།

嗡阿姆嘎曼札拉班瑪阿波克剛瑪訥班賊薩瓦達塔嘎達阿波克給吽

《不空羂索經》中云：此咒稱爲不空大壇城蓮花灌頂寶珠陀羅尼咒，依此可趨入一切佛

陀壇城共同部。誦一千遍或一百零八遍將得受一切不變善逝大蓮花壇城灌頂，也獲得如意寶蓮花之灌頂。之後念誦在夢中現見三世諸佛，顯示廣大壇城幻化無量殿與一切本尊。四部壇城、普明佛、覺性王以及佛陀，直至轉法輪之間一一見到。並夢見於各自壇城中受灌頂，以歡欣喜悅之情獲得等持，一切佛陀賜予善哉，並再度顯示上上神變。對念珠或頭飾或冠冕或飄帶，誦一千一百零八遍，繫在佛像的頭上，普明佛的如意寶頂飾也是光芒萬丈並以飄帶灌頂供養三世諸佛菩薩，做大灌頂承侍。僅僅誦此心咒也能盡除持咒者的所有嚴重罪障，三門完全得以清淨，解脫一切煩惱障礙，獲得廣大福德等。又能得到廣大善根與大悉地，一切均不阻礙，獲得供養、恭敬，語言具有威力。身體散發出旃檀的芳香，口中發出青蓮花的香氣，一切眾生十分慈愛，成爲應供處。一切都變成殊勝的大悉地，令一切魔障、妖魔鬼怪均遠遠逃走，乃至有生之年不能加害。恆時見到聖者觀世音菩薩與覺性王隨行，賜予殊勝不空成就，變成壇城主尊而灌頂。

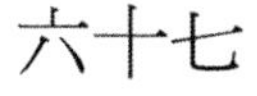

六十七

ཨོཾ་ཨ་མོ་གྷ་པུ་ཛ་མ་ཎི་པདྨེ་བཛྲེ་ཏ་ཐཱ་ག་ཏ་བི་ལོ་ཀི་ཏེ་ས་མནྟ་

བྷྲ་སཱ་ར་ཧཱུྃ།

嗡阿姆嘎波匝瑪訥班美班賊達塔嘎達波洛各得薩曼達匝薩鬲吽

《不空羂索經》中云：所謂不空寶珠供雲咒，僅僅讀誦、諷誦，也以廣大無量殿供雲大雨、福德大幻化、種種鮮花，各種天物、妙衣、裝飾、資具、香、燈、神饈、樂器、讚頌等所有世間殊勝之供雲降下的一切供品之雨，來供養十方諸佛刹的所有壇城中的一切持明者、聲聞緣覺。出現無上廣大神奇的供雲。能顯示如魔術般之加持的這一陀羅尼咒，是所有持明咒者殊勝悉地的大寶藏，能滿一切父母眾生的心願，賜予安慰，令得解脫，能滅盡一切疾病、痛苦、罪障煩惱，給所有持咒者帶來吉祥，令他們心滿意足，能勸請諸佛，一切菩薩賜安慰，迎請所有明咒天尊，勾招一切，遣除所有妖魔鬼神。能賜予一切眾生殊勝悉地，作爲無依處者的依處，成爲未受齋戒、梵行者的齋戒與梵行等。賜予殘疾者根，賜予失毀六度者波羅蜜多的功德。遣除一切死亡、飢荒、險途等畏懼衰敗，對於不精通咒語、手印、明咒者給予咒語等。能使無間罪與破誓言者得以清淨。解除一切飢渴、裸體、患病、惡痣者等的罪過。使背離三寶者真實趨入，賜未成功者成功，安慰一切怖畏者，解脫一切衰敗，作爲墮入黑暗處

者的明燈，息滅一切煩惱心，救脫無有自由等一切過患，圓滿根肢等自己的一切功德，受到本尊、菩薩的攝持等功德廣大。此咒的事業：對消除暴雨、戰爭等畏懼，行於空中、眼通等事業進行了廣說。何者僅僅諷誦此咒也能獲得諸多等持之門與陀羅尼等如海功德。僅僅念誦也令觀世音菩薩歡喜現身摸頂。此陀羅尼咒是觀世音自性清淨身攝受的總持咒，不空成佛自性的心咒，也是如幻等持陀羅尼的幻化。見到此咒者相當於現見了十一面觀世音菩薩的身相、各自形象、幻化雲、自在天、馬頭明王、無愛子與三世間尊主，廣蓮花壇城。一切善逝的供雲幻化這一心咒是大金剛藏，只是念誦也能成爲三世佛陀的心子，得授記，面見一切菩薩與本尊得安慰。所求的一切悉地稱心如意勾招，因此堪爲不空羂索觀世音，能令世間界的一切眾生歡喜自在，增上壽命、吉祥、福德、財產、糧食等一切所需。圓滿六度，死亡時現量見到九萬二千俱胝那由他佛陀，得到「善男子善來極樂剎」的安慰，並於彼剎蓮花中化生，於一切善逝前獲得不退轉無上菩提授記。此陀羅尼咒只在上午誦一遍就能使如七山王般的五無間罪與墮入無間地獄之間的所有罪積於每一汗毛孔中，於千劫中所積累的一切罪業無餘盡除，從轉生十六地獄中解脫出來。受齋戒者念誦能於佛剎中獲得大普賢果位。觀世音菩薩與三世諸佛、廣蓮花等聖尊以及覺性王等一切隨行賜予悉地。只諷誦百千遍，就能使舌變得如金剛般穩固，與金剛藏等同，具有如蓮花瓣一樣的色彩，身體清淨如金剛般誰也無法侵害，青春年少、諸根具足，無有臭氣，極為芬芳，殊勝悅意，聲音動聽，諸眾青睞，成為供養處，死後於阿彌陀佛前成為具足清淨身及一切功德的佛子，得大菩提授記。僅僅誦此咒的福德以比喻來說，整個三千大千世界遍滿七寶，鋪滿金銀花，每一日三時中以此供養遍布三千大千世界的如來，也比不上僅誦此咒福德的十六分之一。念誦此咒相當於以世間出世間的無邊供雲遍及一切佛剎，永遠不會窮盡，具有如此大的善根。如果能看見此咒語寫在書中的文字或者刻在牆壁上，依此也能使無間罪等趨入無間地獄的所有業力清淨無遺，於極樂世界化生，永不胎生。乃至究竟菩提果之間無論生於任何佛剎，均於彼處蓮花中化生，並回憶宿世。繕寫此陀羅尼咒的功德：八萬四千由旬寬的大海水滴與須彌山王的微塵能夠計算，而繕寫此咒與此儀軌等的功德卻不可勝數。

六十八

ཏདྱ་ཐཱ། ཨོཾ་མུ་ནེ་མུ་ནེ་མ་ཧཱ་མུ་ན་ཡེ་སྭཱ་ཧཱ།

達雅塔 嗡牟尼牟尼瑪哈牟尼耶索哈

這是本師出有壞釋迦牟尼佛的心咒，《小般若經》中說：「諸佛皆從此陀羅尼咒中生，釋迦佛亦依此陀羅尼咒之威力而成佛，觀世音依此現前菩薩聖果，僅僅聽聞此陀羅尼咒也將無勤獲得廣大福德並清淨一切業障。若修密咒，則無有魔障而成就。」其餘經典中也說念誦一遍此陀羅尼咒可清淨八萬俱胝劫中所造的一切罪業。

六十九

ན་མོ་བྷ་ག་ཝ་ཏེ་སརྦ་དུརྒ་ཏི་པ་རི་ཤོ་དྷ་ནི་རཱ་ཛཱ་ཡ། ཏ་ཐཱ་ག་ཏཱ་ཡ། ཨརྷ་ཏེ་སམྱག་སཾ་བུད་དྷཱ་ཡ། ཏདྱ་ཐཱ། ཨོཾ་ཤོ་དྷ་ནེ་ཤོ་དྷ་ནེ། སརྦ་པཱ་པཾ་བི་ཤོ་དྷ་ནེ། ཤུདྡྷེ་བི་ཤུདྡྷེ། སརྦ་ཀརྨ་ཨཱ་བ་ར་ཎ་བི་ཤུདྡྷེ་སྭཱ་ཧཱ།

那莫巴嘎瓦得薩瓦德爾嘎德巴熱秀達訥咼匝雅 達塔嘎達雅 阿爾哈得薩m雅g桑布d達雅 達雅塔 嗡秀達內秀達內 薩瓦巴幫波秀達內 謝d德波謝d得 薩瓦嘎瑪阿巴咼那波謝d得索哈

這是毗盧遮那佛淨除一切惡趣威光王陀羅尼咒。《淨惡趣威光王續》中說：僅僅憶念此陀羅尼咒，即便是福德淺薄的所有眾生也能輕而易舉解脫一切惡趣之因，如果聽聞或受持或念誦此咒的名稱或繕寫帶在身上，即生中甚至夢中也不會出現八橫死、與之相關的惡夢、與惡趣相聯的所有相兆，那麼趨入此咒的壇城而念誦此咒就更不言而喻了。持誦此咒的這些人不會接近任何罪業，也不會墮入惡趣。無論是放在任何眾生的死屍中灌頂，他們都會脫離惡趣，轉生天界，並且不退轉，享受世間與出世間的一切利樂。毗盧遮那佛的名號與這一陀羅尼咒，除了具備十善、性情調柔、希求不退轉諸多功德並依止遍知智能的眾生以外，其他眾生不得耳聞，凡是聽聞此咒者都將成為成佛之法器。念誦密咒怙主善逝名號而作禮就相當於是根本明咒。「嗡秀達內」以下是真正的心咒，如前念誦也可以。這是如來部淨除業障的殊勝明咒。此外，持此咒者將於一百四十萬劫中能回憶宿世、清淨一切業障後得不退轉果，直至菩提果之間福德不會窮盡。

七十

ན་མོ་རཏྣ་ཏྲ་ཡཱ་ཡ། ཨོཾ་གིཾ་ག་ནི་གིཾ་ག་ནི། རོ་ཙ་ནི་རོ་ཙ་ནི། ཏྲོ་ཊ་ནི་ཏྲོ་ཊ་ནི། ཏྲཱ་ས་ནི་ཏྲཱ་ས་ནི། པྲ་ཏི་ཧ་ན་པྲ་ཏི་ཧ་ན། སརྦ་ཀརྨ་པ་རཾ་པ་རཱ་ཎི་མེ་སརྦ་སཏྭ་ནཉྩ་སྭཱ་ཧཱ།

那莫**扃**那札雅雅 嗡剛嘎訥剛嘎訥 若匝訥若匝訥 卓札訥卓札訥 札薩訥札薩訥 札德哈那札德哈那 薩瓦嘎瑪巴讓**m**巴**扃**訥美薩瓦薩埵難匝索哈

這就是所謂的淨除一切業障的陀羅尼咒，金剛部不動佛的明咒。經續中也有宣說。此外，陀羅尼咒自己的功德：如果誦一遍，則能使所有惡兆、惡夢都不復存在。若恆常持誦，那麼接連不斷出現的所有業障都將清淨。三時念誦五無間罪也能清淨。如果繕寫此咒帶在身上，則永遠不會出現非時橫死。無論是飛禽走獸非天任何眾生耳邊念誦，它都不會墮入惡趣。眾生死後，念誦他的名字而以慈悲心持誦一百遍或一千遍或十萬遍，那麼即便是已轉生到地獄的眾生也能立即解脫。無論是對著土、芝麻、芥子或水任何一物念誦撒到死者的屍體上或做沐浴後焚燒，或裝在佛塔中，或者繕寫此咒戴在死者頭上，哪怕他已經墮入了惡趣，也必定在七日解脫，轉生到善趣或者如願投生。在三十日做沐浴換上乾淨的衣服，不進餐或者食素，邊轉繞具有舍利的佛塔邊念誦死者的名字，如果誦十萬遍此咒，則能使已轉生到惡趣的亡靈解脫，往生到淨居天界後來到修行者面前現身供養、轉繞，賜予善哉後消失。或者，寫死者的名字，誦陀羅尼咒做十萬泥塔小像，以傘幢幡等供養而拋入大海或江河裡，則能使亡者從地獄等處解脫出來。或者，這樣作供養，最後在十字路口造大佛塔，以傘等供養，也爲僧眾供齋，再以供品精心供養，口中說「願此成爲某某的善根，願他轉生善趣」，如此一來，他也會轉生在那裡，之後現身等如前一樣。即使是造五無間罪、捨法罪、誹謗聖者的眾生，在臨終時如果見到牆上寫著的這一陀羅尼咒，也能清淨他的一切業障，那麼真正念誦就更不必說了。持誦此咒者如來降臨說「善男子到我身邊來」。在此咒的「美」字後面加「薩瓦薩埵」，意思是說要加上一切眾生的名稱。應當明白，如果爲了某一眾生，也要在那裡加上他的名字。

七十一

ན་མོ་རཏྣ་ཏྲ་ཡཱ་ཡ། ན་མོ་བྷ་ག་ཝ་ཏེ། ཨ་མི་ཏ་བྷཱ་ཡ། ཏ་ཐཱ་ག་ཏཱ་ཡ། ཨརྷ་ཏེ་སམྱཀྶཾ་བུད་དྷཱ་ཡ། ཏདྱ་ཐཱ། ཨོཾ་ཨ་མི་ཏེ། ཨ་མི་ཏཱ། ཨ་མི་ཏོད་བྷ་བེ། ཨ་མི་ཏ་སཾ་བྷ་བེ། ཨ་མི་ཏ་བི་ཀྲཱནྟེ། ཨ་མི་ཏ་བི་ཀྲཱནྟ་ག་མི་ནི། ག་ག་ན་ཀཱིརྟི་ཀ་རེ་སརྦ་ཀརྨ་ཀླེ་ཤ་ཀྵ་ཡཾ་ཀ་རི་སྭཱ་ཧཱ།

那莫啰那札雅雅　那莫巴嘎瓦得　阿莫達巴雅　達塔嘎達雅　阿爾哈得桑m雅g桑波d達雅　達雅塔　嗡阿莫得　阿莫達　阿莫鬥巴喂　俄莫達桑

巴喂 阿莫達波占得 阿莫達波占達嘎莫訥 嘎嘎那各德嘎熱薩瓦嘎瑪累夏嘉恙嘎熱索哈

此咒功德不可估量，它是殊勝蓮花部無量光佛的陀羅尼咒，應當憶念阿彌陀佛而念誦。持誦「嗡」以下也可以。加上「那莫咼那」等密咒怙主而諷誦就更爲殊勝了。誦一遍此咒也能清淨十萬劫中所積累的業障。如果能夠做到每一日三時中念誦，那麼一切罪業清淨無餘，獲得千佛所生的善根。若誦二十一遍，則清淨四根本罪。誦十萬遍，現見聖者彌勒菩薩，誦二十萬遍見觀世音菩薩，如果持誦三十萬遍，則能現見阿彌陀佛。其他的無量功德也已略說。

七十二

ༀ་རཏྣེ་རཏྣེ། མ་ཧཱ་རཏྣེ། རཏྣ་སཾ་བྷ་བེ། རཏྣ་ཀི་རཎེ། རཏྣ་མཱ་ལ། བི་ཤུད་དྷེ་ཤོ་དྷ་ཡ་སརྦ་པཱ་པཾ་ཧཱུཾ་ཕཊ།

嗡**咼**達內**咼**達內 瑪哈**咼**達內 **咼**那桑巴喂 **咼**那革**咼**達內 **咼**那瑪拉 波謝d得秀達雅薩瓦巴幫吽匝札

這也是能無餘摧毀一切障礙的陀羅尼咒，依靠此咒能摧毀一切魔境，是珍寶部的心咒，雖然未見有單獨宣說摧毀業障的功德，但應當知道與上述的咒語無有差別。

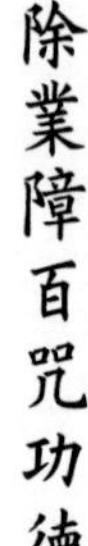

七十三

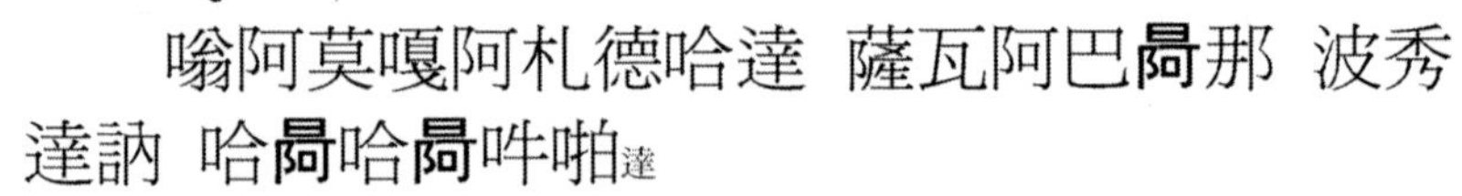

嗡阿莫嘎阿札德哈達　薩瓦阿巴**鬲**那　波秀達訥　哈**鬲**哈**鬲**吽啪達

這是事業部不空成就佛的心咒，與前面一切如來的明咒功德相同。以上五陀羅尼在《淨惡趣續》中有宣說，前三咒語也單獨在咒部中出現過。

七十四

ༀ་བཛྲ་དྷཱ་ཏྭཱི་ཤྭ་རཱི་སྭཱ་ཧཱ།

嗡班則達德秀熱索哈

這是金剛法界自在母的心咒，能清淨一切罪業，賜予殊勝悉地。

七十五

ༀ་ལོ་ཙ་ནི་བ་སུ་དེ་སྭཱ་ཧཱ།

嗡洛匝訥瓦色得索哈

這是佛眼佛母的心咒，能消除罪業，增上壽命、財產等。

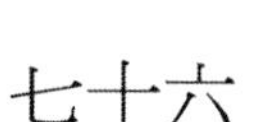

七十六

ཨོཾ་པཱ་ཎ་ཌ་རི་བཱ་སི་ནི་བ་ར་དེ་སྭཱ་ཧཱ།

嗡巴那札熱瓦色訥瓦咼得索哈

這是白衣佛母的心咒，誦一遍此咒能焚燒罪業，只是諷誦也具有圓滿一切的緣分。這是《世間自在續》中所說的。也具有懷柔等殊勝事業。

七十七

ཨོཾ་མཱ་མ་ཀཱི་ཀི་རི་ཀི་རི་སྭཱ་ཧཱ།

嗡瑪瑪格格熱格熱索哈

這是瑪瑪格佛母的心咒，能摧毀一切罪業，防止魔障，賜予能力。

七十八

ཨོཾ་ཏཱ་རེ་ཏུཏྟཱ་རེ་ཏུ་རེ་སྭཱ་ཧཱ།

嗡達熱 e 德達熱 e 德熱 e 索哈

這是度母的十字心咒，能救脫一切罪業、衰敗，勾招三世間作爲奴僕，成辦各種事業。在各種續中宣說的五部佛母的這些陀羅尼咒是一切明咒王的心咒，持誦功德無量，能獲得一切悉地。

七十九

ཏདྱ་ཐཱ། ཨོཾ་ཧྲཱིཿཤྲུ་ཏི་སྨྲི་ཏི་བི་ཛ་ཡེ་སྭཱ་ཧཱ། པྲཛྙཱ་པཱ་ར་མི་ཏཱ་ཡེ་སརྦ་དུརྒ་ཏི་ཤོ་དྷ་ཡ་ར་ཛོ་ཡ་སྭཱ་ཧཱ།

達雅塔 嗡舍謝日德美德波匝耶索哈 札嘉巴扃莫達耶薩瓦德爾嘎德秀達雅扃匝雅索哈

這是智慧波羅蜜多佛母的密咒，許多續中說「嗡舍」等是般若佛母的密咒。在後面加「札嘉」等淨除惡趣的咒語就成了受持八千般若的陀羅尼咒，依靠此咒能遣除各種惡兆，淨除業障與一切惡趣。此外，也是增上正念與智慧的殊勝密咒。

八十

ཨོཾ་མ་ཧཱ་བཛྲ་ཧྲི་ད་ཡ་བཛྲ་ཏཱ་ར་སཾ་ཙུ་བི་དྲ་པ་ཎི་ཧ་ན་ཧ་ན་བཛྲ་གརྦྷེ། ཏྲཱ་ས་ཡ་ཏྲཱ་ས་ཡ། སརྦ་ཏཱ་ར་ཀྵུ་བ་ནཱ་ནི་ཧཱུཾ་ཧཱུཾ། སཾ་ཧཱ་ར་སཾ

ཏྲ་ར་ཝརྟྨི་ཏི་སམཏ་ཏ་ཐཱ་ག་ཏ། བཛྲ་ཀཱ་ཡ་ཨ་དྷི་ཥྛི་ཏེ་སྭཱ་ཧཱ།

嗡瑪訥班則舍達雅班則瑪咼淞內波札巴訥哈那哈那班則嘎貝 札薩雅札薩雅 薩瓦瑪咼波巴那訥吽吽 桑達咼桑達咼波d達美哲薩瓦達塔嘎達 班則嘎巴阿地徹得索哈

《珠寶圓滿無量殿詳細密儀軌》中說：「此咒是金剛大寶圓滿無量殿極住秘密的陀羅尼咒，本師釋迦佛成佛時，此陀羅尼咒轉變爲三千金剛自性而使所有兵器雨變成鮮花，摧毀魔眾。佛陀也親言：縱然百般苦行，但如果未獲得此陀羅尼咒也無法成就菩提、擊敗魔眾等。依靠此咒能成就佛身，僅持誦此陀羅尼咒的名稱也等於持誦了所有如來名號。只是念誦這一咒語也相當於供養、恭敬承侍、頂禮一切佛陀。聽聞、受持、讀誦這一陀羅尼咒等以及見到牆壁上寫著，也能消除五無間罪、轉生無間地獄、捨正法、謗聖者、從事屠宰等下劣行業者、聾盲跛駝背等往昔的業障者、被魔左右者、被惡見引誘者、著魔者的過患，而令他們從無上菩提中不退轉。旁生見聞此咒也會如此。末法濁世，不孝敬父母、誹謗聖者與正法等造各種不善業者如果聞誦繕寫此陀羅尼咒，那麼不僅僅是他，凡是見聞他以及碰到彼影子之所有眾生也將無餘清淨罪業而於即生中獲得成百上千功德，依靠此陀羅尼咒能遠離一切罪障、具足一

切善根、消滅一切魔眾，令一切世間眾生歡喜，不受毒、刃等一切損害。不受一切世間痛苦，身體年輕端嚴，聲音悅耳動聽，不患一切疾病，不會有聾盲跛等殘廢現象，死時辯才不盡，心不煩亂，現見諸佛賜安慰。受持此咒者詛咒等不能加害，夢中見到佛菩薩。此乃一切善逝之心咒，也是波羅蜜多、神變等諸法之密。」

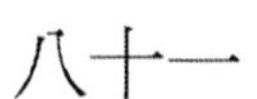

八十一

ཨོཾ་བི་པུ་ལ་གརྦྷེ། མ་ཎི་པྲ་བྷེ། ཏ་ཐཱ་ག་ཏ་ནི་དེ་ཤ་ནེ། མ་ཎི་མ་ཎི་སུ་པྲ་བྷེ། བི་མ་ལེ། སཱ་ག་ར་གམྦྷཱི་རེ་ཧཱུྃ་ཧཱུྃ། ཛྭ་ལ་ཛྭ་ལ། བུད་དྷ་བི་ལོ་ཀི་ཏེ། གུ་ཧྱ་ཨ་དྷིཥྛི་ཏེ་གརྦྷེ་སྭཱ་ཧཱ།

嗡波波拉嘎貝　瑪訥札貝　達塔嘎達訥得夏訥　瑪訥瑪訥色札貝　波瑪累　薩嘎**昂**嘎m波熱吽吽　卓拉卓拉　波d達波洛革得　革嘿阿地徹得嘎貝索哈

彼儀軌中又云：寶珠圓滿無量殿極住秘密殊勝的這一陀羅尼咒，能遣除罪業、痛苦，令成佛果，此咒的功德於百千劫中也無法言盡，諷誦此咒能得不退轉果，使魔等一切外敵無機可乘，增上無量善根，僅僅憶念一次也能獲得無量功德。觀世音菩薩的其他續中也出現過這一陀羅尼咒。共稱爲是摧毀一切罪障的陀羅尼

淨除業障百咒功德

咒。

八十二

ཨོཾ་པདྨོ་ཏྲ་ར་ཨ་མོ་གྷ་ཛ་ཡ་ཏེ་ཙུ་རུ་ཙུ་རུ་སྭཱ་ཧཱ།

嗡班莫達咼阿莫嘎匝雅得則熱則熱索哈

在《珠寶圓滿無量殿詳細密儀軌》中緊接著上一咒語的後面說：所謂「嗡班莫達咼阿莫嘎匝雅得則熱則熱索哈」也有加上不空羂索觀世音菩薩心咒的。下面宣說它的功德，如果每一日念誦一百零八遍，那麼毀滅十三種違緣，是哪十三種違緣呢？即火、水、毒、刃、風、屋頂坍塌、墜崖、曜、詛咒、瘟疫、對方軍隊懲罰、國王懲罰、配製的毒藥，不會受到這些損害。相貌端正、聲音悅耳、具有等持、利益眾生、無礙成辦事業、業異熟果清淨、壽命長久、眷屬眾多、受用無盡、通曉諸論、供養諸佛、如意滿願、死後往生極樂世界獲得不退轉果，獲得如是十三種功德。如果諷誦十萬遍此明咒，那麼對此人以身體損惱毆打、顯現醜陋，語言揭露過失、言說刺耳語，心裡對他眾的貪心、害心、邪見的眾生，也能獲得解脫，那其他眾生就更不必說了。任何眾生看見他的身相、聽聞他的聲音、接觸到身體的影子與氣味也會脫離惡趣。如果在臨終者的耳邊念誦七

遍，或對著死者的骨骸念誦二十一遍，那麼對方能從惡趣中解脫。對於享用十方僧眾的黑財者，千佛也未開許懺悔，但依靠念誦一百零八遍此陀羅尼咒，也能得以清淨。因此，縱然三千世界遍布火坑，也應當越過而尋覓此法，不爲罪業所染清淨的這一密咒的功德即便在數劫中言說，也無法說盡。

八十三

ཨོཾ་བྷྲཱུཾ་སྭཱ་ཧཱ། ཨོཾ་ཨ་མྲི་ཏ་ཨཱ་ཡུརྡ་དེ་སྭཱ་ཧཱ།

嗡哲 m 索哈 嗡阿莫日達阿葉日達得索哈

這是頂髻尊勝佛母的心咒與近咒，能解脫一切惡趣，增勝壽命、福德，功德無量。

八十四

ཨོཾ་ན་མ་སྟྲཻ་ཡ་དྷྭི་ཀཱ་ནཱཾ་སརྦ་ཏ་ཐཱ་ག་ཏ་ཧྲི་ད་ཡ། གརྦྷེ་ཛྭ་ལ་ཛྭ་ལ་དྷརྨ་དྷཱ་ཏུ་གརྦྷེ་སཾ་བྷ་ར་མ་མ་ཨཱ་ཡུཿསཾ་ཤོ་དྷ་ཡ་སཾ་ཤོ་དྷ་ཡ། མ་མ་སརྦ་པཱ་པཾ། སརྦ་ཏ་ཐཱ་ག་ཏ་ས་མནྟོ་ཥྞཱི་ཥ་བི་མ་ལེ་བི་ཤུད་དྷེ་ཧཱུྃ་ཧཱུྃ་ཧཱུྃ། ཨཾ་བཾ་སཾ་ཛཿསྭཱ་ཧཱ།

嗡那瑪賊雅德嘎囊薩瓦達塔嘎達舍達雅嘎貝卓拉卓拉達瑪達德嘎貝桑巴昂瑪瑪阿葉桑秀

達雅桑秀達雅　瑪瑪薩瓦巴幫　薩瓦達塔嘎達薩曼門訥卡波瑪累波謝d得吽吽吽　昂旺桑匝索哈

這是頂髻無垢佛的心咒，僅僅見聞也能清淨一切業障，僅僅憶念此咒壽命已盡也可恢復，能產生無量福德，如意實現心願。此後不會感受死亡的痛苦，不會入胎，能回憶宿世等功德無量。

八十五

ༀ་སརྦ་ཏ་ཐཱ་ག་ཏོ་ཥྞཱི་ཥ་དྷཱ་ཏུ་མུ་དྲཱ་ཎི་སརྦ་ཏ་ཐཱ་ག་ཏ་དྷརྨ་དྷཱ་ཏུ་བི་བྷཱུ་ཥི་ཏ་ཨ་དྷིཥྛི་ཏེ་ཧུ་རུ་ཧུ་རུ་ཧཱུྃ་ཧཱུྃ་སྭཱ་ཧཱ།

嗡薩瓦達塔嘎多訥卡達德莫札訥薩瓦達塔嘎達達瑪達德波波克達阿地徹得呵熱呵熱吽吽索哈

這是秘密舍利陀羅尼咒，依靠此咒能現前如來智慧身，滅盡三有之業與痛苦，獲得一切有寂功德，利益無量。

八十六

ༀ་སརྦ་ཏ་ཐཱ་ག་ཏ་བྱཱ་བ་ལོ་ཀི་ཏེ་ཛ་ཡ་ཛ་ཡ་སྭཱ་ཧཱ། ༀ་ཧུ་རུ་ཧུ་རུ་ཛ་ཡ་མུ་ཁེ་སྭཱ་ཧཱ། ༀ་བཛྲ་ཨཱ་ཡུ་ཥེ་སྭཱ་ཧཱ།

嗡薩瓦達塔嘎達貝巴洛各得匝雅匝雅索哈

嗡呵熱呵熱匝雅匝雅莫克索哈　嗡班則阿葉克索哈

這是菩提果十萬莊嚴的心咒與近咒，能增長壽命、成辦一切所欲之事，瞬間清淨所有業障，產生無量無邊福德，獲得佛陀如金剛般的法身，這一咒王能成辦一切事業。頂髻尊勝等這所有咒廣的功德在各自陀羅尼中有宣說，當從中了知。

八十七

ༀ་ན་མཿས་མནྟ་བུདྡྷ་ནཾ་སརྦ་བུདྡྷ་བོ་དྷི་ས་ཏྭ་ཧྲི་ད་ཡཾ་ནི་པེ་ཤ་

ནི་ན་མཿསརྦ་བིད྄་སྭཱ་ཧཱ།

嗡那瑪薩曼達波 d 達囊薩瓦波 d 達布德薩埵舍達恙訥貝夏訥那瑪薩瓦布 d 雅索哈

這是《普明現前菩提續》中所說的一切佛菩薩的殊勝總持咒，應當了知它有隨從無量佛菩薩的無量功德。

八十八

ན་མཿསརྦ་ཏ་ཐཱ་ག་ཏ་ཧྲི་ད་ཡ་ཨ་ནུ་ག་ཏེ། ༀ་ཀུ་རུཾ་གི་ནི་སྭཱ་

ཧཱ།

那瑪薩瓦達塔嘎達舍達雅阿訥嘎得 嗡革讓革訥索哈

其他經中說：「誦一遍此如來總持咒『那瑪、薩瓦達塔嘎達舍達雅阿訥嘎得、嗡革讓革訥索哈』亦能滅盡八百萬劫中所積累的業障。」

八十九

ཨོཾ་ཨཱ་ལི་ཀཱ་ལི་ཛྙཱ་ན་པཉྩ་དཱ་ཀྲོ་ད་མུ་ན་ཡེ་སྭཱ་ཧཱ།

嗡阿樂嘎樂嘉那班匝薩埵卓達莫那耶索哈

前譯派《八大法行集一切善逝續》中云：「前後加嗡哈，中住十六字，集聖百部咒，能成辦一切。獲三門悉地，十方三世佛，得諸佛悉地。」它是圓滿寂猛本尊的殊勝心咒，「阿樂嘎樂」爲普賢佛父佛母的密咒，「嘉那班匝」爲五部佛父佛母的密咒，「薩埵」爲勇士勇母的密咒，「卓達」爲一切忿怒尊忿怒母的密咒，「莫那」爲化身六能仁的密咒，這都是極爲殊勝的明咒。

九十

ཨོཾ་ཨཱཿཧཱུྃ་བཛྲ་མ་ཧཱ་གུ་རུ་སརྦ་སིདྡྷི་ཧཱུྃ།

嗡阿吽班則瑪哈革熱薩瓦色德吽

這是八大法行內修持明上師的殊勝心咒，三世所有上師持明的心咒均包括在唯一此咒中，加持根本諸上師的這一密咒僅僅念誦也獲得無量功德。

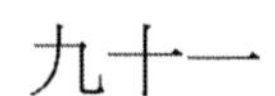

九十一

ཨོཾ་བོ་དྷི་ཙིཏྟ་མ་ཧཱ་སུ་ཁ་ཛྙཱ་ན་དྷཱ་ཏུ་ཨཱཿ

嗡布德則達瑪哈色啰嘉那達德阿

這是《八大法行集寂猛善逝續》中所說的寂靜如來金剛界大壇城的總心咒，無論是任何寂靜本尊的心咒都可以說是這一咒語，因此應當恭敬念誦功德加持殊勝的這一心咒。

九十二

ཨོཾ་རུ་ལུ་རུ་ལུ་ཧཱུྃ་བྷྱོ་ཧཱུྃ།

嗡熱樂熱樂吽玖吽

這是一切善逝真實意金剛黑日嘎的極密殊勝究竟心咒，也被稱爲忿怒總持咒，堪爲一切密咒瑜伽母續甚深究竟勝樂金剛，我等大師釋迦佛也於此刹土未包括的二十四聖境示現的化身沒有隱沒而住世，在其他刹土中以佛陀相面向贍部洲而宣說勝樂續。在此刹土依靠他的咒語而成就。這是大家共稱的。《勝樂續》也稱爲

《黑日嘎噶波續》，其中云：「身佛陀雙運，語輪勝樂續，意真實成說。」諸佛雙運稱爲空行勝樂，護輪稱爲勝樂輪金剛，真實成就共稱爲幻化勝樂。一般來說，依靠此咒能迅速成就勝樂本尊的所有密咒，只是念誦也能成就，這所有的續部中最甚深的就是此真實幻化勝樂續，因而稱爲甚深真實部。印藏諸位持明者眾所周知，如《大普賢王自住續》中云：「三千大千世界中，身之壇城雖無量，然黑日嘎身最勝。」又云：「三千大千世界中，意之幻化雖無量，然智勇士意最勝。」浩瀚無邊的壇城所有修法中最甚深的叫做金剛意修法。這一咒語也是以前污濁的大熱札號叫聲加持爲大吉祥智慧咒，成爲善逝殊勝表示的深義，是僅僅念誦也受到一切智慧天尊加持、不由自主集聚諸空行母的殊勝密咒。續中云：「此熱樂爲大希奇，此熱樂能生證悟，此熱樂能斷障礙，此熱樂能得悉地，增上意樂八字寶，一切如來之意寶，本來智慧精華故，加持八字現手印。」《大普賢自住續》中云：「三千大千世界中，語之壇城雖無量，然八文字語最勝，即是具緣我之語。」智慧幻變的這一心咒現爲一切天尊與壇城的根本，如果了知此咒爲法性而諷誦，則如烈火燃草般速疾焚燒一切破誓與罪障，迅速成就浩瀚事業與智慧悉地，由於首先必須得受灌頂具足誓言，因而絕對要極爲秘密地修持。

九十三

ཨ་ཧ་རི་ནི་ས་ཧཱུྃ།

阿哈熱訥薩吽

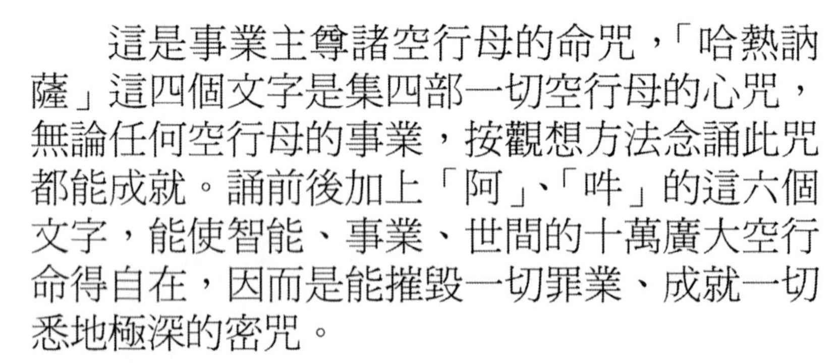

這是事業主尊諸空行母的命咒，「哈熱訥薩」這四個文字是集四部一切空行母的心咒，無論任何空行母的事業，按觀想方法念誦此咒都能成就。誦前後加上「阿」、「吽」的這六個文字，能使智能、事業、世間的十萬廣大空行命得自在，因而是能摧毀一切罪業、成就一切悉地極深的密咒。

九十四

ཨོཾ་ཨཱཿཔྲཛྙཱ་ཧྲྀཀ་ཧཱ་ཧཱུྃཿ

嗡阿札嘉哲 g 哈吽

這是能清淨破誓言的殊勝甚深誓言金剛誦。

九十五

ཨོཾ་ཨཱཿཧཱུྃ་ཧྲཱིཿ ཨོཾ་མ་ཧེ་པདྨེ་ཧཱུྃཿ ཨོཾ་བཻ་རོ་ཙ་ན་ཧཱུྃ་ཨ་ཀྲོ་ཧྲཱུྃ།

རཏྣ་སམྦྷ་ཝཿཨ་མི་དྷེ་ཝཿ ཨ་མོ་གྷ་སིདྡྷི་ཧཱུྃ། ཨོཾ་པདྨ་ནརྟ་མ་ཏྲ་ཨ་མོ་གྷ་པྲ་ཤ་སྲུ་དྡྷ་ཡ་ས་མ་ཡ་ཧྲི་ད་ཡཱུ་ཚ་ར་ཚ་ར་ཧཱུྃ། ན་མོ་ཛྙ་ག་ཝ་ཏེ་ཨཱརྱ་ཨ་བ་ལོ་ཀི་ཏེ་ཤྭ་རཱ་ཡཿ བོ་དྡྷི་ས་ཏྭ་ཡ་མ་ཧཱ་ས་ཏྭ་ཡ་མ་ཧཱ་ཀཱ་རུ་ཎི་ཀཱ་ཡཿ སིདྡྷི་མནྟྲ་ཡ་ཡ་ནི་སྭཱ་ཧཱ།

嗡阿吽舍 嗡瑪訥巴美吽 嗡貝若匝那吽阿覺貝 **咼**那桑巴瓦 阿莫得瓦 阿莫嘎斯德吽 嗡班瑪嘿達瑪哈阿莫嘎巴夏薩達雅薩瑪雅舍達恙匝**咼**匝**咼**吽 那莫巴嘎瓦得阿雅阿瓦洛革得秀**咼**雅 布德薩埵雅瑪哈薩埵雅瑪哈嘎熱訥嘎雅斯德曼札雅雅訥索哈

阿達釀與日稱等伏藏大師的伏藏品中再三出現過這一咒語，是蓮花生大師在聖者觀世音菩薩前請求的，是不觀待聞思修行等勤作而阻斷惡趣之門、前往佛剎的方便，被稱爲聞解脫、受解脫。「以聲美妙動聽歌，具發心之瑜伽士，若令眾聞誦此咒，聞聲一切諸有情，縱是地獄類罪業，若聽一遍此聲音，則獲佛果何須說，必定無疑得解脫。如若平時常諷誦，舍利金剛舍利現，故瑜伽士當珍愛。益西措嘉女子我，表示文字作伏藏，願具宿緣者值遇。」於諸化身伏藏大師的伏藏品中迎請。

ན་མ་སྟྲི་ཡ་དྷྭི་ཀཱ་ནཱཾ་སརྦ་ཏ་ཐཱ་ག་ཏེ་བྷྱཿ ཨརྷ་ཏེ་བྷྱཿ
སམྱཀྶཾ་བུདྡྷེ་བྷྱཿ ཏདྱ་ཐཱ། ཨོཾ་ཀུ་མཱ་ར་རཱུ་པི་དྷཱ་ར་ཎི། ཝི་ཤྭ་
སཾ་བྷ་ཝ། ཨཱ་གཙྪཱ་ཨ་གཙྪ། ལ་ཧུ་ལ་ཧུ། ཧྲཱྀཾ་ཧྲཱྀཾ། ཧཱུཾ་ཧཱུཾ། ཛི་ན་ཛིཀ།
མཉྫུ་ཤྲཱི་ཡེ། ཤུ་ཤྲཱི་ཡེ། ཏཱ་ར་ཡ་མཱཾ། སརྦ་དུ་ཁེ་བྷྱཿཕཊ་ཕཊ། ཤ་མ་ཡ་
ཤ་མ་ཡ་། ཨ་མྲྀ་ཏོདྦྷ་བ། ཨུཏ་བྷ་བེ། སརྦ་པཱ་པཾ་མེ་ནཱ་ཤ་ཡ་སྭཱ་ཧཱ།

那瑪賊雅德嘎囊薩瓦達塔嘎得貝 阿爾哈得貝 桑m雅g桑波d得貝 達雅塔 嗡革瑪咼熱波達咼訥 布秀桑巴瓦 阿嘎匝阿嘎匝 拉呵拉呵 哲m哲m、吽吽 則那則g 曼則西日耶 色西日耶 達咼雅瑪 m 薩瓦德克貝啪達啪達夏瑪雅夏瑪雅 阿莫爾多d巴瓦 俄達巴喂 薩瓦巴幫美那夏雅索哈

《文殊根本續中》說：「欲入一切行爲，通曉一切菩提道、趨入法界、安住於聖者文殊身者，臨終時當憶誦殊勝秘密明咒王爲何？即此咒。依文殊此殊勝心咒能滅息一切違緣，滅盡一切罪業，擺脫一切痛苦，長壽無病，成富足、殊勝善緣、語自在，能讚歎一切明咒王。誦此咒時出現大地震動、六道有情獲得安樂之驗相。作意此咒若無捨法之心，則魔王波旬亦無機可乘，令一切邪魔逃之夭夭。如是功德不可思議，佛、法不可思議故，唯有佛陀徹知，當思此而發心。」如今《文殊根本續》的藏文版

咒語中，文字多達百字的這一咒語「嗡」以下稱爲滅盡一切罪業之陀羅尼咒，這一咒語在《不動佛續》中也出現過，因此是參照此續而善加抉擇撰寫。

九十七

ན་མ་ཏྲཻ་ཡ་དྷྭི་ཀཱ་ནཾ་ཏ་ཐཱ་ག་ཏཱ་ནཾ་སརྦ་ཏྲཱ་པྲ་ཏི་ཧ་ཏཱ་པཱ་ཏྟི། དྷརྨ་ཏཱ་པཱ་ལི་ནཾ། ཨོཾ་ཨ། ས་མ་ས་མ་ས་མནྟ་ཏོ། ཨ་ནནྟ་པཱ་ཏྟི་ཤཱ་ས་ནེ་ཧ་ར་ཧ་ར་སྨྲ་ར་སྨྲ་ར་ཎཻ་བི་ག་ཏ་རཱ་ག་བུད་དྷ་དྷརྨ་ཏེ། ས་ར་ས་ར་ས་མ་བ་ལ་ཧ་ས་ཧ་ས། ཙ་ཡ་ཙ་ཡ། ག་ག་ན་མ་ཧཱ་བ་ར་ཎ་ལཀྵ་ཎེ་ཛྭ་ལ་ཛྭ་ལ་ན་སཱ་ག་རེ་སྭཱ་ཧཱ།

那瑪賊雅德嘎囊達塔嘎達囊薩瓦札匝德哈達巴德 達瑪達瓦樂囊 昂阿薩瑪薩瑪薩瑪曼達多 阿南達巴德夏薩訥哈⿱日阿哈⿱日阿瑪⿱日阿瑪⿱日阿訥波嘎達⿱日阿嘎波d達達瑪得 薩⿱日阿薩⿱日阿薩瑪巴拉哈薩哈薩 札雅札雅 嘎嘎那瑪哈瓦⿱日阿那拉g夏訥卓拉卓拉那薩嘎⿱日阿索哈

《三誓言莊嚴續》中云：「善逝之心咒成無礙具義而成就。依靠善逝的這一心咒能享受一切如來的加持以及具有善巧方便的菩薩的特殊心咒，此咒所成辦的事業：即便在百劫中也享用不完如來的教法，然而，如果隨念佛陀而念誦一切佛菩薩加持力與成就各種力量的這一心咒，那麼就能見到有佛陀出世的種種世間界。傳出語輪聲，降下珍寶雨，並且那一正士能依靠無量法門隨從一切眾生而真實成就相合所化眾生根基、相應隨念一切事業真實儀軌的陀羅尼咒，以及隨應一切眾生，相應一切有情的界性、根基、信解的各種形象。隨入特別緣一切善逝的解脫之門等種種解脫門。在一切有情界中，爲所有餓鬼降下飲食雨，爲地獄有情帶來涼觸與暖觸，解除一切旁生互相啖食的痛苦等，淨除各種信解的眾生之界；能賜予加持，能令他們相續成熟，令他們歡喜、令他們解脫，將他們安置在菩提乘中，能宣講地、波羅蜜多的竅訣，漸次令他們獲得菩提，能滅盡一切痛苦、煩惱、能成辦善法。總而言之，根據自己的發願、福德與智力，依靠佛陀的加持力而在一切有情界中成辦如來的事業。」依靠儀軌與咒能成就持明等極多事業法。此心咒能使不捨信心與菩提心，因此，無論具不具有福德，具不具足戒律，具不具有善巧方便，具不具備畫像、供養、沐浴等清潔，甚至未斷魚肉等葷食者如果持誦，都必定成就，只是依靠緣佛菩薩的心就可成就。對於想依靠畫像修行，關於它的儀軌等續部也有詳細說明。依靠這一咒語供養佛菩薩、緣眾生界而修行不會出現魔障，並

且輕而易舉成就，無病長壽，消除煩惱，滅除惡趣的痛苦，增上安樂等。無論觀想所想的任何事而念誦，都能如是實現，根據上、中、下的次第而成就。

九十八

ན་མཿསརྦ་བུདྡྷ་བོ་དྷི་ས་ཏྭ་ནཱཾ་བ་ར་བ་ར། སམྦྷཾ་སམྦྷཾ།
ས་མ་ས་མ། ཀུ་རུ་ཎཾ་ཀུ་རུ་ཎཾ། ཏུ་རུ་ཏུ་རུ། སུ་རུ་སུ་རུ། ཨ་ཏི་ཨ་ཏི།
ཨ་མྲི་ཏཾ་ཨ་མྲི་ཏཾ། ཨ་ཏི་ཨ་ཏི། པྲི་རཾ་པྲི་རཾ། ཨུ་ཏི་ཨུ་ཏི། ཤུ་རཾ་ཤུ་རཾ།
ཧ་ཧ་ཧ་ཧ། མ་ཧཱ་སམ་ཡ། ན་མཿཧཱ། ཨ་མ་ལ་སིདྡྷི་ཏྭ་ཡ་ཀེ། བྷྱཿསརྦ་
བུདྡྷ་བོ་དྷི་ས་ཏྭ་བྷྱཿ སརྦ་ཨ་ནནྟ་མ། ཏྲེ་བྷྱཿམ་ཧཱ་ཀཱ་རུ་ཎི། སྨ་ལི་ནི།
ཧྲི་ས་མ་ཡེ་ཛྭ་ལ་སྭཱ་ཧཱ།

那瑪薩瓦波d達波德薩埵囊巴局巴局　薩旺薩旺　薩瑪薩瑪　嘎熱囊嘎熱囊　達局達局　薩局薩局　阿德阿德　阿莫當阿莫當　阿德阿德　波讓波讓　阿德阿德　謝讓謝讓　哈哈哈哈　瑪哈薩瑪雅　那瑪札　阿瑪拉斯德達雅給貝　薩瓦波d達布德薩埵貝　薩瓦阿南達瑪　達也貝瑪哈嘎熱訥　瑪樂訥　哲薩瑪耶卓拉索哈

如是《三誓言莊嚴王續》在宣說善逝百字

心咒後又講了菩薩的這一百字心咒，能使諸佛菩薩的事業無有障礙，究竟趨至最初的法界，是一切善逝一同宣說的。「此三不可思，諸佛之解脫，勝淨諸有情，作用不可思，諸勇士於此，均依此威力，加持再加持，一切諸事業。此大密主尊，稱無量大悲，諸行境即此，故無與此同。智者以信欲，以此調眾生，真實當成辦。」

九十九

ཨོཾ་བཛྲ་ས་ཏྭ་ས་མ་ཡ་མ་ནུ་པཱ་ལ་ཡ། བཛྲ་ས་ཏྭ་ཏྭེ་ནོ་པ། ཏིཥྛ་དྲི་ཌྷོ་མེ་བྷ་ཝ། སུ་ཏོ་ཥྱོ་མེ་བྷ་ཝ། ཨ་ནུ་ར་ཀྟོ་མེ་བྷ་ཝ། སུ་པོ་ཥྱོ་མེ་བྷ་ཝ། སརྦ་སིདྡྷི་མྨེ་པྲ་ཡ་ཙྪ། སརྦ་ཀརྨ་སུ་ཙ་མེ། ཙིཏྟཾ་ཤྲི་ཡཿཀུ་རུ་ཧཱུྃ། ཧ་ཧ་ཧ་ཧ་ཧོ། བྷ་ག་ཝཱན། སརྦ་ཏ་ཐཱ་ག་ཏ། བཛྲ་མ་མེ་མུཉྩ། བཛྲཱི་བྷ་ཝ་མ་ཧཱ་ས་མ་ཡ་ས་ཏྭ་ཨཱ།

嗡班則薩埵薩瑪雅　瑪訥巴拉雅　班則薩埵底耨巴德叉哲晝美巴瓦　色多卡約美巴瓦　阿訥日阿多美巴瓦　色波卡約美巴瓦　薩瓦斯德瑪美匝雅札薩瓦嘎瑪色匝美　則當西日雅革熱吽　哈哈哈哈火　巴嘎萬　薩瓦達塔嘎達　班則瑪美莫札班則巴瓦瑪哈薩瑪雅薩埵阿

前譯大法部《無垢王懺悔續》中金剛薩埵

親言：「我亦持誦一切善逝之意精華，能遣除一切失戒與分別妄念障礙之此咒，具有失戒瑜伽與分別妄念障礙積蓄惡習之汝等諦聽：若一時間能念誦此等咒語一百零八遍，則能酬補一切所失之戒，擺脫墮三惡趣。若具任何瑜伽本尊而誦，則彼人即生中蒙受三世諸佛聖子垂念、護佑，死後亦無疑成爲諸善逝之聖子。」《勝馬遊舞續》中云：「無上密咒王，僅一次念誦，亦滅一切罪，成辦諸事業。」《殊勝灌頂王續》中亦云：「金剛薩埵說此語，清淨無間罪異熟，恢復密宗之誓言，一般不善何須說？何者爲病所折磨，亦定脫離彼痛苦，傳染瘟疫出現時，自己明觀爲本尊，誦此心咒不受害。何者受惡咒刃擊，持誦此咒反回己。求義啓程誦此咒，必定脫離畏懼聲。魔障畏障損害時，誦此明咒彼魔逃，任何有情雖求子，依此明咒傳宗代，遭受煩惱貧困者，念誦此咒得珍寶，何者攝眷若誦此，三有亦集爲眷屬。四種事業定成就。自己持誦能清淨，冒犯晦氣百字明，依此酬補諸失戒，根除惡趣誦此咒。若於時機成熟時，明觀見修誦此咒，三七十四二十一，抑或一百零八遍，則能酬補諸失戒，從三惡趣得解脫。觀想本尊誦此咒，成爲三世佛之子。」在此略續中也宣說了此密咒：「依此咒即便是造無間罪、欺騙一切如來、詆毀正法及造所有罪業者，依靠一切如來的手印金剛薩埵，現世中能迅速成就一切所求的悉地，或者殊勝悉地、金剛悉地，

或金剛薩埵悉地，或善逝之悉地。」這是出有壞如來金剛薩埵親口說的。金剛薩埵的這一百字明在許多續中都出現過，是破密乘誓言等所有重罪的無上對治法，僅僅念誦，以前的一切罪業也會清淨無餘，以後增上的相續能永遠滅除，堪稱爲一切悉地大主尊、一切密咒之王。也有將「色波卡約」等加在「阿訥喬多」前面的，無論如何都無有差別。

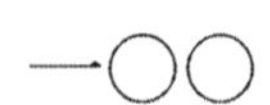

ཨོཾ་ཨ་ཨཱ་ཨི་ཨཱི་ཨུ་ཨཱུ་རྀ་རཱྀ་ལྀ་ལཱྀ་ཨེ་ཨཻ་ཨོ་ཨཽ་ཨཾ་ཨཿསྭཱ་ཧཱ།

嗡阿阿俄俄嗚嗚熱熱樂樂誒誒沃沃昂阿索哈

此十六元音字母是受持智能分的咒語，僅僅念誦也能消除罪業、成就密咒等，功德廣大。大圓滿諸續部中稱之爲能解脫於無生法身中的心咒。《金剛帷幕續》中云：「除開初終加嗡、索哈，念誦昂之間十五元音，依此咒勸請之諸佛子手中真實安住女幻大樂。」此等均說明它是一切瑜伽母與本尊的殊勝密咒。

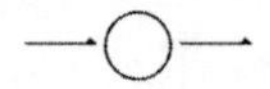

ཨོཾ་ཀ་ཁ་ག་གྷ་ང་། ཙ་ཚ་ཛ་ཛྷ་ཉ། ཊ་ཋ་ཌ་ཌྷ་ཎ། ཏ་ཐ་ད་དྷ

ན། པ་ཕ་བ་བྷ་མ། ཡ་ར་ལ་ཝ། ཤ་ཥ་ས་ཧ་ཀྵ་སྭཱ་ཧཱ།

嗡嘎哢噶噶昂 匝擦匝匝釀 札叉札札那 達塔達達那 巴帕瓦巴瑪 雅啰拉瓦 夏卡薩哈 嘉索哈

這些輔音咒是能受持方便分、解脫於無滅化身中、本來自成的殊勝密咒，僅僅持誦便能滅盡罪業、獲得悉地。如是這些元音與輔音是一切咒語的根本，許多般若經與密續中都說每一文字都是無量陀羅尼之門、現法之門的來源，一切本尊的種子，成就一切事業之咒。《繫解脫》中稱之爲無滅化身文字。所有咒語無不由此而生。因此，如果持誦這些一切明咒的根本，則使不清淨的咒語得以清淨，增勝咒語的威力，蒙受諸佛加持。《瑜伽母普行續》中也云：「說此阿嘉五十字，此乃出有壞三尊，極殊勝性而安住，一切本尊之種子，亦是一切密咒因。何者恆時修習此，恆常持誦與思維，依瑜伽而初念誦，即與黑日嘎無二。」

一〇二

ཨོཾ་ཡེ་དྷརྨཱ་ཧེ་ཏུ་པྲ་བྷ་ཝཱ། ཧེ་ཏུནྟེ་ཥཱན྄་ཏ་ཐཱ་ག་ཏོ་ཧྱ་བ་དཏ། ཏེ་ཥཱཉྩ་ཡོ་ནི་རོ་དྷ་ཨེ་བཾ་བཱ་དཱི་མ་ཧཱ་ཤྲ་མ་ཎཿཡེ་སྭཱ་ཧཱ།། ||

嗡耶達瑪黑德札巴瓦 黑敦得堪達塔嘎多

哈雅瓦達 d 得堪匝友訥若達誒旺巴德瑪哈夏日瑪那耶索哈

此緣起咒是一切善逝的法身，誰見緣起即見善逝。哪怕是將它放在柚柑子大的小佛塔當中，今生中也能生起梵天福德。持誦一遍此咒能清淨一切罪業，平息、遣除一切違緣，如果觀想任何事物而誦，相當於造佛像或佛塔。若觀想任何供品而誦，則等於供養遍滿世間界的供品。如果恆時念誦，則圓滿一切心願，任何損害也不能侵害，完整受持一切正法。如果誦十萬遍，那麼將如願實現一切所求之事。在它的各種事業儀軌中也有宣說。大圓滿繫解脫咒中說這也是能獲得化身安住相續解脫的心咒。總之，一切如來的手印，猶如諸法的生命一般，功德不可思議。

上述一百明咒密咒如意寶王，於大壇城獲得灌頂並守誓言、對本尊密咒有殊勝信心不生懷疑，特別緣眾生界的大悲之人而發殊勝菩提心，按照各咒的本尊修法而念誦；或者雖然未能如此，但觀想普賢如來或金剛薩埵，或者自己的任何一位本尊作爲主尊的所有佛菩薩在前方的虛空中安住，身體放射智慧光芒，降下甘露妙雨，清淨自己與遍布虛空的一切眾生的所有罪障煩惱習氣，一邊這樣觀想一邊念誦這些心咒；或者依照《三誓言莊嚴續》中所說的善巧方便信解心的儀軌而念誦也可以；有時觀想所有佛剎出現廣大供雲而供養勸請，於一切眾生界中以佛菩薩的幻化雲而遣除所有衰敗，以猛烈

的欲樂緣暫時究竟的利樂再次勸請的方式而持誦也可以。

此一百咒部每一咒，下等者持誦一百遍、中等者一千遍、上等者一萬遍、最上等者十萬遍，那麼成就密咒特別大的魔障、無始的障礙在即生中都能清淨，無疑會享受現見世間出世間悉地喜宴的妙法。爲什麼呢？因爲如來的言教何時也不會欺惑的，（如來）已宣說了上面所有明咒的功德。如果對所宣講的這些語言無有模棱兩可的心態，那麼依此必定能成就密咒，因而堅定不移誠信極爲重要。

本來，諸佛菩薩的任何名號與密咒沒有不能遣除障礙的，但對於這所有的密咒王，以淨除自己與一切有情罪障的希求心鄭重持誦至關重要。所有罪過、衰敗的根源就是障礙，如果障礙能得以清淨，那麼所求的悉地必定輕而易舉獲得。在這一百個明咒的範疇內，圓滿的續中所說遣除耽著的二十五字咒語能使輪迴的所有迷現障礙迅速解脫於自地，無勤中顯現清淨身智，它是佛陀的法性金剛的殊勝自聲，因此對於能解脫於彼等與普賢佛父佛母密意法身中的所有密咒應當精勤持誦。這些也應當順便了知。此外，對於如來的教法，所有經部續部中所說的無量陀羅尼咒、密咒，無論修持哪一個，功德都是無量的，這一點雖然不需要說，但是在此以僅是一個密咒也能利益自己和與自己同緣分的他眾的心態而從如來的甚深教法中擷取出來，於十五勝生周土狗年（公元一八九八年）室宿月（藏曆七月十五至八月十五）初一開始寫至十日完稿，即藏曆七月十五至二十五日。作者麥彭文殊歡喜金剛。以此願唯以我來成辦救度沉溺於迷現業惑苦海中無有自在的無量有情趨入無上安樂的怙主佛菩薩的事業，令時空所攝的有情無一餘留，均

獲得大樂吉祥普賢王果位。在尚未現前如是果位之前，願暫時如文殊與普賢菩薩的事蹟一樣以無量幻變隨時隨地遣除一切眾生的所有痛苦，給他們帶來所有利樂。薩德斯德芒嘎朗！

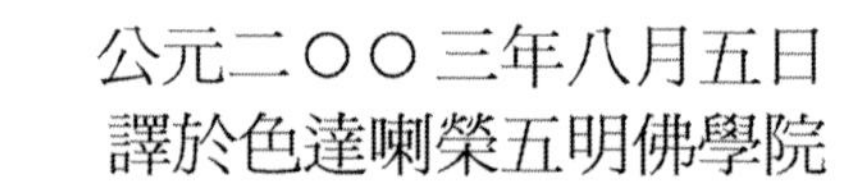
公元二〇〇三年八月五日
譯於色達喇榮五明佛學院

十大誓願

選自《克珠傑傳記》
索達吉堪布　譯

那莫革日瑪匝夠卡雅！

以最大的恭敬心頂禮皈依一切上師、佛菩薩，及具大悲力、大願力、無礙慧眼者！

以清淨意樂虔誠祈禱本尊，加持一切所爲無有魔障善始善終！

誰以大慈大悲力，自樂些微不關注，
爲他難測之行境，無數難忍辛不厭。
發心究竟眾生親，善妙根本恩師尊，
如來佛子足下禮，彼等前曾真受戒，
除三律儀佛制戒，此外有何可承諾？
然我跟隨煩惱轉，放逸行習強有力，
屢屢傾向顛倒方，於此深生正知念，
復請佛菩薩護法，作證以強希求心，
沙門我立此十願，從今起至有生年，
縱遇命難亦不捨，設若違越所立誓，
佛佛子視如畜生，護法掏我放逸心。

如是祈請垂念後表白十大誓願：

一、無論何時，務必護持他眾的心，除非

在講述精彩奇妙之佛理的特殊情況以外，任何時候，有關軍事、盜匪、國王的話題等散亂之語絲毫也不參與，這是我的第一誓願。

二、除非好心好意爲清除佛法的染污（指邪見等）以外，無論是以沾染過患的等起抑或無記狀態未經觀察之心的驅使，絕不稱名道姓談論與自己不同相續之人三門的點滴過失，這是我的第二誓願。

三、除非自相續一心不亂，完全是以方便確定無疑對他眾有利之時以外，以有別於自己相續的有情及非有情作爲對境，不說一字一句的粗言穢語，這是我的第三誓願。

四、除非是以正知正念決定需要觀察之處以外，任何時候，絲毫也不雜煩惱心而思量親朋好友、名聞利養、散亂喧囂、貪戀嗔恨等處，這是我的第四誓願。

五、除非由於患病、行途等疲勞過度之際以外，在行善期間，對於昏沉睡眠、身體倚靠、有說有笑、飲食過量等，明明發現無有任何修行必要，徒生懈怠，當下中止，毫不遷就，這是我的第五誓願。

六、凡我所擁有的財物，當布施他人時，除非成爲失毀善行之緣、增上善根之障，或者於對方必定有害抑或有其他佛事必要、已迴向另外對境以外，無論任何人索求任何優劣用品，杜絕吝嗇不施之心，立即滿懷喜悅的心情奉送，隨即迴向圓滿菩提，這是我的第六誓願。

七、任何時候，無論是誰，不管對我還是我的朋友、受用、眷屬及隨從，進行怎樣的損害、口出怎樣的刺耳之語、揭露怎樣的過失，乃至殘忍殺害之間的所作所爲，包括首先心煩意亂、隨之懷恨在心所致的身語細微反常狀態在內必定努力加以制止，絕不以牙還牙進行報復，盡心盡力以直接間接的方式生起饒益之心並發願，這是我的第七誓願。

八、我本人在傳授灌頂、教言、竅訣、講解經續等，及作七七佛事，舉行開光、火施所得的供養，除非用於佛法方面以及最近預備縫紉、裁剪的法衣、已烹飪完畢的食物、當時正在準備的飲食此等暫時必需的衣食受用以外，大大小小的資具絕不自私自利據爲己有、執爲我所，唯一用於積累福德上，包括四句在內的法施無不以菩提心攝持而爲，這是我的第八誓願。

九、除非以絕對爲佛法著想之心防止他人於有關經義起顛倒分別以外，對其他任何善知識，絕對不說不敬不讚之語，盡力宣揚功德，無論是上下各層人士，當耳聞目睹他們大小非凡的事蹟、合法的功德時，不生絲毫不快之心，立即充滿歡喜之情，這是我的第九誓願。

十、除非在重疾纏繞、突逢盜匪等身不由己實在無法修行的危急時刻以外，乃至有生之年，每日內十法行[10]絕不間斷，六時中受願行心簡略儀軌，尤其上午自受願心菩薩戒廣儀軌，二菩提心修法認真修四座，一切威儀均以此攝持，絕不悠閒放蕩，精勤依止正知正念而適量修勝伏輪迴心念之對治——小、中士道的主要修法四座，如前依止正知正念，無上密宗壇城能依所依圓滿修四座，這是我的第十誓願。

如是我之十大願，非不情願他委託，
未假思索信口言，精進無法得實現。
是故自經詳審視，如若努力能成辦，
若成可見大必要，於諸佛子希有行，
誠心恭敬起信我，請佛菩薩護法眾，
爲吾作證立誓願，縱然遭遇生命難，
永不放棄誓言擔，復於佛子遠勝此，
無數廣大之所爲，更增希求奉行心。
此理爲主三世善，總集合生生世世，
願勝上師攝受我，永不捨二菩提心，
修持廣大佛子行，不怯勇猛至有際，
受持如來微妙法，得文殊尊慈攝受！

二〇〇四年二月二十五
譯於喇榮五明佛學院

---

[10] 十法行：繕寫、供養、施贈、聽聞、受持、披讀、開演、諷誦、思維與修習。

煙酒殺生過患

班瑪樂夏嘉措 著
索達吉堪布　譯

殊勝本師上師蓮花生，
教藏持明成就者之前，
祈禱汝等以大悲威力，
願救重罪有情離惡趣。
蒙受本尊上師之勸請，
以極清淨發心撰此文，
但願諸位莫違佛陀語，
猛厲發誓斷惡而行善。

在此，對吸煙飲酒以及屠殺野生動物之過患作概括性的闡述。先以確鑿可靠的佛經論典中所說的教義爲依據，再以通俗易懂的語言進行簡明扼要的敘述。

一、飲酒之過患：

世尊曾經親口說過：「十分酷愛飲酒者，於自與他皆無利，酒令醜陋遭誹謗，如哈拉毒莫飲之。」《念住經》中云：「製酒、飲酒、令他飲之人多轉生號叫地獄。」《宣說戒律經》中云：「飲酒者將墮入燒熱地獄。墮於此地獄之眾生長達數千年中受煎熬之苦。」此等諸多佛經中對飲酒的過失都有宣說。又如《毗奈耶經》中云：「草尖露珠許酒亦切莫飲，倘若飲用，則彼非我聲聞，我非彼本師也。」《宣說善惡經》中說：「今生飲酒後久睡不醒，死後轉生飲鐵液之地獄中。」《分辨善惡經》云：「飲酒之人將轉生飲銅液之地獄中，此間感受罪業之果報。」《金剛頂續》中云：「酒乃諸禍根，是故當斷除。」《不動威猛續》云：「智者莫飲酒，斷絕世人謗。」《勝樂戒源續》中云：「咒師若成酒瘋子，轉生號叫地獄中。」《文殊根本續》云：「咒師飲酒若已醉，百劫之中不間斷，住於號叫地獄處。」飲酒一般有三個階段，正如華智仁波切所說：「最初無度喜好時，中間飲酒已醉時，最後無心如屍時。」他又說：「何人飲酒若已醉，不成自他利之鬼，毀法世間之邪魔，永毀今生來世魔。」敦珠法王是這樣說的：「酒醉之徒增長貪心，容易著魔。」雖然諸如此類的教證不可勝數，但此處不一一列舉。如果想詳細了知，應當參閱世尊對阿難所講的飲酒三十五過患等。

此外，對於酒販子的罪過，經中說：「於僧眾之中販酒者死後感受地獄痛苦，口中灌入沸騰銅液，從唇、舌、顎到胃大腸之間全部焚燒，以致下半身悉皆焚焦，販酒者有此等業報。」此經中又說：「到處燃燒烈火堅硬之二山奔跑，地獄眾生入於兩山聚合之間。兩座山一直摩擦，不知不覺中將其變爲細粉，彼眾生罪業未

窮盡之前於數十萬年間受摩擦粉碎之苦。」如此說來，那些酒販子需要感受無量痛苦。因此，向他人販酒者應當十分小心。

無論依靠三根本壇城中哪一壇城，薈供時均需要作飲酒的表示，這是密宗的誓言，除此之外，無論顯宗還是密宗都沒有說過隨心所欲對酒作加持、傳播利眾，關於這一點下文還有說明。

二、吸煙之過患：

《金色律藏》中云：「末法濁世之毒物，出現十八種煙草，凡接觸者轉地獄，後世不生悅意境。」《具光律藏》云：「濁世末時之煙草，口鼻享用諸罪人，今生貧窮如餓鬼，來世將於百劫間，住於號叫地獄中。」鄔金蓮師曾經說：「依此臭味不淨煙，雖然終生修本尊，不會成就一本尊。諸守舍神離彼去，諸護法神遠離之，境神地神亦逃離，洞神家神財神離。冒犯凶惡之天神，病痛死亡災難起，每一年中漸衰敗，人畜眷屬現惡兆。」伏藏大師桑吉朗巴說：「享用大量惡臭具毒煙，永不厭足反增大貪愛，口水鼻涕不止失光彩，死後百次轉生地獄中。」伏藏大師繞那朗巴曾經說過：「凡觸口氣感受煙味者，等同挖出六百萬人心。」持明者夠多巴說：「濁世末期惡臭煙，僅聞味墮無間獄，是故今斷極重要。」持明者降魔金剛是這樣說的：「青

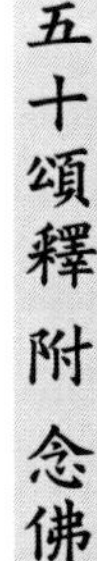

葉煙草口中吸，沙子灌入耳朵裡，僧俗男女聚集鬼，破誓言者遍山谷。被魔所欺之象徵，貪欲之心屢屢生；滅盡福德之象徵，彼作庸俗之行為；諸不吉祥之象徵，眼淚不由自主流。」持明者龍薩釀波說過：「享用惡物煙之時，以食殺害親密友。」瑪吉拉准空行母曾說：「正當末世具諍時，五毒俱全之惡物，由經漢土而出現，流布蒙古之領域，煙草傳入此藏地，是故於此贍部洲，雨水不調霜雹起。修行之人若吸煙，百劫本尊不成就，後世永遠漂惡趣，三寶大悲不能救。」全知多哦巴尊者說：「毒葉之味遍何方，持教大德現壽障，天龍發怒旱災起，後世直下墮地獄。」大班智達羅桑秋堅曾經說：「骯髒煙味霜雹起，出現種種不幸事，果報未盡聞煙味，有情投生於地獄，餓鬼旁生等惡趣，以及八無暇之處，智者誰不警惕此？」阿底峽尊者曾說過：「誰人倘若依煙草，五毒煩惱盛似火，今生受謗及譏毀，死後恆時轉惡趣，縱投生人成瘋子。」持明無畏洲說：「諸位上師若吸煙，凡結緣者墮惡趣；諸位長官若吸煙，所有屬下墮惡趣。」宗喀巴大師曾經說：「以邪願魔之惡物，不必說是直接用，甚至藥中配煙草，七日服用則病人，醫生二人七劫中，地獄之中不解脫。」阿哦仁波切是這樣說的：「倘若指甲上放少許煙而吸，罪業以誦一億觀音心咒亦不能懺淨，煙乃一切過患之根源，凡有關聯之人均被引入惡趣。」新龍喇嘛降魔蓮花尊者說：「吸

煙的人，身體之脈以及梵穴被煙阻擋，神識無法往生，肺等內臟及顱內積煙垢，禿鷲都不吃他的屍體，凡與之結緣者均轉生惡趣。」阿哦丹真達吉說：「口中吸一支煙草，及吸少量之鼻煙，較殺十八人和馬，罪過勝過九倍也。」嘉揚夏巴（文殊歡笑）尊者曾經說過：「依此臭惡之煙草，引惡業眾墮惡趣，除地獄外無去處，貪愛黑毒極其重。煙汁不離彼身體，煙鍋煙角及煙袋，置於枕旁而死去，口鼻之中出煙汁，見屍之人斷貪煙。屍體毒肉鳥不食，住於惡趣不解脫。」此外，持明者降魔金剛又說：「僅聞煙味者，世世所積資，善根刹那毀，後人當戒煙。」伏藏大師繞那朗巴說：「於壇城前若吸煙，智慧本尊不降臨，一切冤魂諸魔障，如同爛肉蒼蠅聚。」鄔金蓮師也強調說：「法王應供上師等，利眾傳承繼承者，此煙草物吸體內，中斷清淨之傳承，投生亦是魔化身。」降魔金剛尊者再次說：「僅僅嗅聞煙味者，雖是八地大菩薩，亦轉黑繩獄一次。」夏嘎巴尊者說：「誰人若吸惡物煙，中脈之內遍黑暗，經血脈孔永阻塞，縱然圓滿佛降臨，死時無法令往生。」薩迦班智達曾說：「依靠教證知此理，貪執經血毒煙味，設法傳播自他者，乃是惡魔之兒子，凡結緣者墮地獄。」夏嘎湊哲揚珠尊者又說：「有吸煙草心思者，不僅直接僅夢中，亦不生念當發願，若生護法飲心血。」此等教證雖有無量，但此處恐繁不說。

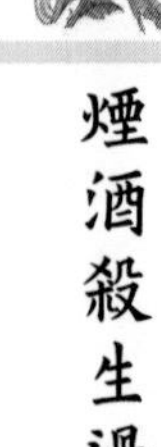

在當今時代，一些自詡的伏藏大師最爲注重的只有煙酒，日日夜夜以此消磨時光，你們如果真正是境心融入一體的瑜伽士，能夠使所殺的眾生復活、能起死回生、能將酒變成甘露、將毒變成藥，是這樣的大成就自在者，當然是值得高興的，如此你自己做什麼都可以。然而，當前，有些人向別人推廣煙酒，還認爲以此可利益眾生，他們如果不是耳中灌了沸水、眼中燒著銅液，必定能見聞到前面剛剛提過的經續論典中所說的煙酒過患。假設已經看了一百遍，仍然無有絲毫的恐懼心理，那麼這些冒牌的成就者在亡人的頭邊超度、順便爲各地的僧俗作加持，很大方地給他們灌色酒，遞煙和鼻煙。倘若那人說：「我已經在某某上師前發誓戒煙戒酒了，現在不應當吸煙飲酒。」可是那位上師卻滿不在乎地說：「沒關係，沒關係，我作加持就可以了。」於是他邊抽煙邊吹氣作加持，那些具有信心的弟子們就迫不及待地抽起煙、喝起酒來。如果你們這些人真有這樣不退的信心，那麼將他的大便吃得飽飽的，將他的小便喝得足足的，也許他的這些聖物真的成了「享解脫」，即便不能解脫，也不會成爲佛教的怨敵。相反，如若吸煙飲酒，那你們這些上師與弟子才真正是佛教的怨敵。爲什麼呢？因爲世親論師曾經說：「何人生起一善心，即是如來之證法。何人言說一偈頌，即是如來之教法。」高僧大德有識之士們宣說煙酒的過患是教法，

對此生起誠信後戒煙戒酒即是證法，這是真正的教法與證法，說它不是教法與證法你有什麼能成立的理由呢？如果沒有理由，那你說吸煙飲酒無有過患就是在摧毀教法，你讓他人吸煙飲酒就是在摧毀證法，因此說你是同時摧毀教法、證法的佛教怨敵，這一點以教證、理證、正量都能成立，正如《淨續》中所說：「能害佛教法，勤謗上師者，智者當誅之。」十大應誅怨敵需要斬盡殺絕，這就不必說了，而且對於嚴重造罪業的這些人，獲得自在的密宗成就持明者以及護法神爲什麼不降伏，理應當機立斷降伏他們。

另有些人說：此煙只是松潘地方的一種草藥，所以吸煙沒有過失。請這些人聽清楚，煙的來歷是這樣的：很久以前，魔王波旬無論如何也死不了，他三個女兒中的大女兒說：「我殺害一千個眾生。」當時波旬也不能死去。二女兒又說：「我殺死一億個眾生。」他仍然還無法死去。最後小女兒說：「我將經血灑在地裡，百般發邪願：願以經血爲因生出毒葉，男女俗人尤其是入佛門的僧人吸煙，以此過失世中三代人天眷屬不得解脫，千劫中必定不能從漆黑煙館中解脫出來，毒葉產出的煙草遍及之處的所有天龍地神八部都被制伏，彼人耗盡所有的壽命、福德，眷屬百姓受用衰減，彼人短命多病、畏懼怨敵，出現各種不幸，後世淪落於十八層地獄中。」她這樣發惡願後，魔王波旬才死去。

這是大持明者降魔金剛伏藏品中所說的。

如果有人說：由魔女經血而生長出的煙草通過加持便可以享用。按照你們的說法，那屠殺牛羊通過加持也必定可以宰殺了，同樣十不善業與五無間罪等通過加持也可以造了，如此活著的時間根本不需要斷惡行善，僅僅依靠吸煙飲酒便可息滅病魔並且後世得以往生極樂世界，這就是你的觀點。這般荒誕不經的邪法甚至在順世外道中也沒有。順世外道除了認爲前後世以及業因果不存在以外，絕不會有將吸煙飲酒視爲善業、將戒煙戒酒視爲罪業這種善惡顛倒的見解。此見解過患比外道還嚴重百倍。這種人不僅不承認本師佛陀的教言以及所有的經續論典，而且還肆無忌憚地公開反駁宣講吸煙飲酒過患的觀點，這真正是毀滅佛法的第二大惡魔又出現在濁世中了。我們應當清楚地認識到，安住在十方刹土中的佛菩薩進行商議後如果不予以調伏，則必將殃及世間。

若又有些人口口聲聲地說：所有的煙酒是魔所加持的惡物，這一點雖然是事實，但是吸煙飲酒的人並非是魔，因此也沒有這樣嚴重的過失吧！

從前在瑪拉雅山上，吉祥密主金剛手在爲五種性眷屬傳授密法時說：未來，此密法在藏地雪域興盛時，天尊相與魔相同時存在。所以對此若未加詳細觀察，會有無法挽回的危險，因此進行觀察十分重要。如果出現魔相，那麼

連法音也不能傳出。上師未觀察弟子是魔業，弟子未觀察上師也是魔業。一般來說，本尊相極難觀察，相比之下，魔相稍微容易些。例如，一位上師即便是殺害了一千個眾生，以假冒的佛法欺騙眾生，而且接受、享用女人，也無法斷定他是否爲魔的化現。弟子也是同樣，哪怕是屠夫、娼妓、漁民、獵人等所作所爲完全違教背道的人，也不能確定他是否爲魔的化現。所以說本尊相是難以觀察的。因爲即便是在這些人當中，也有許多是佛菩薩化現隨機調化眾生的。尤其作爲末法濁世的人更難以觀察。

魔相：惡物煙草是九魔的經血而形成的。吸煙之人，即使依靠心境一味的境界而如大鵬鳥一樣飛於空中，如魚兒般游在水中，通徹無礙穿行山岩，具有了知現有一切的神通，也確定無疑是魔的化現。尤其是人們指望能將亡靈超度的上師們，如果吸煙飲酒，那簡直就是故意將亡靈引入地獄的嚮導。因此觀察這一點極爲關鍵。不用說在講聞密法以及眾會合修時吸煙飲酒，甚至在僅有棗核許煙酒的地方觀修本尊、念誦咒語以及修行等持，也會像水擠不出酥油一樣，連髮梢百分之一許的成果也不會得到。我們應當認識到，未來此物（煙酒）將是摧毀佛法基業的唯一惡魔。密主金剛手的金剛密傳中是這樣說的。因此，所有吸煙飲酒以及傳播煙酒的人都是九頭惡魔的化身。這一點絲毫不必懷疑。魔的化身無論出現在何處，那裡的男女老幼定要捂上口耳，立即逃離，甚至都不要瞧他一眼。

如果又有些人說：雖然在顯宗裡的確不允許吸煙飲酒，可是密宗的伏藏大師很多都是通過這種方式利益眾生的。

昔日在印度，出現了大持明成就者薩繞哈等八十位大成就者、四位瑜伽母，在此雪域出現了鄔金法王蓮師和他的意子君臣二十五尊、意瓦地方的八十位大成就者、成百的伏藏大師以及成千的伏藏師等宛若空中群星般不可思議獲得自在的大成就者，但他們所有人的傳記中，對煙酒作加持並向他人傳播的歷史隻字未提。如此上面剛剛提過的寧瑪派、阿底峽尊者師徒等爲主的噶當派、瑪爾巴米拉日巴師徒等爲主的噶舉派、薩欽根嘎釀波師徒爲主的薩迦派、根欽多哦巴師徒等爲主的覺囊派、帕單巴師徒爲主的息法派、布敦匝札師徒爲主的哦派、宗喀巴大師師徒爲主的格魯派，在藏地曾出現猶如連綿不斷金山般的上述八大宗派的教主，我閱遍了他們所有的傳記，通過對煙酒作加持以及向他人傳播利益眾生的事蹟隻言片語也沒有。魔王波旬及其眷屬顯然已入到你的心裡，凡是與你結緣的人都將被引入地獄，這是魔的授記，你除了是爲魔王波旬賣命的時間已到之外還有什麼？夏嘎奏哲讓珠尊者曾經這樣說過：「放逸無度享用惡物（吸煙飲酒）的你們死後轉生地獄，並與你同飲一個山谷之水的所有

人也由於沾染冒瀆晦氣而被連累到地獄中，這是金剛持等宣說的。如果明知這些道理仍然不恪守誓言與戒律，恣意吸煙飲酒，那麼你是不是認爲金剛持的語言虛妄不實，或者認爲雖然真實卻無必要，或者你的境界已遠遠超過了金剛持，或者已經鬼使神差，成了無心的人？無論如何也僅此而已。如果你想去地獄，就隨你的便吧，但求你不要將同飲一個山谷水的所有人帶入地獄，把他們留下來。求求你不要毀滅整個地區。意思是說，不僅與吸煙飲酒者其他邪法的關聯，甚至凡是與其飲一山谷水的人都將被連累到地獄中。這樣的魔化身無論出現在何處，就連風吹到的地方都應當逃離，更不用說與他相互交談、同居一處了。這樣的人無論到哪裡，他走後，人們都應當在此撒一把灰。對於加持並傳播煙酒的魔知識，但願生生世世也不要見到，不要聽到。如果反覆這樣發願，則能圓滿數劫的資糧。」

如云：「俱胝佛子菩薩未曾說，且從經續論中未曾聞，經血煙草傳播於眾生，破壞佛教基業誠可悲！九兄弟魔惡願所成物，煙草若亦可能作加持，三界罪人爲何不去往，大師您前請求作加持？傳播煙草利眾魔之相，三世佛陀已經作授記，魔王波旬化身此再現，凡結緣者被引入地獄。」那麼，諸位人士，如前所說，僅僅聞到煙味，甚至八地菩薩也要轉黑繩地獄一次，我們這些凡夫人如果不像捨棄痲瘋患者的

肉般棄離煙草，那麼今生必定會遭遇各種不幸，後世也無有脫離十八層地獄之時，這是金剛持無欺之語，對此應當深信不疑。那些吸煙飲酒的人應當即刻發誓斷除，戒煙戒酒功德無量。雖然前面有念誦一億觀音心咒也不能懺悔吸煙飲酒罪業的說法，但若以追悔之心戒煙戒酒，也可以清淨往昔的所有罪業。因此，思維這一功德而戒煙酒至爲重要。剛一戒除煙酒，就能遣除修法的違緣，護法神也會鼎力相助，現世中一切心願順利實現，後世最起碼也會獲得行持正法的人身，依之獲得圓滿佛果。

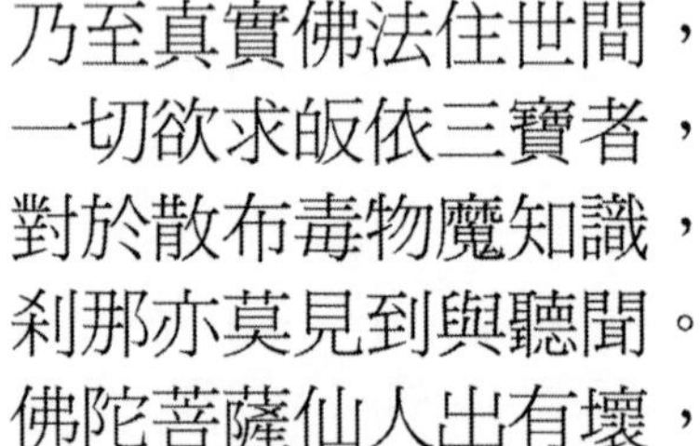

乃至真實佛法住世間，
一切欲求皈依三寶者，
對於散布毒物魔知識，
剎那亦莫見到與聽聞。
佛陀菩薩仙人出有壞，
千數成就者譴之煙酒，
僅聞其味地方亦莫生，
何況直截了當而享用？

三、獵殺野生動物的過患：

頂禮瑪哈格日蓮花生大士！

在苯波教的念誦中記載，在古代，某些苯波教的奸臣修砌靈墓，宰殺了鹿、野牛等各類

野生動物來祭祀苯波教的天神。當時，國王赤松德贊看見將血肉供養視爲善法的苯教彩盤後問蓮花生大士:「尊敬的上師仁波切，苯教的宗旨完全與罪業混爲一談，他們屠殺生靈來祭祀天神，以這樣的惡業今生與後世將有什麼樣的異熟果報，請上師直言。」蓮師悲傷地說:「大王，修砌苯教的靈墓就如同爲殘酷的子民砌射箭台一樣，以前殺生的這些人一定全部投生在罪業深重的屠夫種姓中，今世也喜好獵殺野生動物，他們死後會立即墮入金剛地獄，不得解脫。」國王又問:「屠殺野生動物的人今生要受到什麼報應，後世又將感受怎樣的異熟果？請上師一定要簡略地說明？」蓮師痛心疾首地說:「可悲呀可悲！這些人將非常非常痛苦。今生不幸遭受種種疾病的折磨，後世也無法擺脫惡趣。唉！大王，概括地說，所有的野生動物都歸天、魔、龍、妖、獨角羅刹、人與非人所有。其中獅子、大象、龍三種是天人的牲畜，如果殺了牠們就會冒犯天人，於是天神會損害人的氣息，使人健忘、器官衰退、喪失記憶、不知呼吸、氣淤口中、命風滅盡導致突然死亡。後世需要償還五百次性命，再轉生到號叫地獄，人間十二億年中不得解脫。

馬熊、狼、豺三種是魔的牲畜，獵殺牠們必將激怒惡魔，魔損害人的心臟，殺生者的子孫七代都上了魔的黑名單，罹患不可救藥的瘋病而死，有些因腦溢血而亡；有些因心情悲傷而自盡；有些則是骨肉相殘，血腥屠殺而斃命。他們後世要償五百次生命，最終還要墮入眾合地獄，人間十七億年中不得解脫。

雪鹿、猞猁、岩羊三者是妖精的牲畜，捕殺牠們的人就必然被妖精盯上。妖類集中精力危害孕婦與孩子的生命。他們中有些感受斷子絕後的痛苦，婦女不生育後代；有些被奪去胎兒的性命；有些胎兒無法產出，結果母子一同慘死；有些雖然降生下來，卻也是無法醫治的盲聾啞殘廢人，並且不久便離開人世。後世要償還五百次性命，之後又轉生到劍葉林地獄，人間一億年中無有解脫之時。

魚、毒蛇、蛇三者是龍的牲畜，殺害牠們的人就成了惡魔龍擒拿的對象。龍類損害他們的皮膚與血液，令他們皮間生皰後不時彌漫水皰，被病苦長期折磨而死；有些人血管中有毒蟲在動，身體扭曲，張口瞪眼而死；有些人頭髮、眉毛脫落，活著時一根根斷掉，得痲瘋病後被人逐出人群，痛苦不堪而死。後世墮入裂如青蓮花地獄中，需要在此住十六億年，還要償還五百次生命。還命債在墮地獄前還是在其後不一定。

虎、豹、鹿三者是星曜的牲畜，殺了牠們必將觸犯星曜。曜類便損害他們的脈，使這些人脈道中的氣血紊亂，不能動彈，最終眼珠陷入顱內而死；有些右上身扭曲，四肢僵硬並遭受盲啞等痛苦而亡；有些人著黑紅惡魔，突然

中毒，栽倒在地，一命嗚呼。後世還完五百次命債後還要轉生到屍糞泥地獄，人間十九億年中不得解脫。

狐狸、猴子、獐子三種野生動物是獨角羅剎的牲畜，殺了牠們必會激怒獨角羅剎，這些人也就上了獨角羅剎的黑名單。羅剎進行內外損害，挑撥離間，引起混亂，造成同胞兵戈相見，互相殘殺而死。有些人的妻子心中入魔，從早到晚爭吵不休，夫妻成仇，最後自盡身亡；有些人雖然無罪卻被誣告陷害不守王法，以致痛苦而死；有些人苦口婆心教育孩子，他們卻執拗不聽，最後觸犯法律，父子親友一同慘死獄中。後世轉生黑繩地獄，人間十五億年不得解脫，還需要償還五百次性命。

羚羊、穴熊、山兔是鬼王的牲畜，殺害牠們便會激怒非人鬼王，散布四大紊亂之災。非天鬼王危害人們的牲畜與受用，造成房屋失火，地震，田地、房屋沉陷。山崩時，牲畜、田地、房屋壓在下面，最後那些人飢餓而死；有些人慘遭盜賊、怨敵以及暴風洪水的威脅，悲痛不已；有些人農田遭遇銹病、霜凍、雹打，牲畜染上嗆咳、牛瘟、霍爾病，使得受用一無所剩，不得不向他人乞討，而且所討之食也成了死緣。後世還五百次命債後又轉生到無門鐵室地獄，人間十億年不得解脫。

馬、牛、羊三種動物是人類的牲畜，因爲在藏地雪域人與天人恪守同一誓言，所以殺了

這些動物必將激怒天神護法。他們派遣鬼神，鬼神損害人的臟腑器官，使身體四大不調，食不消化、日夜嘔吐不止、涎液三綜合症，以及腹瀉、敗血病等而死；有些黑白咽喉逆氣，罹患喉頭阻塞症，飢渴而亡；有些小腸翻騰、傷口復發蔓延，最後無法醫治，五臟六腑糜爛而死。後世償還五百次命債後墮入極熱地獄，人間十二億年不得解脫。

無論是捕殺飛禽還是獵殺有爪動物，償還命債與感受異熟果報都是一模一樣。這也是就主要方面來說的，不定的果報各種各樣，眾生的業感不可思議。總之，殺生受報：今生慘遭疾病、魔障逼迫的痛苦；死後還要承受地獄的痛苦與壽量等；現世沒有遭到不幸，如極樂世界般幸福的殺生之人死後會立即墮入金剛無間地獄，無有解脫之時。

此外，總的十不善業與分別的五無間罪等惡業中殺生的果報與痛苦實在無法想像。今生來世投生在何處都要感受無量痛苦，這是無法避免的因果規律。所以，不誠信因果、毫無惻隱之心、恣意造殺生之罪業的人們必然要感受這樣的異熟果，這是我蓮花生的忠告。」

國王邊聽邊流淚，聽完這番話他悲痛地說：「上師，這實在太悲慘了。那麼請問上師，如是遣除殺生惡業異熟果報的一切病魔有什麼方法呢，而且後世有何辦法能脫離這般難忍的惡趣痛苦？」鄔金蓮師沉痛地說：「在未來末世，人們極其喜好殺生罪業，無有懺罪的時間，能夠滅盡、遣除今生來世所有異熟果的方法，沒有比戒殺和令人戒殺更爲有效、功德更大的了。哪怕僅僅發誓不殺某些有情，那人也不會遭遇不幸、痛苦與損害。如若能夠徹底戒殺，除了往昔深重難懺的惡業以外，根本不會出現痛苦不幸，天龍八部也會保佑庇護，而且我蓮師將恆時關照，解除彼等一切畏懼。已趨入後世罪惡深重的人們想要脫離地獄的方法，就是讓人放生，以及挽回瀕臨絕境有情的生命，比這更深的方法諸佛也未曾說過。現世中獵殺了一百隻野生動物的異熟果，通過放十八條生命也可清淨。挽救瀕臨遭殺的七條生命也能脫離地獄，獲得解脫的安樂。這是我蓮師所說的不變金剛語。大王，所有罪業中無有比誹謗三寶的邪見以及殺生、令殺生的異熟果更爲嚴重的了。同樣，比戒殺與教人戒殺、救護生命與教人救護生命更大的善果我蓮師未曾見過。因此，所有的君臣，你們爲什麼不精勤戒殺放生呢？大王，你是繼續虔信苯波教罪惡屠殺之業呢，還是立即戒殺放生，請好好斟酌。恆時不害眾生的教義唯獨佛教具有，其他宗教都沒有。請切記，銘刻於心。這是三世諸佛的教言，希望你們不要違越我身語意的誓言。大王，此教言伏藏在桑耶中殿的南方，未來時阿匝嘉瓦的化身持明者美哲朗巴取出伏藏，利眾事業將十分廣大。」

此後蓮師佛父佛母返回友多札嘎靜處。蓮師看苯教過患第七品，薩瑪雅，交付與護法神藏東瑪守護。嘉嘉嘉，俄特！

如是上師蓮花生親口所言的無欺金剛語，已明確地道出了捕殺野生動物的人們今生成熟的果報、來世將受報的情形以及戒殺的功德。本來無需再補充，但在此有兩點強調說明。

一、如上所說，所有的動物都是天、鬼、人的牲畜，因爲他們已經執爲己有，殺害這些動物，他們必將要報仇雪恨，給那些殺生的人們帶來各種不幸。

二、所有的動物都是自己父母子孫後代的轉世，因此宰殺牠們才有如此嚴重的過患。如金剛上師夏嘎巴曾說：「父母因留戀故土而投生爲野獸；因貪戀自家而轉生爲家畜；也有因貪愛自己的種族而投生爲蝨子、蟣子的。若是有心的人，理應悲憫牠們。」父母們因爲貪戀自己的故地投生到那裡，心想能不能看到自己的後代子孫親朋好友，結果他們的後代竟然成爲獵人殘殺自己而食肉、飲血，想到這一點難道一點兒悲憫之心都不生起嗎？或者，他們的子孫後代因貪戀故鄉而轉生到那裡，這時健在的老父親去殘殺他們。這種現象不可勝數。從前，嘎達亞那尊者所說的「口食父肉打其母，懷抱殺己之怨仇，妻子啃食丈夫骨，輪迴之法誠希有」之義也是此類現象的真實寫照。一邊吃著被殺動物的血肉，一邊用石頭打身旁的母狗，昔日殺害自己的仇人投生爲自己的孩子，父母與丈夫轉爲旁生。也就是說，家鄉境內的野獸和自家門前的牲畜必定都是因爲貪執而投生的。因此，屠宰野獸與家畜大多數都是在殘殺自己的父母子孫。這無法想像的過患也就不必說了。因此，沒有比殺生果報更嚴重的了，也再沒有勝過殺生的罪業了。

佛在經中親口說過，殺一眾生需於地獄中受煮一中劫。相當於人間數多億年的一中劫間不能解脫。所以，戒殺、放生在世間中是稀奇罕見之廣大法事。

那麼，在此也應當宣說戒殺、放生之功德。

誒瑪火！
那莫貝若札那！
頂禮根除輪迴之聖尊！

有這樣的一則公案：久遠以前，在印度有一位外道國王名叫哲堅，由於他酷愛溫熱的血肉飲食，結果屠殺了數以萬計的無辜眾生，以此異熟果經十八層地獄墮入到金剛地獄感受痛苦，每百次死亡每百次復活都是墮入此地獄。阿難尊者親眼目睹了不清淨眾生的痛苦後請問世尊緣由。世尊告言：「此人是感受喜好血肉飲食殺害眾生之異熟果報。」其後阿難又急不可待地去問閻羅法王：「此人可有解脫之法？」閻

羅法王鄭重地說：「欲令彼人脫離惡趣，在世間界中放生便可解脫。」於是阿難立即爲那人放生，結果使他從金剛地獄中解脫出來。

功德：「放生與受持比丘戒功德相同。放一隻羊可清淨墮一次惡趣的罪業；放一隻山羊可清淨墮七次惡趣的罪業；即便是在世間中殺了百人百馬的罪障，也可以通過放十一條生命而清淨；放十三條生命可清淨萬劫的罪業。放生還可以延年益壽，對於壽命已盡三日定死的人來說，放十三條生命一定能延長三年壽命。殘殺所放的生命，罪過等同殺一百個人的罪業。此等無量罪過是世尊在經中宣說的。善哉！」

放生的功德是釋迦牟尼佛親口所說，因此諸位當誠信不疑。人在一生中，應當盡可能投身於救護龐大、微小一切有情的生命以及放生的事業中。尤其是宰殺野生動物的人們應當以自己如何重視身命推及眾生，以猛厲難以忍受的追悔心精勤懺罪戒犯。如果想盡快清淨一切罪業，就應當發起最大的精進唯一放生救護生命。就算是魚、泥鰍與昆蟲的生命也要竭盡全力挽救，其功德無有差別，眾生的身體雖有大小不同，但是珍愛自己的生命這一點無有差別。尤其是在功德成十萬倍增上的吉日裡（如四月初八等佛節），更應當精勤放生。

如是吸煙飲酒以及捕殺野生動物的過患已略說完畢。

無有自在遭殺之眾生，
如若是己痛苦難忍受，
思維此等眾生所受苦，
願生無僞悲心求加持。
毀壞今生來世酒與煙，
獵殺野獸墮入地獄因，
如毒捨棄精勤行十善，
願持珍寶菩提之行爲。
依照真實經典之根據，
以利眾生清淨之發心，
著此善根祈願無邊眾，
速得遍知菩提之果位。

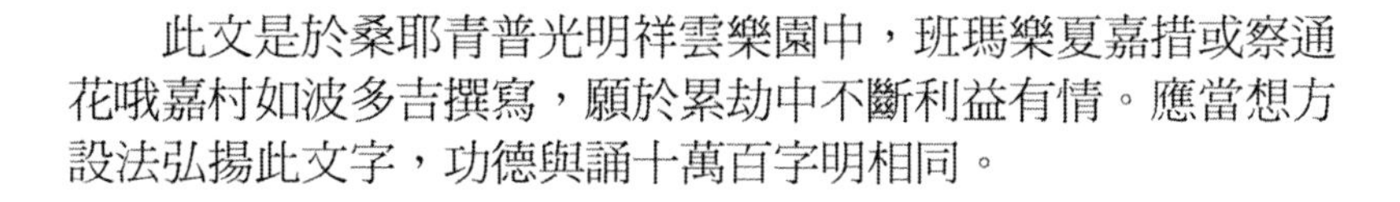

此文是於桑耶青普光明祥雲樂園中，班瑪樂夏嘉措或察通花哦嘉村如波多吉撰寫，願於累劫中不斷利益有情。應當想方設法弘揚此文字，功德與誦十萬百字明相同。

二〇〇二年七月十八日
譯於爐霍多芒寺

飲酒之過失

華智仁波切　著
索達吉堪布　譯

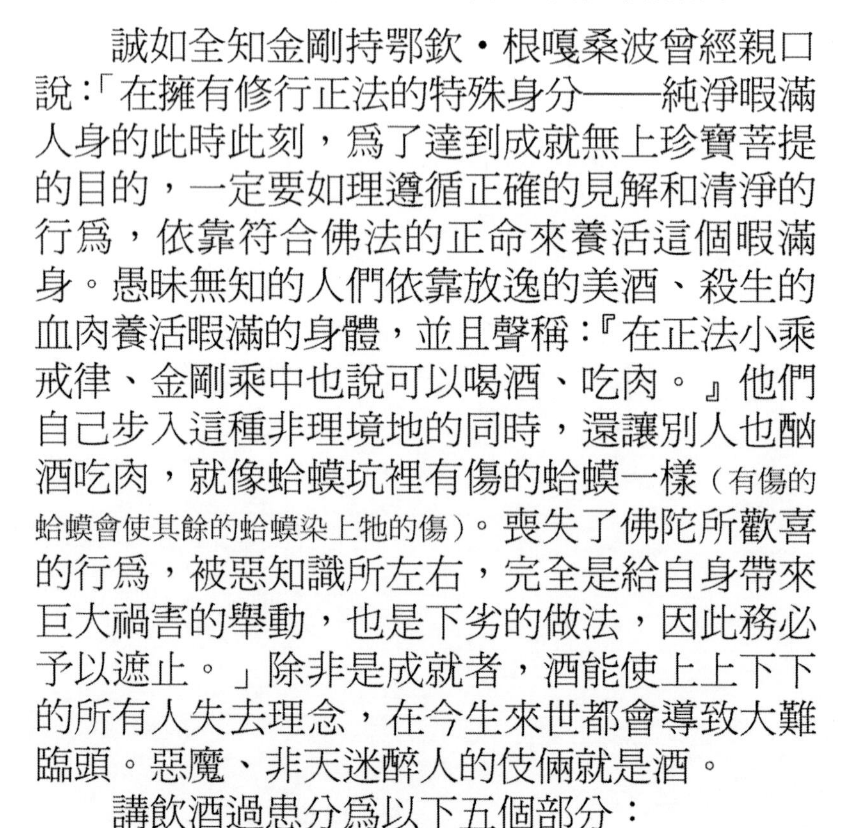

學不放逸心解脫，救度放逸惡趣隘，
恭敬頂禮遍知已，書此利他祈加持。

誠如全知金剛持鄂欽・根嘎桑波曾經親口說：「在擁有修行正法的特殊身分——純淨暇滿人身的此時此刻，爲了達到成就無上珍寶菩提的目的，一定要如理遵循正確的見解和清淨的行爲，依靠符合佛法的正命來養活這個暇滿身。愚昧無知的人們依靠放逸的美酒、殺生的血肉養活暇滿的身體，並且聲稱：『在正法小乘戒律、金剛乘中也說可以喝酒、吃肉。』他們自己步入這種非理境地的同時，還讓別人也酗酒吃肉，就像蛤蟆坑裡有傷的蛤蟆一樣（有傷的蛤蟆會使其餘的蛤蟆染上牠的傷）。喪失了佛陀所歡喜的行爲，被惡知識所左右，完全是給自身帶來巨大禍害的舉動，也是下劣的做法，因此務必予以遮止。」除非是成就者，酒能使上上下下的所有人失去理念，在今生來世都會導致大難臨頭。惡魔、非天迷醉人的伎倆就是酒。

講飲酒過患分爲以下五個部分：

一、總說酒的過失；

二、分說與別解脫戒相違；
三、分說與菩薩學處相違；
四、分說與密宗誓言相違；
五、宣說戒酒的功德利益。

一、總說酒的過失也包括飲酒者犯罪之理、賣酒者犯罪之理兩個方面。

1、關於飲酒者犯罪的道理，《難提迦請問經》中說：「喜好飲酒之人，無法利己樂他，酒令愚癡醜陋，如哈拉毒莫飲。」酒就像哈拉的食品一樣，只要一喝，就無力辦到任何利己的事情，也無法實現任何樂他的心行，它使人愚昧呆癡，相貌醜陋，凡屬人類，就絕不能飲用。

此經中具體講道：「世尊言：難提迦當知，放逸無度飲用糧酒、酒粉[11]的過患有三十五種。何爲三十五種？一、今世中能蕩盡財產；二、增長一切疾病；三、導致衝突、爭論；四、關注無意義之事；五、惡名遠揚；六、智慧衰退；七、未得受用不得；八、已得受用殆盡；九、不能保密；十、其事業衰減；十一、威力薄弱；十二、不知敬母；十三、不知敬父；十四、不知敬沙門；十五、不知敬梵志；十六、不侍奉種族尊主；十七、不恭敬佛陀；十八、不恭敬正法；十九、不恭敬僧眾；二十、不恭敬正受學處；二十一、破壞戒律；二十二、不護根門；二十三、放蕩追求女人；二十四、被親友群臣

11 酒粉：一種浸入水中即可當酒飲用的細粉末。

所離棄；二十五、令眾人厭惡；二十六、不相合眾人；二十七、行持非法；二十八、受持非法；二十九、捨棄妙法；三十、無慚無愧；三十一、雖與賢德之士相處也從不想請教這些智者；三十二、恆常放逸而行；三十三、不遵循正士之言教；三十四、遠離涅槃；三十五、造作並積累成爲瘋狂者之業，以致死後顛倒墮入惡趣，轉生有情地獄，設若從地獄死遷有緣投生爲人，無論生於何處，皆成瘋子，神志不清。難提迦當知，放逸無度飲用糧酒、酒粉有以上三十五種過患。[12]」與此經意義相同的內容，在《業分別經》、《業報差別經》和《業變異經》中也有闡述。

下面簡單易懂地解釋上述經文的意思：喝酒的人，就算他是一個富翁，也不會把一分一

[12] 佛語難提迦優婆塞：「酒有三十五失。」何等三十五？一者、現世財物虛竭，何以故？人飲酒醉，心無節限，用費無度故；二者、眾病之門；三者、鬥諍之本；四者、裸露無恥；五者、醜名惡聲，人所不敬；六者、覆沒智慧；七者、應所得物而不得，已所得物而散失；八者、伏匿之事，盡向人說；九者、種種事業，廢不成辦；十者、醉爲愁本，何以故？醉中多失，醒已慚愧、憂愁；十一者、身力轉少；十二者、身色壞；十三者、不知敬父；十四者、不知敬母；十五者、不敬沙門；十六者、不敬婆羅門；十七者、不敬伯、叔及尊長，何以故？醉悶恍惚，無所別故；十八者、不尊敬佛；十九者、不敬法；二十者、不敬僧；二十一者、朋黨惡人；二十二者、踈遠賢善；二十三者、作破戒人；二十四者、無慚、無愧；二十五者、不守六情；二十六者、縱色放逸；二十七者、人所憎惡，不喜見之；二十八者、貴重親屬，及諸知識所共擯棄；二十九者、行不善法；三十者、棄捨善法；三十一者、明人、智士所不信用，何以故？酒放逸故；三十二者、遠離涅槃；三十三者、種狂癡因緣；三十四者、身壞命終，墮惡道泥犁中；三十五者、若得爲人，所生之處，常當狂騃。如是等種種過失，是故不飲。

文用在善法方面和對自己至關重要的父母親戚方面，而把所有的財物通通揮霍在酒上，永遠沒有滿足的時候，到頭來，落得個傾家蕩產的下場。健康的人飲酒，會重新增生膽病、眼病、腦溢血、水腫、肝衰竭等等病源。有病的人喝了酒，再怎麼進行治療，也無可救藥，將面臨死亡。

喝醉的人，有墜馬身亡、墜崖送命、失足喪生等各種各樣的橫死情況，結果累世累代當中人們都說「那裡是某某酒鬼橫死的地方」，大家需要小心提防。

喝酒的人，死後體內也是遍滿酸氣，五臟六腑腐爛不堪，甚至抬屍體的人都覺得很髒，感到厭惡。就算是一個人格不錯的人，一旦喝醉了酒，性格就會頓然改變，有的落到口裡，把秘密的話也講給敵人，不顧廉恥信口開河，無聊的廢話堆積如山；有的落在心臟上，無緣無故發起怒來，瘋癲昏倒，連哭帶說，攪得四鄰不安，甚至刀砍父母和知心朋友的事也毫無疑問會做得出來；有的落在手腳上，即便是骯髒的糞坑也會進去奔跑，擁有貴重的物品也會砸得粉碎。依靠這種外緣，縱然以前是心無芥蒂的摯交，也會突然間大打出手。如果是懷有舊仇的人，就會勾起前嫌，重者殺人，輕者也會引起大的糾葛。毫不相關的人也會無端發生爭鬥，打起官司。一次酒醉，會使人一生留下許多不快的事情，而且依靠惡友，參與無有意

義的活動。

作爲僧人，喝了酒，會被天等一切世人恥笑，天神們不再相助爲伴、保佑庇護，結果不具備加持和能力，所有的人都會藐視他，以至於化不到緣，得不到利養。

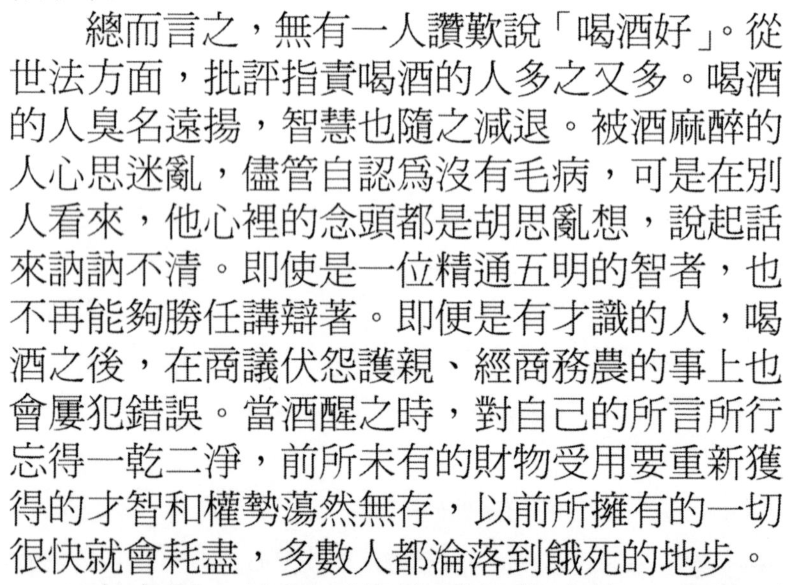

喝酒的人，被擯除高尚者之列，很少有人信賴他。

總而言之，無有一人讚歎說「喝酒好」。從世法方面，批評指責喝酒的人多之又多。喝酒的人臭名遠揚，智慧也隨之減退。被酒麻醉的人心思迷亂，儘管自認爲沒有毛病，可是在別人看來，他心裡的念頭都是胡思亂想，說起話來訥訥不清。即使是一位精通五明的智者，也不再能夠勝任講辯著。即便是有才識的人，喝酒之後，在商議伏怨護親、經商務農的事上也會屢犯錯誤。當酒醒之時，對自己的所言所行忘得一乾二淨，前所未有的財物受用要重新獲得的才智和權勢蕩然無存，以前所擁有的一切很快就會耗盡，多數人都淪落到餓死的地步。

本來是一件絕不能洩露的秘密事，喝醉酒的人也會無裡無外一股腦地張揚出去。如果是一個具誓言者，那麼他喝了酒就會破誓言。如果是普通的人喝了酒，連敵人也會掌握他的所有底細，甚至身體私處也不知隱藏地顯示出來。就算是以前不說妄言的人，酒醉之後也不由自主地謊話連篇，所有行善的事業變成了惡業，諸如此類。喝酒之人，常常把各自的事務

遲遲拖延擱置下來，思想和行爲全然改變，以往的事不成功，以後的事不究竟。

縱然是威風凜凜、神采奕奕的人，也會因爲喝酒而黯然失色，變得像流浪十字街頭的乞丐。腳撐不起身體，手連碗都拿不起來，變得像軟弱無力的小孩，致使仇敵有機可乘，非人奪取他的光澤，成了少女取笑的對象，對父母及所有應供福田也生起邪見和輕侮之心，擾亂他們的心，導致累世的善根毀於一旦。原本明明知道對王臣等有權有勢的人大爲不敬會遭受懲罰，平時連斜視這些達官顯貴都不敢的人，一旦喝了酒，也不知害怕妄加凌辱他們，結果招致財產空空、危及生身性命的懲處。

身爲出家人，一旦喝了酒，就完全違越了佛制罪，不顧正法、不隨聖僧，無視戒律斷然捨棄，不恭敬三寶及學處。喝酒是一切墮罪的根本，它會導致破戒，積下滔天罪惡，不該看的去看、不該說的亂說等等，不知守護根門。

凡是正常的人都不願意到醉酒人的跟前，甚至連一句問候的話也不想說。

即使以前是一個謹慎的人，喝了酒也會變得放蕩不羈，厚顏無恥，直接間接追求女人等性交的對境。如果是出家人，顯然失毀戒律，如若是個在家人，那就失去了羞慚之心。

對於經常喝酒的人，不用說是諸位傑出的智士，甚至自己的親戚朋友們，不管怎樣都把他看成全無用途、具有過患的人，想方設法遠離，到最後只剩他孤單單一人，或者只能和自己類同的狐朋狗友同流合污，在人生裡飽受苦楚。

喝酒的人，不管到上上下下誰的面前，都令人不舒心，受到沒完沒了的指責。最終，與人格格不入，被趕出人群，心隨著迷亂所轉，一反常態。如果是出家人喝酒，顯然破了四根本戒。即便是在家人，也成爲爭鬥、打殺、盜竊、搶劫等重重禍害的根源，使人身不由己地造各種非法不善業道。儘管說了這麼多喝酒的弊端，可是喝酒的人非但絲毫不懂，還對佛陀與佛法生起邪見，執過爲功，把凶兆當光榮，而視喝酒爲本領等等，捨棄妙法，將非法當作正法，完全失掉了觀待自己和他人的慚愧，喝酒的修行人，就算破戒破誓言也沒有後悔心，反而極度傲慢。喝酒的世間人，對情長意久、海誓山盟滿不在乎，今天的敵人會成爲他明天的摯友，今天的密友明天會變成他深仇大恨的敵人，是無視今生後世任何因果的無愧者，成了令人發嘔的對象。就算是與殺自己的仇敵共住，也會對他推心置腹，而在幫助自己的有智之士們面前，非但沒有表示出請教之意，甚至對他們的指教也全然不聽，最終只會使自己在今生來世遭殃。

喝酒的人，就像瘋子一樣，即便赤身裸體，也不知羞澀。就算他喋喋不休地說東道西，也沒有一人願意聽。

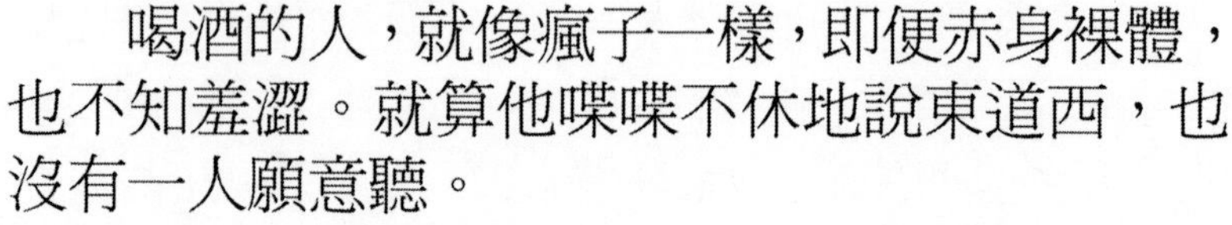

喝酒的人，內心不知取捨，行動上任意妄爲，對於當下水火猛獸等有死亡危險的地方也不知戒備，上吐下瀉，仰面朝天躺在眾人往來的十字路口，好似屍體一般沒有知覺。今天要辦的事，逐漸延遲到明天後天……

喝酒的人，聞思修行爲例佛法世法的一切事情一拖再拖，身口意三門完全處在放逸的狀態，與佛陀無垢經續相違逆，不僅自己背離解脫道，還殃及所有結緣者今生後世。這樣的人死後馬上就會墮落到惡趣，飽嘗無量無數的痛苦，一旦轉生爲人，也只會投生成瘋子、喪失正念的人。

《本生傳》中也說喝酒之人在即生中會招致十一種災難：

第一、喝酒的人，由於身體失去知覺，隨隨便便邁步，也會漂泊到陌生的地方，由於神志不清，不管是可用不可用的飲食，一概不假思索食用。

第二、喝酒的人，自心沒有自在，智慧減退，笨得像畜生一樣，連仇人都會譏諷他。失壞一切吉祥，卻無所顧慮，身體醜態百出，嘴裡信口開河。

第三、喝酒的人，全無慚愧，縱然赤裸裸地跑到城裡，也無所顧忌，不知羞恥任意妄爲。

第四、喝酒的人，就像狗一樣被嘔吐物染得一塌糊塗，躺在十字路口，就是狗來舔他的嘴也不知防備。

第五、喝酒的人，對父親母親，也是惡口謾罵，進行毆打，對給自己酒等物品的主人，也恨之入骨。

第六、喝酒的人，和格外親密的人，也會發生衝突，打架鬥毆，依靠這種因緣屢屢發生砍殺事件。

第七、喝酒的人，即使是種族高貴，也會做出下流的舉動，以致有失種姓，所有財產受用衰減、蕩盡。

第八、喝酒的人，突然間會放聲大笑，突然間又會失聲痛哭，好似瘋子一樣語無倫次，面目全非，滿眼淚水，成爲惡語的根源，成爲痛斥、輕凌的對境。

第九、喝酒的人，不會步入有利於己的道，不加觀察常說的是廢話，就算是有處世經驗、對吉凶之事無所不知的老人，一旦喝醉了酒，也會做出毀壞自他的事。

第十、據說，從前有一個天人在須彌山頂喝酒，以此爲因發生爭鬥，由於行爲惡劣，被眾天人驅逐，埋在地下，被叫做非天。如果喝了酒，也會喪盡天福。

第十一、喝酒的人，把本不真實的事說得像真的一樣，對於非事會興致勃勃地去做，諸如此類，思想行爲完全顛倒，有如瘋狂的人。

簡略地說，相當於被仙人的明咒迷醉心一樣，喝酒是一切罪惡的來源，是痛苦的根本，是所有惡語、不幸的禍端，是爭鬥的大門，是心裡的黑暗。

有人可能會想：對於所有出家人來說，喝酒罪過嚴重，可是對於一般的人，後世罪過就輕了吧。

喝酒屬於自性罪，今生後世罪過是相同的。醫學典籍裡也這樣說被酒迷醉的弊病：「過分心轉放逸無慚愧，酒醉始初住於放逸處，思維摧惡分別是安樂，酒醉其次猶如大狂象，造作罪業失壞戒律處，酒醉末了無心臥如屍，成爲一無所知黑暗處。」其中講了酒醉之人，最初是喜歡放逸無度的階段，中間處於瘋狂破戒的階段，最後處於無心屍體的階段……

關於飲酒者後世如何遭受惡趣痛苦的情形，《辨別善惡經》中說：「今生飲酒、酩酊大醉者，轉生到飲銅汁之地獄。」

《念住經》中說：「飲酒與製酒者，多數轉生於號叫地獄。」

再者，《佛說五戒功德經》中說：「飲酒者，墮落、轉生於燒熱地獄。墮入彼處之有情於數千年中受煎熬。爾後得以復出拋至無灘河岸，無處可去，反覆拋投，於彼處，一切獄卒如同鐵鉤釣魚般將彼等摔在燒鐵地上，如此大聲呵道：喂，你要什麼？彼人說：尊者，我渴。獄卒以熾燃之鐵鉤鉤開其口，灌入赤鐵熔液。燒其唇，亦燒其喉，燒其胸，燒其腸，亦燒其心，由肛門出。彼等皆感受痛苦，哭叫打滾。爾時亦不能死去，乃至受惡業果報之間一直感受異

熟苦受。是故世尊告言：熾熱粗糙之河，無灘極其難行，鐵質蓮花諸瓣，銳利瓣上翻滾，沉陷無灘河中，為何行持非法？何者飲用美酒，非是微小罪惡。轉人亦常健忘，猶如山羊喑啞，智慧錯亂，神志不清，恆處睡眠，智慧低下，極度愚癡，心懷畏懼，顧慮重重，挑撥離間，言不穩固，具吝嗇心，懷嫉妒心，無出離心，無慚愧心，智慧淺薄，不明善法，五百世轉為夜叉，五百世轉生為狗，無數次轉成瘋狂者，此為飲酒之過，飲迷醉酒之報。」

《本生傳》中也說：「若依於酒行下流，墮入恐怖有情獄，成為旁生窮餓鬼，欲見彼者是誰人，飲少酒亦受異熟，生人間亦失戒見，後世無間受焚燒，下住餓鬼旁生處，破戒遭受諸惡語，無慚智慧有垢污。」

2、有關製酒者和販酒者犯罪的道理，在《念住經》中有詳細宣說，其中的內容歸納來講，如果在僧眾中供養酒，此人死後將在地獄中飽嘗如此苦受：口裡被灌入烊赤銅汁，從唇、顎、舌……一直燒到胃、大腸之間，從下身流出，飲酒者，嚎啕大哭，悲哀慘叫，那些閻羅卒說道：「已作不善業，今受苦惱果，自癡心所造，彼復遭折磨（，後則被燒煮）……」隨後又反反覆覆說了許許多多的偈子教訓他們，對他們作種種損害。

《念住經》中記載：熾熱炎炎、堅硬無比

的兩座山自然奔馳，相互匯合，那些地獄眾生進入其間，兩座山相互磨擦，似乎無物可見，極度磨擦，那些眾生再度復生，復生以後又進入兩山之間磨擦。在他們的罪業沒有窮盡之間，於數十萬年中復生、磨擦。那些眾生從此地獄解脫出來，渴望依處、渴望怙主、渴望友軍，奔於他處，遇到其餘閻羅人，被放入鐵鑊內頭面朝下。在他們的罪業沒有毀盡、斷盡之間，十萬年於其中被焚燒。從那裡解脫出來、逃之夭夭，又被熾熱炎炎的鐵鳥捉住，將他們的肢體撕扯成百千節而啃食。從該處解脫以後逃離，飢渴交迫，遠見極其清澈湖水，疾馳奔去，結果那裡盈盈充滿沸騰的白鑞汁（焊錫汁），他們爲了沐浴便步入其中，被池中業力所感的鯨魚擒住，俯伏向下，在惡業沒有窮盡之間，一直在白鑞汁中被煎煮。從中得以解脫，逃走，又被閻羅界的人們捉住，用火燒火燎的利矛刺入他們體內，利矛偶爾從背後穿出，偶爾由肺部穿出，偶爾由喉部穿出，地獄有情遭受折磨的叫聲，其餘地獄眾生聽到的竟然是歌聲。原本是哭聲，可是其他地獄的眾生以業感聽到的卻是悅音，他們紛紛前往該處。這些地獄眾生在業力沒有完結之前，一直被諸閻羅卒捉拿，用燃燒的鐵弩和矛刺擊。從該處解脫出來，隨便逃跑，見到村落，有家宅，有河流，屋舍齊備，於是疾馳飛奔而去，步入村落，大門緊閉，整個村落都在沸騰、燃燒著。他們在裡面被尖

嘴尖牙熾熱炎炎的黑蟲（馬夠達嘎動物）所食，歷經成千上萬年。從中解脫出來，如果沒有轉生爲餓鬼、旁生而投生爲人，以喝酒販酒的等流所感報應：心思迷惑，窮困潦倒，被交通要道和十字路口的生意人和小孩譏笑戲弄，面目醜陋，繚牙畢露，腳足迸裂，恆常遭受飢渴折磨，被親友通通遺棄。

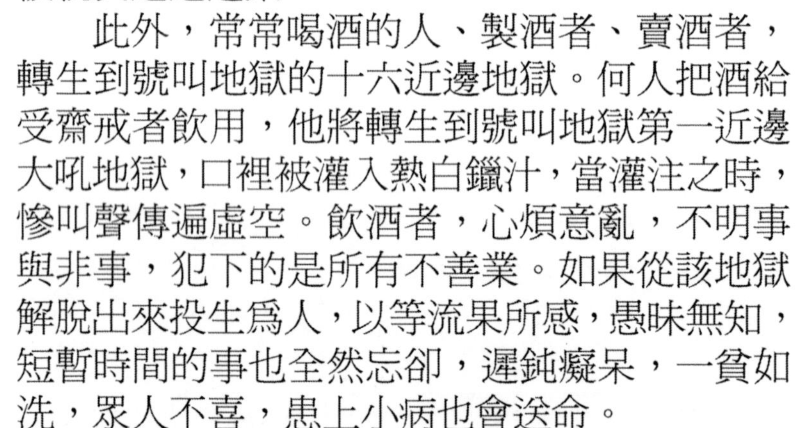

此外，常常喝酒的人、製酒者、賣酒者，轉生到號叫地獄的十六近邊地獄。何人把酒給受齋戒者飲用，他將轉生到號叫地獄第一近邊大吼地獄，口裡被灌入熱白鑞汁，當灌注之時，慘叫聲傳遍虛空。飲酒者，心煩意亂，不明事與非事，犯下的是所有不善業。如果從該地獄解脫出來投生爲人，以等流果所感，愚昧無知，短暫時間的事也全然忘卻，遲鈍癡呆，一貧如洗，眾人不喜，患上小病也會送命。

如果誰把酒給剛剛受戒者飲用（，死後將轉生到號叫地獄第二近邊普聲地獄，在那裡遭受巨大痛苦，發出慘叫聲，遍及整個地獄、鐵圍山、大河大洲等處，在惡業沒有窮盡之間一直受苦受難。從此處得以解脫，假設轉生爲人，也長在曠野少水的國土。

如果有人自己飲酒，並在五戒居士中說酒功德，令他們飲酒，）[13]將轉生到號叫地獄第三近邊發火流處。在那裡，從頭到腳被火雨焚燒。

[13] 括號中的內容，藏文原文中漏掉，此處根據大藏經《正法念處經》中的教義寫成白話。

狗用極其熾燃的嘴啖食他的雙足，狐狸用極其熾燃的嘴吃他的身體，鷲鷹用極其熾燃的喙飲吸他的腦髓。他們一邊失聲號哭一邊對所有閻羅卒如此說道：「汝何無悲心，復何不寂靜，我是悲心器，於我何無悲？」閻羅卒們答道：「汝爲癡所覆，自作多惡業，今受極重苦，非我造此因。」又說：「莫喜樂飲酒，酒爲毒中毒，常喜樂飲酒，能殺害善法，若常樂飲酒，彼人非正意，意動法叵得，故應常捨酒，酒爲失中失，是智者所說，如是莫樂酒，自失令他失。常喜樂飲酒，得不愛惡法，如是得言惡，故應捨飲酒。財盡人中鄙，第一懈怠本，飲酒則有過，如是應捨酒，酒能熾燒欲，嗔心亦如是，疾亦因酒盛，是故應捨酒。」從該地獄解脫假設轉生爲人，也會生到無酒之地，不知色味。

賣酒之人，如果摻許多水以高價出售給別人，將轉生到號叫地獄第四近邊火末蟲處。在那裡，地獄有情自己身上生蟲，刺入他的皮肉吮吸他的骨髓。此外，身體被四百零四種疾病折磨，被地獄之火燒煮。從該處解脫，如果轉生爲人，將痛苦貧窮。

如果用酒引誘野獸等進行獵殺，將轉生到號叫地獄第五近邊熱鐵火杵處，被燃燒的鐵杵粉成碎末，發出哀號聲，所有閻羅人用利刃剖割他們的肢體等。從此處得以解脫，如若投生爲人，也是生在貧窮困苦、缺醫少藥的地方，常受憂愁、火焚威脅的惡劣環境中。

如果爲了作戰給大象灌酒，灌酒者將轉生到號叫地獄第六近邊雨炎火石處。在那裡，有周身燃火的大象刺入他們的肢體等部位並將他們粉身碎骨。從中解脫出來，也是被閻羅人們放入沸騰的赤銅汁內被燒被煮。如果從中解脫，轉生爲人，則被大象所殺，一貧如洗、相貌醜陋、手足如驢、身體粗糙。

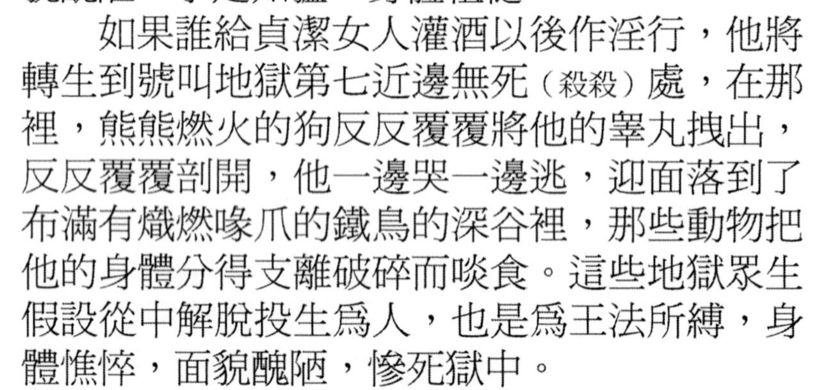

如果誰給貞潔女人灌酒以後作淫行，他將轉生到號叫地獄第七近邊無死（殺殺）處，在那裡，熊熊燃火的狗反反覆覆將他的睾丸拽出，反反覆覆剖開，他一邊哭一邊逃，迎面落到了布滿有熾燃喙爪的鐵鳥的深谷裡，那些動物把他的身體分得支離破碎而啖食。這些地獄眾生假設從中解脫投生爲人，也是爲王法所縛，身體憔悴，面貌醜陋，慘死獄中。

如果有人把摻毒的酒給別人喝，他將轉生到號叫地獄第八近邊鐵林曠野處。在那裡，地獄有情被鐵索捆綁在鐵輪上疾速旋轉，閻魔羅人用兵器打擊，縱然他們體無完膚，也不能死去。從中解脫逃走，結果被鐵蛇纏住，在千萬年中啃食他。假設從中解脫投生爲人，也是被蛇所殺。

如果有人以賣酒維生，高價出售、牟取暴利，那麼他死後將轉生到號叫地獄第九近邊普暗火處。在那裡，於沉沉黑暗中火光也不亮中被焚燒，發出哭叫，閻羅人在不被發現的暗地裡把他從頭到腳剁成兩半。假設從中解脫投生

爲人，也是恆常飢渴交迫，無財無物，轉生到飲食乏少的島嶼中。

如果有人強行把酒給患上重疾纏身的患者和剛剛產後的婦女，以得物得財，取衣取食，他將轉生到號叫地獄第十近邊閻魔羅遮約曠野之處。在那裡，腳、甲等被口中燃火的閻魔羅人啃食。在十萬年中受到熾燃的短矛尖端燒割。從中解脫，假設投生爲人，將在惡劣的地方山岩處成爲養豬人、盲人。

如果用酒使別人酩酊大醉，進而殺害對方，此人將轉生到號叫地獄第十一近邊劍林處，在那裡，周身被燃火的石雨所焚燒、砸毀。數十萬年在沸騰的銅汁和白鑞汁裡被燒，閻魔羅人揮劍刺殺。縱然從中解脫投生爲人，也是眼色暗黑、恆常嗔妒大發。

把薄酒之類的酒給寂靜處的人喝，則轉生到號叫地獄第十二近邊大劍林處。在樹葉猶如燃火的利劍、好似熏煙毒氣般有害的林間，諸閻魔羅人威逼地獄眾生進入其中，所有樹木降下劍雨，手裡拿著劍等許多兵器，把他們的肢體剁成數段。他們被閻魔羅人嚇得膽戰心驚，有些畏畏縮縮躲到林間陰影裡。他們的眼睛被挖出，汁液也被喝掉。有些攀上樹梢，結果樹枝墜落，摔得粉身碎骨。爬到樹的頂端者，入於熔化的鹽河裡，數十萬年中身體遭受損害，這只是宣說了所受痛苦的少部分，而並沒有說所有痛苦。倘若從中解脫投生爲人，也是心思渙散，患有重症，或者得心臟病，或者變成容易疲勞者，或者患有足部象皮病，或者成爲可憐的盲人。

如果何人給有功德的女子酒喝，他將轉生到號叫地獄第十三近邊芭蕉煙林處，在那裡，五由旬之內煙霧繚繞，大海界的火被黑暗籠罩，在深度達三聞距之坑，到處充滿著極度熾熱零零碎碎火燼的地縫，那些地獄有情一天天入於其中，欲哭不能，所有根門都遍滿了烈火。從中解脫以後，又屢屢被那芭蕉煙充滿根門。在這樣的火焰中，感到舒服，煙的力量竟然如此銳利。從中解脫以後，被名叫煙葉鬘的鳥刺破骨骼，飲其骨髓。假使從中解脫投生爲人，在肺部和尾部中上魔病，貧窮短命。

如果爲了殺害仇敵等，給對方灌酒，他死後將轉生到號叫地獄第十四近邊煙火林處。在那裡，似劍般的火燼風使那些地獄有情，相互之間自然碰撞，如果他們的身體彼此相撞，就像手抛沙子一樣，身體粉成碎末，又再度復生，在數十萬年中遭受被利刃剖割之苦、火苦、病苦、刀苦、熱灰苦，飽嘗最大程度的苦受。假設從中解脫而投生爲人，罹患三層痔瘡，恆常患有寒性流行性瘟疫。

此外，如果以欺騙的心態給別人灌酒，則將轉生到號叫地獄第十五近邊雹霧林（雲火霧），在那裡，地獄有情被閻魔羅人捉住，放入遍滿烈火深達二百肘之處，從頭到腳之間繫縛熔

化。他們依業風又再度復生，那火焰就像葉子收卷和繩子般，十方回旋，把那些地獄有情焚燒得連灰也看不見，之後再度復生，乃至罪業沒有窮盡之間在數十萬年中被焚燒。假設從中解脫投生爲人，常受役使所迫。

何者爲了上路時疾速不乏而給別人喝酒，將投生到號叫地獄第十六近邊分別苦處，遭受以下損害：他們所思所想，就是受到閻魔羅人成百上千或者百千俱胝的加害。此地獄有情遭受其餘近邊地獄四倍的苦惱。閻魔羅人對那些地獄有情說此偈頌：「彼業有三種，九期受燉煮，果報四十整，猛烈極動搖。酒是無義源，被笑入地獄，諸根皆衰退，成爲不利因。極喜多言詞，生貪受毀壞，語過及驕慢，酒是惡語源。酒令心散亂，不知作不作，彼人如旁生，是故當戒酒。依酒渙散人，生亦如同死，欲求久活者，恆常當戒酒。酒是罪根本，常行無義事，三種惡趣梯，是大黑暗處。酒令墮地獄，趨於餓鬼界，酒患所欺人，去往旁生趣。一切智者說：酒是毒中毒，地獄中地獄，疾中最重疾。酒能失慧根，能盡珍寶法，能壞梵淨行，酒是唯一門。國王諸智者，飲酒尚輕浮，常人飲用酒，受欺何須說？依酒之眾人，諸法之斧頭，無慚堪爲最，顯露輕浮相。被酒所奪心，不知事非事，處於迷茫中，一切皆不知。何者依於酒，時而極歡喜，時而倍憂傷，時而造惡業。酒令心愚昧，能壞世出世，如火能焚毀，

解脫之正法。何人能戒酒，入定法性中，趨向無死亡，殊勝之妙處。飲酒所欺者，行爲極下劣，墮難忍地獄，何故徒憂惱？飲時酒香甜，反時是熾熱，智者同聲說，酒如木鱉果。智者不信酒，勿說無害我，品涼受報熱，酒令往地獄。行持諸惡法，喜愛心散亂，後報火熱熱，劣慧徒憂傷。莫思諸妙欲，妙欲最欺惑，輪迴重束縛，有情地獄因。喜愛欲妙者，彼苦無邊際，爲欲蛇所捉，何時焉有樂？汝等不忍欲，來至惡地獄，損害極劇烈，何故徒憂愁？何時受欲欺，汝等造罪業，彼時何不怒，今即何憂愁？依於積所作，諸業受果報，罪受極難忍，是故莫作惡。罪業之異熟，成熟造罪業，不作惡無罪，是故棄罪惡。棄離諸罪惡，無有罪惡怖，罪自作自受，他者不造作[14]。」閻魔羅人

---

[14] 此段偈頌在大正藏《正法念處經》中譯爲：以三種惡業，遍在九處熟，四十重受苦，惡業行所得。酒爲惡根本，被笑入地獄，一切根失滅，不利益因緣。太喜多語言，增貪令他畏，口過自誇誕，兩舌第一處。酒能亂人心，令人如羊等，不知作不作，如是應捨酒。若酒醉之人，如死人無異，若欲常不死，彼人應捨酒。酒是諸過處，恒常不饒益，一切惡道階，黑暗所在處。飲酒到地獄，亦到餓鬼處，行於畜生業，是酒過所誑。酒爲毒中毒，地獄中地獄，病中之大病，是智者所說。酒失智失根，能盡滅法寶，酒爲第一胎，是破梵行怨。飲酒令人輕，王等尙不重，何況餘凡人，爲酒之所弄。諸法之大斧，令人無羞慚，若人飲酒者，一切所輕賤。無智無方便，身口皆無用，一切皆不知，以酒劫心故。若人飲酒者，無因緣歡喜，無因緣而嗔，無因緣作惡。於佛所生癡，壞世出世事，燒解脫如火，所謂酒一法。若人能捨酒，正行於法戒，彼到第一處，無死無生處。汝捨離善行，爲酒之所誑，墮地獄惡處，何用呼嗟爲？飲酒初雖甜，受報第一苦，過如金波迦，是智者所說。智者不信酒，不能壞其意，觸冷果報熱，由酒到地獄。若作惡業者，意輕則心喜，報則第一苦，後悔是癡人。不樂欲中意，欲第一誑人，縛在生死惡，一切地獄因。若人喜樂欲，彼人苦無邊，

向地獄有情講述之後，乃至這些眾生罪業沒有斷盡期間，一直對他們進行種種損害。如果他們後來從中解脫，沒有轉生爲餓鬼、旁生而投生爲人，則以業的等流果所感，也是最愛嗔怒，不樂教誡。《獅子請問經》中說：「如果施酒予人，則於五百世中投生爲斷臂者。」《廣賢仙人請問經》中說：贈送酒、毒、兵刃和肉是不清淨的布施。向別人賣酒和送酒也是過患無窮，因此予以斷除、小心謹慎至關重要。

二、與別解脫戒相違之理：暫且不說沙彌、比丘，就是受了居士戒以後喝髮梢許的一滴酒也沒有開許的時候。《別解脫經》中說：「如若飲用糧食酒、酒粉和能醉人之物，就會墮落。」《沙彌五十頌》中也說：「磨糧與酵母，所配糧食酒，根花及果實，配成汁酒粉。知依彼能醉，利己者不飲，若飲失正念，具戒成放逸。放逸失戒律，故當憶佛言，酒能增罪業，不飲草尖許。」《根本律》中云：「患者不因酒有利於脈而飲用。」釋迦光論師說：「本師授教於我，因此草尖許也不施、不飲。」

如果有人認爲：喝煮開的酒沒有罪吧？

假設煮開的酒已不具有酒的味道和功效，

爲欲所翳者，樂則不可得。汝本意樂欲，來此惡地獄，受極惡苦惱，今者徒生悔。汝本作惡業，爲欲癡所誑，彼時何不悔，今悔何所及？作集業堅牢，今見惡業果，本不應作惡，作惡今受苦。惡業得惡報，作惡者自受，惡不殃善者，如是應捨惡。若捨惡之人，於惡則不畏，自作自受苦，非餘人所食。

患者可以飲用。如果有酒的味道和功效，就不能飲用。所以，按照別解脫戒裡所說：「酒是一切罪過的根本，草尖許也不可飲用。」隨時隨地都制止飲酒。其原因，正如聖者小護所說：「因爲酒是五無間罪、五種墮罪一切罪過的來源。」

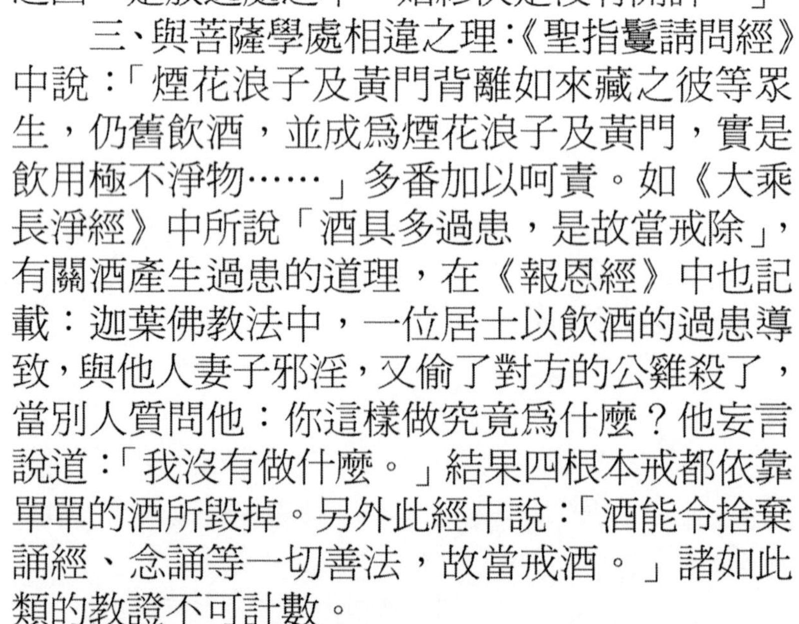

《戒律廣釋》中說：「個別有部宗的論師說：飲酒是自性罪，如同殺生等一樣是作惡，是惡趣之因，是放逸處之本，始終決定沒有開許。」

三、與菩薩學處相違之理：《聖指鬘請問經》中說：「煙花浪子及黃門背離如來藏之彼等眾生，仍舊飲酒，並成爲煙花浪子及黃門，實是飲用極不淨物……」多番加以呵責。如《大乘長淨經》中所說「酒具多過患，是故當戒除」，有關酒產生過患的道理，在《報恩經》中也記載：迦葉佛教法中，一位居士以飲酒的過患導致，與他人妻子邪淫，又偷了對方的公雞殺了，當別人質問他：你這樣做究竟爲什麼？他妄言說道：「我沒有做什麼。」結果四根本戒都依靠單單的酒所毀掉。另外此經中說：「酒能令捨棄誦經、念誦等一切善法，故當戒酒。」諸如此類的教證不可計數。

略而言之，依靠喝酒能使眾生犯根本罪，欺騙應供和有情，無勤當中也犯四黑法，爲此必須恆時戒掉酒。《宣說菩薩神變行境經》中也說：「諸喜念酒者，恆常放逸行，爲眾智者呵，此生來世癡。是故有智士，斷除喜愛酒。彼成就功德，此外亦宣說。」這部經中又教誡道：

大王，飲酒是喪失正念之因，隨時隨地要戒除。另外《涅槃經》中說：「諸比丘，行五事不開許，云何為五？不開許賣人、兵刃、酒、酪、菜籽油。」又云：「行於五處不開許，云何為五？屠場、妓院、賣酒處、皇宮內、劣種之家。」佛陀正是考慮到成為罪過之因才對僅僅前去這些場所也加以遮止的。

四、與密宗誓言相違之理：

事續《妙臂請問續》中說：「一切時處要斷除賣酒、賣肉、賣蒜等，密咒師依止三白等清淨食品。」《不空羂索續》中云：「設若求成就，斷除雜酒肉，蔥及殘羹等。」

行續中說：「切莫飲用酒，切莫食肉等，牽涉害眾生，永時亦莫做。」《大壇城續》中云：「莫施莫令施，一切醉飲品，酒是諸過根。」同樣，在下三續中也講述了不能吃肉喝酒的無量道理。在實修這些法軌時，也必須要守齋戒等依止清淨行為。不僅如此，而且入了大瑜伽續的所有行人不能吃肉喝酒，《事師五十頌》中說：「具慧弟子切莫依，無有悲心嗔恨害，驕傲貪執愛炫耀，不護根門之上師。」如果具足這所有相，那就是魔類的上師，而不是密宗金剛上師，因此不能把他作為上師。

關於這些法相的內容，在《文殊自見妙欲經》中也說：「無慈言吃肉，喜怒行毆打，嗔善凶暴士，驕慢捨慧者。貪欲享樽饈，不護極飲酒，自讚實詆毀，損害空性道。」沒有慈悲心的人吃肉，不護相續的人喝酒，如果具備這些條件，那就不能成為金剛上師。同樣，《金剛頂續》中云：「酒是諸禍根，是故當斷除。」

《不動威猛續》中說：「切莫殺眾生，切莫奪他財，亦勿說妄言，有心勿飲酒。斷除俗世謗，明顯此學處，當懷敬心行。」又云：「令醉之酒類，我永亦不飲。」

《時輪金剛》中初始的二十五條禁行戒之一就是戒酒。

《勝樂戒生續》中言：「依酒失密宗，貪欲行邪淫，隨意而發笑，喜爭處迷亂，誹謗能失毀，號叫地獄煮。嗔諸瑜伽母，罪感趨地獄，彼遭病憂懼，可怖之損害。恨師謗上師，恨情不布施，甘露及彼毒，無成悉地果，往昔諸佛說，咒師戒除酒。」

按照諸如上類無上續不是有言外之意的詞句，都完全遮止了飲酒。密宗諸無上續部中說灌頂、薈供時享用酒肉，密意是指在秘密的地方，獲得能力的瑜伽士們如理作誓言行為。也就是說，有能力喝酒的瑜伽士，必須生起次第、圓滿次第境界得以穩固，凡是所喝的都能夠轉變成甘露，就連哈拉劇毒都不能有害於他，並能將其變成甘露。就像往昔把一些野人獻上的酒轉變成甘露後享用的那若巴和不管喝多少都不會醉的布瓦巴尊者那樣獲得成就的所有瑜伽士，在二十四聖處等圓滿吉祥時，為了供養諸位勇士勇母，在薈供中依靠淨化的修行境界等

把五甘露、酒、五肉等真正轉變成甘露才能享用。否則，不用說是生起次第、圓滿次第得到穩固只有把酒轉成甘露的些微能力，就是心剎那不安住而隨著分別念所轉，僅僅一碗酒就迷醉了身心的那些人，如果以無上密作爲藉口喝酒，必定會墮入地獄，除此之外連一星半點的共同成就也不會獲得。

所以，即便是入了無上密的瑜伽行者，在沒有獲得十拿九穩的力量之前，也不開許放逸無度喝酒。如果在灌頂和薈供時，上師給出家人酒，那麼上師就破了誓言，喝酒者就破戒了，這是《勝樂上續釋》中宣說的。

假設出家的師徒都獲得了享用酒的能力，那麼凡是身著出家裝束的人要先把法衣奉還親教師阿闍黎，再穿上瑜伽士裝束，關於這一點可從寂天菩薩喝酒、布繞巴飲酒的傳記中得知。

當今時代有直接傳出家戒的傳統，所有僧人要以戒爲本，無上密宗的秘密灌頂和薈供，只是相似具備，誰也沒有直接運用的能力。因此，如果用這些作爲藉口，肆無忌憚地吃肉喝酒，那顯然破了戒、破了誓言，而不會成爲悉地的因。正是考慮到這一點，至尊薩迦班智達等大德才說：代表秘密灌頂聖者的酒或蜂蜜或奶酪任何一種一滴放在舌上。薈供時，酒肉等是供上食子的。所有持戒的人，應該依靠享用甘露丸來守誓言，或者薈供酒僅僅品嘗一滴。

總而言之，馬鳴論師曾親口說過：「喝酒會

招來眾多罪過，極不合理。因此，所有善心人尚且也能制止別人喝酒，就更不用說自身了？」又云：「喜愛美酒之人，死後投生爲凶殘的大夜叉……」現在我們擁有獲得了珍寶人身並遇到了正法的福分，命終之後轉生成極其可怕的鬼神，收集有情的命氣，當壽盡以後又會在解脫遙遙無期的號叫地獄等飽嘗劇烈痛苦，哪還有比這更嚴重的惡行呢？作爲有智慧的人，一定要戒掉暫時究竟一切災害的來源、能頓然開啓墮落四門的鑰匙、能摧毀今生來世一切吉祥的天敵——酒，依靠無罪的上等食品來養活身體。

五、戒酒的功德利益：也就是與上述所有過患截然相反的一切功德。《佛說五戒功德經》中云：「斷除飲酒者，得成男或女，即是彼功德，三十六超勝，過去未來時，現在之事宜，迅速而得知。恆常住正念，彼不成顛瘋，尤其聖者慧，不愚不放逸，詞句極鮮明，知慚明了句。彼不成邪說，無兩知粗語，無義不詆毀，晝領先亦如是，知行受所行，無欲具施戒，無嗔語正直，無畏且明智，圓滿知慚愧，無懼無顧慮，心正受持聞，具義眾中智，戒除飲酒者，男士或女子，享受此諸德，諸天及人中，身壞命終已，投生天界中。」以上是總說。具體而言，不違越三戒佛制戒，就被列入具戒者、具誓言者的行列。逐漸圓滿五道十地的現觀，輕易獲得解脫與遍知果位。

此濁世多行非法，依此能速毀佛教，
被魔加持過執功，佛教執真寥無幾。
以此實難利益他，但願依教奉行力，
阻止眾人步惡道，領至解脫妙喜園。

應具有利他心著名的欽波尼班瑪勒哲「前行引導文的支分中需要此」的誠懇勸請，西日阿哦（即華智仁波切）從經論妙典中摘錄成文，後由革薩里羅珠塔意於吉祥得布夠哲靜處慎重校對。

願增吉祥！

譯於色達喇榮
二〇〇八年四月二十六日

附　錄

黃財神咒：

嗡匝靶拉雜聯札雅　兌兌嘛嘛　沽奈沽奈娑哈

釋迦牟尼佛心咒：

ༀ་མུ་ནེ་མུ་ནེ་མ་ཧཱ་མུ་ནེ་ཡེ་སྭཱ་ཧཱ།

嗡牟尼牟尼　嘛哈牟尼耶娑哈

藥師佛心咒：

ཏདྱ་ཐཱ།ༀ་བྷཻ་ཥ་ཛྱེ་བྷཻ་ཥ་ཛྱེ་མ་ཧཱ་བྷཻ་ཥ་ཛྱེ།རཱ་ཛ་ས་མུ་ངྒ་ཏེ་སྭཱ་ཧཱ།

達雅塔　嗡貝卡宰貝卡宰　嘛哈貝卡宰　惹雜薩牟噶代娑哈

具光佛母心咒：

ༀ་མཱ་རི་ཙྱེ་སྭཱ་ཧཱ།

嗡嘛日再雅娑哈

五隅十三尊咒：

ཨོཾ་མ་ཎི་དྷཱ་རི་བཛྲ་མཧཱ་པྲ་ཏི་ས་རི་ཧཱུྃ་ཧཱུྃ་ཕཊ་སྭཱ་ཧཱ།

嗡嘛呢達日班雜日嘛哈巴日提薩日吽吽呸娑哈

白傘蓋佛母咒：

ཨོཾ་ཧཱུྃ་མ་མ་ཧཱུྃ་ནི་སྭཱ་ཧཱ།

嗡吽嘛嘛吽尼娑哈

二十一度母心咒：

ཨོཾ་ཏཱ་རེ་ཏུཏྟཱ་རེ་ཏུ་རེ་སྭཱ་ཧཱ།

嗡答熱嘟答熱嘟熱娑哈

馬頭明王咒：

ཨོཾ་ཧྲཱིཿ་པདྨ་ཏ་ཀྲྀ་ཏ་ཡ་གྲཱི་ཝ་ཧྲཱིཿ་ཧཱུྃ་ཕཊ།

嗡舍叭嘛答嚼熱哈雅給日瓦舍吽呸

不動明王咒：

ཨོཾ་ཙཎྜ་མཧཱ་རོ་ཁ་ཎ་ཧཱུྃ་ཕཊ།

嗡蠶咋嘛哈若卡那吽呸

摧魔金剛咒：

ན་མཿཙཎྜ་བཛྲ་ཀྲོ་དྷ་ཡ་ཧུ་ལུ་ཧུ་ལུ་ཏིཥྛ་ཏིཥྛ་བནྡྷ་བནྡྷ་ཧ་ན་ཧ་ན་ཨ་མྲི་ཏེ་ཧཱུྃ་ཕཊ།

納嘛簪扎班雜日咼日達雅呼嚕呼嚕堤楂堤楂阪達阪達哈納哈納阿彌日代吽呸

護世天王金剛手咒：

嗡班雜日巴呢吽

大威德心咒：

ཨོཾ་ཡ་མནྟ་ཀ་ཧཱུྃ་ཕཊ།

嗡雅曼答嘎吽呸

如來金剛亥母咒：

ཨོཾ་ཧྲཱི་བཛྲ་བཱ་ར་ཧི་ཨཱ་ཧཱུྃ་ཧཱུྃ་ཕཊ་སྭཱ་ཧཱ།

嗡嘻日班雜日拔惹嘿阿吽吽呸娑哈

大黑怙主咒：

ཨོཾ་མ་ཧཱ་ཀཱ་ལ་ཧཱུྃ་ཕཊ།

嗡嘛哈嘎啦吽呸

金剛薩埵心咒：

ཨོཾ་བཛྲ་ས་ཏྭ་ཧཱུྃ།

嗡班雜日薩埵吽

蓮華生大師心咒：

ཨོཾ་ཨཱ་ཧཱུྃ་བཛྲ་གུ་རུ་པདྨ་སིདྡྷི་ཧཱུྃ༔

嗡阿吽班雜日咕汝叭嘛色德吽

觀音心咒：

ཨོཾ་མ་ཎི་པདྨེ་ཧཱུྃ༔

嗡嘛呢叭美吽

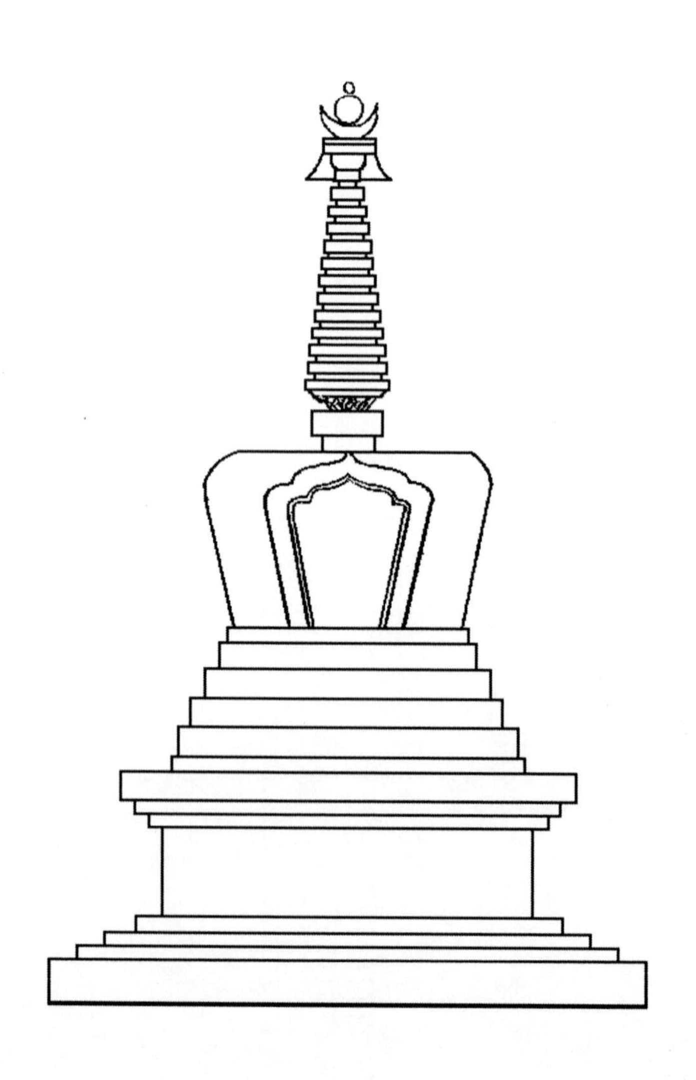